# Naturwunder und Kulturschätze unserer Welt

## Nordamerika und Mexiko

Das Welterbe der UNESCO

# Naturwunder und Kulturschätze unserer Welt

## Nordamerika und Mexiko

EIN
ADAC
BUCH

Seit der Annahme der »Konvention zum Schutz des Kultur- und Naturerbes der Menschheit« im Jahre 1972 hat sich die Einstellung der Unterzeichnerstaaten zum kulturellen und natürlichen Erbe der Menschheit auf beachtliche Weise weiterentwickelt.

Zunächst einmal hat sich der Begriff »Natur« verändert. Die einstige »Spielwiese«, mit der man nach Lust und Laune verfahren konnte, ohne Funktion, Makellosigkeit und Fortbestand dieses natürlichen Rahmens aufs Spiel zu setzen, wurde mittlerweile zur Partnerin des Menschen. »Umwelt« besitzt heute einen festen Stellenwert, die Notwendigkeit, sie vor zunehmend deutlicheren und immer schwerwiegenderen Gefahren zu schützen, ist uns klar bewußt geworden. Seitdem die Risiken irreparabler Schäden klar zu erkennen sind, ist diese Erfordernis dringlicher denn je. Dieser begrüßenswerte Bewußtseinswandel, der aber noch nicht in allen Ländern auch durch notwendige Entscheidungen auf politischer Ebene zum Ausdruck kommt, hängt auch mit der Tatsache zusammen, daß die Natur im gleichen Maße wie die Kultur einen Teil unseres Erbes darstellt.

Die zweite Stoßrichtung dieser positiven Entwicklung zielt genau auf den Begriff »Welterbe« ab. Mit der legendären Rettung der nubischen Tempel von Abu Simbel wurde der Welt erstmals bewußt, daß ein ägyptischer Tempel, dessen Wert in jeder Hinsicht außergewöhnlich ist, nicht nur Ägypten allein gehört. Dieses Kulturdenkmal bereichert die ganze Menschheit, die auch für seinen Fortbestand verantwortlich ist und sich dafür einsetzt.

In den vergangenen 20 Jahren hat sich die »Internationalisierung« des Welterbes, Natur und Kultur zusammengenommen, unter der offensichtlichen Einwirkung der Kommunikations- und Informationstechnologie noch verstärkt. In der Tat gibt es heute kaum ein Kind, das nicht mit der Sternkarte vertraut wäre. Und welche Bedeutung hat heutzutage noch die räumliche Distanz für jemanden, der mit seinen Gesprächspartnern über Internet kommuniziert?

»Unserem Erbe geht kein Testament voran«, bemerkte einmal auf glänzende Weise der Dichter René Char. Faktisch sind wir die Erben und Treuhänder der Natur und Kultur, die der blaue Planet als weltumspannende Heimat aller Menschen birgt.

In dieser Eigenschaft sind wir verpflichtet, diese Wunder zu bewahren und sie den nachrückenden Generationen weiterzuvererben. Diese Aufgabe des Schutzes wird immer schwieriger, denn wir wissen nur allzu gut, daß zu den Naturkatastrophen leider jene immer häufiger eintretenden und zunehmend verheerenderen Katastrophen hinzukommen, die der Mensch hervorruft – Kriege, Umweltverschmutzung und Fahrlässigkeit, um nur einige zu nennen. Diese Aufgabe kann nur dann von Erfolg gekrönt sein, wenn der gesamten Gemeinschaft einleuchtet, was auf dem Spiel steht und welche Wege zu beschreiten sind, bevor sie sich mit aller Entschiedenheit an die Arbeit begibt.

Im Zeitraum einer Generation sind große Fortschritte erzielt worden, sowohl hinsichtlich der Einstellung der Menschen als auch direkt vor Ort. Die Staaten haben vor allem innerhalb der Vereinten Nationen ihre Maßnahmen in Einklang gebracht, um der gestiegenen Aufmerksamkeit für die Umwelt und für eine dauerhafte Entwicklung auch Taten folgen zu lassen. Dank der UNESCO-Liste des Welterbes, auf der heute rund 500 Stätten in über 100 Ländern aufgeführt sind, setzt sich die Staatengemeinschaft dafür ein, ihre Verpflichtungen zu erfüllen und dieses Erbe den nachfolgenden Generationen weiterzugeben. Es bedarf jedoch noch vieler Anstrengungen, zu denen jeder beitragen kann.

Nichtstaatliche Organisationen, parlamentarische, lokale und regionale Verbände, die Medien sowie Jugendvereinigungen – sie alle spielen eine Rolle bei der Aufwertung und beim Schutz der natürlichen Schönheit der Welt und ihrer geschichtlichen Zeugnisse.

Möge sich jeder Leser dieser Enzyklopädie von dieser Schönheit bezaubern lassen und selbst eine tragende Rolle beim Erhalt unseres gemeinsamen Erbes übernehmen.

Federico Mayor Zaragoza
Generaldirektor der UNESCO

Dieser Band stellt die faszinierende Vielfalt der Weltkultur- und -naturerbestätten auf dem nordamerikanischen Kontinent vor. Eine Welterbestätte von größter geologischer bzw. paläontologischer Bedeutung ist der Dinosaurierpark in der kanadischen Provinz Alberta. Die bizarre Erosionslandschaft birgt eines der reichsten Fossilienlager der jüngeren Kreidezeit. Die zahlreichen Relikte der Riesenechsen werden auf ein Alter von etwa 75 Millionen Jahren geschätzt; bisher hat man hier 60 Dinosaurier 25 verschiedener Arten und aus sieben Familien entdeckt.
Yellowstone, in den US-Bundesstaaten Wyoming, Montana und Idaho gelegen, wurde als erster Nationalpark der Welt 1872 unter Schutz gestellt. Grandiose Springquellen und das Vorkommen von Grizzlybären, Berglöwen, Bisons, Weißkopf-Seeadlern und sogar Trompeterschwänen unterstreichen die Großartigkeit dieses Gebiets. Natürlich finden Sie in diesem Band auch eine Darstellung der wohl bekanntesten Naturerbestätte Nordamerikas, des Grand-Canyon-Nationalparks. Die bis zu 1800 Meter tiefe Schlucht bietet ein einmaliges Naturspektakel. Als Monument, das für Millionen Auswanderer zum Zeichen neuer Hoffnung wurde, kam die Freiheitsstatue im Hafen von New York auf die Welterbeliste der UNESCO. Die Independence Hall in Philadelphia, wo am 4. Juli 1776 die Unabhängigkeitserklärung der amerikanischen Kolonien gegenüber England unterschrieben wurde, ist ebenfalls zum Erbe der Menschheit erklärt worden.
Hervorragende Beispiele für eine überlieferte Siedlungsform in Nordamerika sind Taos Pueblo, die Großpueblos im Chaco Canyon in New Mexico und die Anasazi-Felsenwohnungen von Mesa Verde in Colorado. Die Pueblo-Indianer, so von den Spaniern nach ihren kompakten Wohnanlagen benannt, sind die Nachkommen der Anasazi, deren prähistorische Kultur bis zur Ankunft der Europäer im 16. Jahrhundert im Südwesten der heutigen USA verbreitet war. Monumente der klassischen Maya-Kultur haben ebenfalls einen wichtigen Platz auf der Welterbeliste der UNESCO gefunden, so zum Beispiel die Ruinenstadt Palenque in Mexico. An den Wänden des »Tempels der Inschriften« in Palenque befinden sich zahlreiche steinerne Hieroglyphen, deren Entschlüsselung neue Einblicke in die Maya-Epoche ermöglicht hat. Eine Ruinenstadt der Maya und Tolteken ist Chichén Itzá auf der Halbinsel Yucatán. Herausragende Bauwerke dort sind die dem Gott Kukulkán geweihte Pyramide und der Ballspielplatz sowie der von Säulen umgebene »Tempel der Krieger«.
Grundlage für den langfristigen Schutz dieser und anderer außergewöhnlicher Kultur- und Naturgüter bildet nicht nur die nationale Gesetzgebung eines jeden Landes, sondern auch die »Konvention zum Schutz des Kultur- und Naturerbes der Menschheit« der UNESCO, die 1972 verabschiedet wurde. Inzwischen ist diese Konvention mit immerhin 147 Unterzeichnerstaaten das universellste Rechtsinstrument auf dem Gebiet der internationalen Schutzabkommen. Weltweit sind bisher rund 500 Kulturdenkmäler und Naturregionen im Rahmen dieser Konvention auf die UNESCO-Welterbeliste gesetzt worden.
Die Aufnahme in diese Liste ist selektiv, erfolgt nach strengen Kriterien und aufgrund unabhängiger Gutachten, die von nichtstaatlichen Organisationen erstellt werden. Für Kulturgüter werden diese Gutachten vom Internationalen Rat für Denkmalschutz (ICOMOS) verfaßt, für die Bewertung der Naturgüter ist die Internationale Union für Naturschutz (IUCN) zuständig. Die Welterbeliste der UNESCO-Konvention ist jedoch nicht nur eine Aufzählung der Schätze der Menschheit. Die Liste ist mit der Verpflichtung verbunden, dieses einmalige Erbe für künftige Generationen zu hegen und zu pflegen.
In diesem Sinne lade ich Sie ein, sich mit diesem Buch auf Entdeckungsreise durch den nordamerikanischen Kontinent zu begeben. Ich bin sicher, daß auch Sie von der Schönheit und Einmaligkeit der Welterbestätten begeistert sein werden.

Dr. Bernd von Droste zu Hülshoff
Direktor des Welterbezentrums
der UNESCO

**Kanada/Vereinigte Staaten**

○ 1 Nationalparks Kluane und Wrangell-Saint Elias
○ 2 Waterton-Glacier International Peace Park

**Kanada**

○ 3 Nationalpark Nahanni
◇ 4 Anthony Island
○ 5 Nationalpark Wood Buffalo
◇ 6 Wikingersiedlung L'Anse aux Meadows
○ 7 Nationalpark Gros Morne
○ 8 Nationalparks in den kanadischen Rocky Mountains
○ 9 Dinosaurierpark
◇ 10 Abgrund der zu Tode gestürzten Bisons
◇ 11 Altstadt von Québec
◇ 12 Altstadt von Lunenburg

**Vereinigte Staaten**

○ 13 Nationalpark Olympic
○ 14 Nationalpark Redwood
○ 15 Nationalpark Yellowstone
◇ 16 Independence Hall in Philadelphia
◇ 17 Freiheitsstatue
○ 18 Nationalpark Yosemite
○ 19 Nationalpark Grand Canyon
◇ 20 Nationalpark Mesa Verde
◇ 21 Historischer Nationalpark Chaco
◇ 22 Taos Pueblo
○ 23 Carlsbad Caverns
◇ 24 Cahokia Mounds
○ 25 Mammoth Cave
○ 26 Nationalpark Great Smoky Mountains
◇ 27 Monticello und Universität von Virginia in Charlottesville
○ 28 Nationalpark Everglades
○ 29 Vulkane auf Hawaii

**Mexiko**

○ 30 Grauwalreservat El Vizcaíno
◇ 31 Felszeichnungen in der Sierra de San Francisco
◇ 32 Altstadt von Zacatecas
◇ 33 Historisches Zentrum und Bergwerksanlagen von Guanajuato
◇ 34 Altstadt von Morelia
◇ 35 Historisches Zentrum von Mexiko und Xochimilco
◇ 36 Teotihuacán
◇ 37 Frühe Klöster des 16. Jahrhunderts am Popocatépetl
◇ 38 Historisches Zentrum von Puebla
◇ 39 Präkolumbische Stadt El Tajín
◇ 40 Altstadt von Oaxaca und Ruinen von Monte Albán
◇ 41 Ruinen und Nationalpark von Palenque
◇ 42 Ruinen von Chichén Itzá
○ 43 Biosphärenreservat Sian Ka'an

# Inhalt

*Anthony Island, Kanada*

*Québec, Kanada*

*Nationalpark Yosemite, USA*

Kanadische Rocky Mountains

Waterton-Glacier International Peace Park, Kanada/USA

Nationalpark Mesa Verde, USA

*Mammoth Cave, USA*

*Nationalpark Everglades, USA*

*Mexico-Stadt*

Vulkane auf Hawaii, USA

Teotihuacán, Mexico

Ruinen von Monte Albán, Mexico

Ruinen von Chichén Itzá, Mexico

# Nationalparks Kluane und Wrangell-Saint Elias

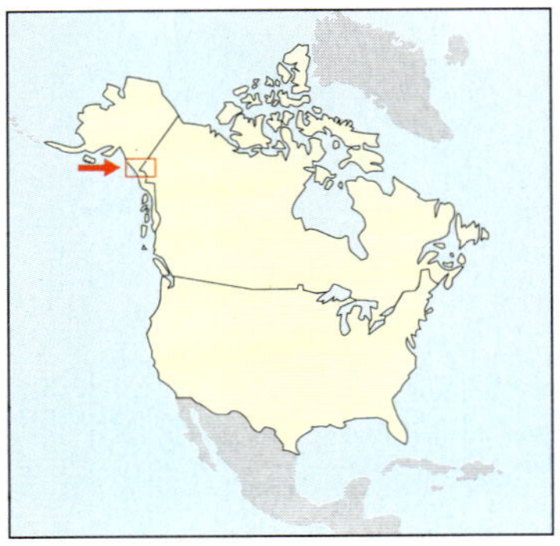

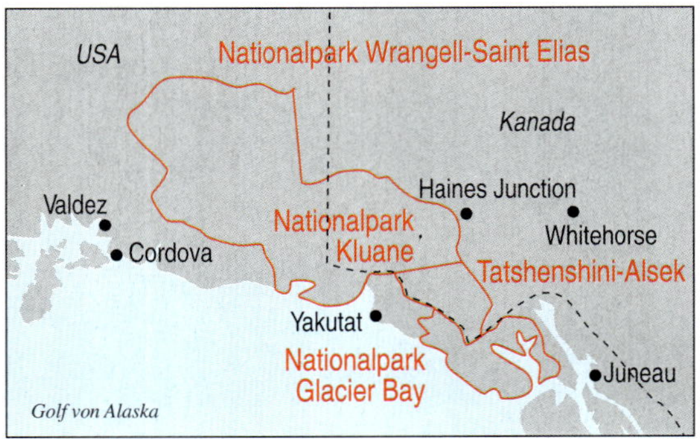


**Lage:** im Südosten Alaskas (USA), im Yukon Territory und in British Columbia (Kanada)

**Weltnaturerbe:** seit 1979 (Kluane/Wrangell-Saint Elias), 1992 (Glacier Bay), 1994 (Tatshenshini-Alsek)

**Fläche:** 98 391 Quadratkilometer

*Das riesige Areal der vier benachbarten National- und Provinzparks im Südosten Alaskas und im Nordwesten Kanadas umfaßt Naturregionen von erhabener, ursprünglicher Schönheit: Mächtige Gebirgszüge mit den höchsten Bergen Nordamerikas, Tausende von Gletschern, Eisfelder und eiszeitlich geformte Flußtäler, Seen, Wälder und Tundren bilden eine faszinierende Landschaft. In der Glacier Bay sind noch die Folgen einer abklingenden Eiszeit zu beobachten. Grizzlybären und Schneeziegen, Wölfe und Adler haben sich hier noch nicht von den Menschen vertreiben lassen.*

*In verschiedenen Schichten lagern bizarre Wolkenformationen über der grandiosen, von der Eiszeit geformten Landschaft von Tatshenshini in British Columbia.*

Wieviel Land konnte man im 19. Jahrhundert für einen Dollar kaufen? Mehr als 21 Hektar oder genau 212 765 Quadratmeter! Das beste Immobiliengeschäft aller Zeiten, sollte man meinen, doch als die Vereinigten Staaten von Amerika dem zaristischen Rußland dessen Landrechte am heutigen Alaska 1867 zu eben jenem Preis abkaufen wollten, wäre der Handel um ein Haar am Veto der amerikanischen Volksvertreter gescheitert. 7,2 Millionen Dollar für eine Eiswildnis hoch im Norden – das erschien vielen als hinausgeworfenes Geld. Lediglich aufgrund eines historischen Zufalls gehört die gigantische Halbinsel am Nordwestende des amerikanischen Kontinents heute nicht zu Kanada, denn eigentlich wollten die Engländer das Gebiet erstehen. Doch Rußland war damals nicht bereit, mit dem früheren Gegner im Krimkrieg (1854–56) zu verhandeln.

*1 Eine Kreuzfahrt entlang der mächtigen Abbruchkanten der Gletscher, die jederzeit »kalben« können, zählt zu den eindrucksvollsten Attraktionen in der Glacier Bay.*

*2 Bis zur Baumgrenze, die in diesen nördlichen Gefilden in einer Höhe von nur 1100 Meter über dem Meeresspiegel liegt, überzieht ein dichter Nadelwaldteppich die Berghänge.*

1

## Von der Kolonie zum Bundesstaat

Die ersten Europäer, die 1741 die Südküste Alaskas erreichten, waren der Däne Vitus Bering und der Russe Alexej Tschirikow. Im Auftrag Zar Peters des Großen hatten sie gemeinsam nach der Nordwest-Passage gesucht. Bering starb auf der Rückreise an Skorbut, doch seine Männer verbreiteten bald die Kunde vom sagenhaften Tierreichtum, die in der Folge zahllose russische Pelzjäger ins Land lockte. Nach dem Vorbild der in Kanada tätigen, großen Handelsgesellschaften, die von Osten her bereits die Gebiete des heutigen Yukon und der Northwest Territories kontrollierten, wurde 1799 die Russisch-Amerikanische Kompanie gegründet. Als dann aber Mitte des 19. Jahrhunderts die Bestände der Robben und Otter drastisch gesunken waren, ließ das Interesse der Russen an Alaska nach. Mit dem Verkauf der Gebiete an die USA fand die russische Kolonialepisode schließlich ihr Ende.

Die Nachricht von unglaublichen Goldfunden an den Flüssen Klondike und Yucon löste Ende des 19. Jahrhunderts ein regelrechtes Goldfieber aus. Zehntausende brachen auf, um im Norden ihr Glück zu suchen. Der Goldrausch war zwar schnell wieder verflogen, doch die dadurch entstandene Infrastruktur mit Verkehrswegen und Ortschaften, Post- und Versorgungsstationen, Militär- und Handelsposten ebnete den Weg für eine dauerhafte Besiedlung der Gebiete am Yukon und in Alaska.

Im Zweiten Weltkrieg wurde Alaska zum militärischen Aufmarschgebiet, als die USA der Bedrohung durch die Japaner mit massiver Truppenpräsenz begegneten. Aus strategischen Überlegungen wurde 1942 in aller Eile der Alaska Highway bis nach Fairbanks ausgebaut. Als dann in den fünfziger Jahren die ersten Ölvorkommen ent-

*Nächste Doppelseite: Die unendliche Einsamkeit des Bergwanderers: Gletscher und Eisfelder bedecken mehr als die Hälfte des riesigen Nationalpark-Areals im Grenzgebiet zwischen Alaska und Kanada.*

2

1 *Braunbären sind passionierte Fischer. In den Wildflüssen der subarktischen Nationalparks finden sie ein reiches Angebot an Forellen und Lachsen.*

deckt wurden, war den Amerikanern sehr daran gelegen, das Land enger an sich zu binden, und so wurde Alaska 1959 zum 49. Bundesstaat der USA ausgerufen. Die Ausbeutung der Ölquellen brachte den Menschen einen beachtlichen Wohlstand, birgt aber für die Natur kaum kalkulierbare Risiken. Unübersehbar wurde das durch die Havarie des Supertankers »Exxon Valdez«, der 1989 im Prince William Sound eine Ölkatastrophe mit schwersten ökologischen Schäden verursachte.

## Ein Naturschutzgebiet ohne Vergleich

Seit den siebziger Jahren wird die einzigartige Naturlandschaft Alaskas und Nordkanadas als bewahrungswürdiges Erbe geschützt. Das grenzübergreifende Nationalpark-Areal, das Teile Südost-Alaskas sowie auf kanadischer Seite Gebiete von British Columbia und Yukon Territory umfaßt, ist heute das größte auf dem Festland gelegene Naturschutzgebiet der Welt. Die Gebirgszüge von Wrangell, Kluane und Alsek im Landesinneren sowie Chugach und Saint Elias in Küstennähe bestimmen das Erscheinungsbild der urwüchsigen Landschaft. Eisfelder und Gletscher – darunter der größte Alaskas –, die höchsten Berge Nordamerikas, reißende Flüsse und Tausende von Seen, ausgedehnte Wälder und Tundren kennzeichnen diesen ebenso urwüchsigen wie unnahbaren Naturraum.

Die nordwestliche Hälfte des Gebiets bilden die Nationalparks Wrangell-Saint Elias auf amerikanischer und Kluane auf kanadischer Seite. Diese geologisch interessante Zone ist tektonisch sehr aktiv, denn hier schiebt sich die Pazifische Platte unter die Amerikanische Platte. An die vulkanischen Wrangell Mountains im Norden schließt die Gebirgskette von Kluane an, in der allein es rund 4000 Gletscher geben soll. Die Saint Elias Mountains südlich davon gelten als das höchste Küstengebirge der Welt. Majestätisch über allem thront der Mount Logan; mit einer Höhe von 5950 Metern ist er der höchste Berg Kanadas und nach dem Mount McKinley in Alaska (6194 Meter) der zweithöchste Nordamerikas. Der größte Gletscher Alaskas, der Malaspina Glacier an der Küste zwischen der Icy- und der Yacutat-Bucht, ist mit 2210 Quadratkilometern Fläche fast so groß wie das Saarland. Südlich der Chugach-Berge bildet das Bagley Icefield eine Hinterlassenschaft der letzten Eiszeit. Es ist, zusammen mit dem Seward Glacier, das größte Eisfeld unterhalb des Polarkreises.
Der Tatshenshini-Alsek Provincial Wilderness Park in British Columbia umfaßt das Territorium von den Saint-Elias-Bergen im Westen bis zu den flacheren Alsek-Bergen im Osten. Dazwischen liegen ausgedehnte Flächen alpiner Tundra. Typisch für Eiszeitformationen sind die weiten, U-förmigen Flußtäler von Tatshenshini und von Alsek.

2

3

Durch die Einrichtung dieses Parks konnte das Großprojekt einer Kupfermine am Windy-Craggy-Massiv verhindert werden.
Einen weltweit einmaligen Anschauungsunterricht in Sachen Eiszeit vermittelt der Nationalpark Glacier Bay am Golf von Alaska. Noch vor 200 Jahren, als Captain George Vancouver die Südküste Alaskas erkundete, lag die gesamte Bucht mit ihren fjordartigen Seitenarmen unter den Eismassen des riesigen Grand Pacific Glacier verborgen. Soweit bekannt, ist nirgendwo auf der Welt ein Gletscher schneller geschmolzen: Inzwischen hat sich die Eiszunge um gut 95 Kilometer zurückgezogen und in 20 einzelne Gletscher geteilt. Viele von ihnen enden im Wasser, wo sie hin und wieder unter lautem Krachen »kalben« – so bezeichnet man das Abbrechen einer Gletscherspitze. Die Tlingit-Indianer nannten das Phänomen den »Weißen Donner«. Wo mächtige Gletscher auf dem Rückzug sind, finden zunächst Flechten, dann andere Pflanzen und später auch die Tiere einen neuen Lebensraum. In der Glacier Bay vollzieht sich dieser Prozeß, der gewöhnlich Jahrtausende in Anspruch nimmt, erdgeschichtlich gesehen im Zeitraffer.

### Von Ödnis keine Spur

Die Pflanzenwelt gliedert sich in vier Hauptvegetationszonen. Die Zone bis 1100 Meter Höhe, die sich vorwiegend auf die Uferterrassen und das Schwemmland von Flüssen sowie auf Grundmoränen erstreckt, ist von Wald geprägt, in dem Weißfichten, Balsam- und Zitterpappeln vorherrschen. Das Unterholz bilden kleinwüchsige Birken- und Beerensträucher. Trotz der geringen Niederschläge bilden sich im Landesinneren auch ausgedehnte Sumpfflächen, weil der Dauerfrostboden im Sommer nur an der Oberfläche auftaut und die Feuchtigkeit nicht versickern kann. In der Zone der Küstenwälder ist die Hemlock- oder Schierlingstanne am häufigsten vertreten. Außerdem gedeihen hier die mächtigen Sitka-Fichten, die bis zu 90 Meter hoch werden können; in südlicheren Regionen wachsen auch Rote Zedern.
Verschiedene Weidenarten dominieren die subalpine Zone (1100–1600 Meter Höhe), in der auch Bergwiesen mit Hartgräsern zu finden sind. Krüppelbirken, flachwüchsige Sträucher und Flechten sind charakteristisch für die alpine Tundra (1600–2000 Meter). Diese Zone wartet noch mit einer erstaunlichen Vielfalt an Gräsern, Bergheide und farbenprächtig blühenden Wildblumen auf, die unter Felsvorsprüngen und in Spalten der rauhen Witterung trotzen. Nicht von ungefähr ist das Feuerkraut mit seinen prächtigen, purpurfarbenen Blütentrauben das Wahrzeichen des kanadischen Yukon Territory.
Trotz der widrigen Lebensbedingungen in diesem, von langen Wintern beherrschten

*2 Auch er verschmäht den Lachs als Leckerbissen nicht: der prachtvolle Weißkopf-Seeadler, das Wappentier der Vereinigten Staaten von Amerika.*

*3 Der zierliche Rotfuchs hat keine Mühe, sich an das Leben in Eis und Schnee anzupassen. Wenn es sein muß, nimmt er im Herbst auch mit Beeren und Früchten vorlieb.*

1

*1 In luftigen Höhen suchen Dallschafe die steinigen Hänge nach Moosen und Flechten ab. Außerhalb der Nationalparks sind die Bestände dieser Kletterkünstler inzwischen stark gefährdet.*

*2 Nur im kurzen Sommer und in den tieferen Höhenlagen bringt die Vegetation im Reich des ewigen Eises farbenprächtige Blüten hervor – wie hier am Ufer des Lake Alsek.*

Naturraum ist die Vielfalt der Tierwelt enorm. Die unbestrittenen Herrscher der Subarktis sind die Bären, die vom Lachs- und Forellenreichtum der Wildflüsse profitieren. Neben Schwarz- und Braunbären ist hier vor allem der Grizzly zu Hause. Die rund 600 Tiere allein im Nationalpark Kluane stellen die größte geschützte Population der Welt dar. Im Tatshenshini-Alsek-Park ist sogar noch der sehr seltene Blaue oder Gletscherbär, eine Unterart des Schwarzbären, heimisch. Hier lebt auch etwa die Hälfte aller nur noch rund 400 in ganz British Columbia gezählten Dallschafe, einer seltenen Art von Bergschafen mit bis zu einem Meter langen, eingedrehten Hörnern. Ihren Lebensraum im Hochgebirge teilen sie sich mit den weniger seltenen Schneeziegen, und ihre einzigen Feinde sind Wilderer, die es auf ihr wertvolles Fell und die Hörner abgesehen haben.

Schneehasen, Erd- und Streifenhörnchen, Spitz- und Wühlmäuse sind Füchsen und Wölfen, Vielfraßen und Luchsen eine willkommene Beute. Über die Tundren ziehen die Karibus, in den Wäldern leben verschiedene Rotwildarten. An den Seen und Weihern, die hier in großer Zahl zu finden sind, ist der Lebensraum für Otter und Biber, Bisamratte und die amerikanische Nerzart Mink, an den Küsten sind Seehund, Seelöwe und Walroß vertreten.

Über 180 verschiedene Vogelarten sind hier registriert worden; besonders zu erwähnen sind Steinadler und Wanderfalke, Prachttaucher und Schneehuhn, Trompeterschwan und Schneegans, Stockente und Sandhügelkranich. Allein im Tatshenshini-Alsek-Park zählt man gegenwärtig noch über 1000 Weißkopf-Seeadler, die dort ungestört ihre Kreise ziehen können.

### *Grizzlybären auf dem Rückzug*

*Einst war der Ursus arctos horribilis, wie der Grizzly in der zoologischen Fachsprache heißt, im gesamten Westen Nordamerikas zu Hause. Vor 100 Jahren war er noch in der offenen Prärie anzutreffen, doch starke Bejagung und die zunehmende Besiedlung seines angestammten Lebensraums haben die letzten Exemplare – ihre Zahl wird gegenwärtig auf 400 – 680 Tiere geschätzt – in unwegsame Bergregionen zurückgedrängt. 1975 mußte der Grizzly in die Rote Liste der bedrohten Arten aufgenommen werden. Heute beschränkt sich das Vorkommen der bis über 350 Kilogramm schweren Allesfresser auf einige wenige Zonen in den Rocky Mountains, und zwar vorzugsweise in Nationalparks wie dem Yellowstone oder den Canadian Rocky Mountains Parks. Nur in Alaska und im Yukon Territory gibt es noch ausgedehnte Gebiete, in denen die Bären nahezu uneingeschränkt leben können.*

*Der wegen seiner Fellfärbung so genannte Grizzly- oder Graubär gilt als Unterart des Braunbären (Ursus arctos), stellt aber eigentlich nur eine Variante dar, deren abweichende Größe und Färbung vermutlich von Nahrungsangebot und Lebensraum bestimmt wird. Obwohl die Tiere aufgerichtet eine Größe von bis zu 2,30 Meter erreichen, sind sie entgegen weitverbreiteter Meinung nicht die größten existierenden Bären. Dieser Titel gebührt dem verwandten Alaska- oder Kodiakbär (Ursus arctos middendorffi). Der Grizzly ernährt sich vorwiegend von kleineren Wirbeltieren, Fischen, Früchten und Beeren, aber auch von Knollen und Wurzeln, die er ausgräbt. Erwachsene Tiere können im Gegensatz zu Schwarzbären nicht auf Bäume klettern. Sie sind sehr schnell und erreichen im Gelände kurzzeitig Geschwindigkeiten von bis zu 50 Stundenkilometern. Der Grizzly kann dem Menschen gefährlich werden, Zwischenfälle gibt es aber nur selten, denn die Tiere sind gewöhnlich extrem scheu.*

2

# Waterton-Glacier International Peace Park

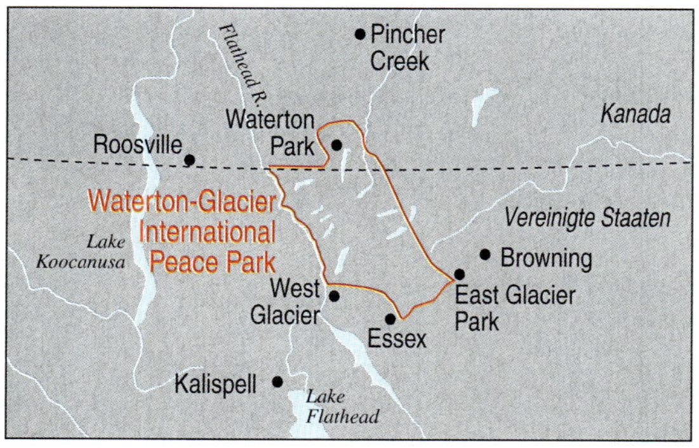


**LAGE:** im Südwesten der kanadischen Provinz Alberta (Waterton Lakes National Park) und im Nordwesten des US-Bundesstaates Montana (Glacier National Park)

**WELTNATURERBE:** seit 1995

**FLÄCHE:** 4628 Quadratkilometer (Waterton Lakes 526 Quadratkilometer, Glacier 4102 Quadratkilometer)

*Der Grenzverlauf zwischen den USA und Kanada wurde 1818 auf einer Länge von gut 2000 Kilometern entlang dem 49. Breitengrad vertraglich festgelegt. Diese Grenzziehung führte in den Rocky Mountains zu einer künstlichen Trennung von Landschaftsräumen, die topographisch eine Einheit bilden. Besonders deutlich zeigte sich das bei der Einrichtung des kanadischen Nationalparks Waterton Lakes 1895 und des amerikanischen Glacier-Nationalparks 1910. Im Jahr 1932 wurden dann beide zum Waterton-Glacier International Peace Park zusammengeschlossen.*

*Fast wie ein Märchenschloß liegt das Prince of Wales Hotel einsam auf einer Landzunge über dem Upper Waterton Lake.*

*Gesäumt von hohen Bergen – so zeigt sich der Upper Waterton Lake dem Betrachter vom Prince of Wales Hotel aus.*

Der Glacier-Nationalpark liegt im amerikanischen Bundesstaat Montana, der flächenmäßig erheblich kleinere Nationalpark Waterton Lakes in der kanadischen Provinz Alberta. Ihr Zusammenschluß mag sicher auch verwaltungstechnisch vorteilhaft gewesen sein, vor allem aber war der politische Effekt nicht zu übersehen. Der Waterton-Glacier International Peace Park, der erste internationale Naturschutzpark der Welt, setzt seither ein Zeichen für friedlich-kooperative Nachbarschaft, was auch schon durch seinen Namen zum Ausdruck gebracht werden sollte.

**Die Seele einer Landschaft**

Friedlich ging es in dieser Gegend allerdings nicht immer zu. Die heute von wenigen tausend Indianern besiedelten Reservationen erinnern noch an die einstigen Herren dieser Naturlandschaft: an die Flathead, Kalispel und Kootenai, an die Assiniboin (Stonies) und an die Blackfoot (Schwarzfußindianer), die eine Erforschung der Region durch europäische Einwanderer bis ins 19. Jahrhundert zu verhindern wußten. Die Gebiete Waterton Lakes und Glacier waren für die Indianer nicht nur Stationen auf dem Weg zu den riesigen Bisonherden in der Prärie, sondern boten ihnen auch reiche Fisch- und Jagdgründe. Die Gipfel der Berge, wo sich der Mythologie zufolge die Seelen der Ahnen versammeln, galten ihnen als heilige Orte.

Der indianische Schriftsteller Basil Johnston schrieb: »Jedes Tal und jede andere Landschaftsform – eine Wiese, eine Bucht, ein Wäldchen, ein Hügel – besitzt eine eigene Stimmung, in der sich die Wesensart des Ortes widerspiegelt. Wie auch immer diese Stimmung sein mag, glücklich, friedvoll, unruhig oder düster, sie ist Ausdruck der Seele jener Landschaft. Ein Beweis dafür: Wenn man in einem Tal das Pflanzenleben verändert, wenn man Pflanzen, die dort wachsen, zerstört oder entfernt, wird die Atmosphäre dieses Tales nie mehr so sein wie zuvor.«

Die Seele der Landschaft begann sich zu verändern, als im 18. Jahrhundert die ersten Weißen das Gebiet um die Waterton Lakes betraten. Die Pelztierjäger machten reiche Beute und weckten damit das Interesse der großen Handelsgesellschaften. Schon bald eröffneten dort die Northwest Company und die Hudson's Bay Company eigene Stützpunkte.

*In schäumenden Kaskaden stürzt das Wasser der Cameron Falls über Felsterrassen in den Waterton Lake.*

Im 19. Jahrhundert fielen Erzschürfer auf der Suche nach Edelmetallen in Montana ein, zogen weiter, andere kamen nach. Mittlerweile waren auch Siedlertrecks aufgebrochen. Während diese Einwanderungswelle in Alberta auf keinen ernsthaften Widerstand der Ureinwohner stieß, kam es in Montana dagegen zu blutigen Gefechten. Das Bild vom »edlen Wilden« in der Literatur des frühen 19. Jahrhunderts wich nun immer mehr dem Klischee vom »primitiven Wilden«, wodurch sich auch das oft brutale Vorgehen der weißen Eindringlinge besser rechtfertigen ließ. Aber nicht nur Kriege brachten den Indianern Tod und Verderben, sondern auch Epidemien und Hungersnöte.
Während die Siedlungswelle weite Teile von Montana und Alberta bereits um die Mitte des 19. Jahrhunderts überrollte, war das Waterton-Glacier-Gebiet davon erst relativ spät betroffen. Milo Apgar und Thomas Howe hießen die ersten weißen Siedler, die im Jahr 1892 am Ufer des McDonald-Sees ihre Blockhütten errichteten. Den indianischen Ureinwohnern dagegen wurden Reservationen zugewiesen, in denen aus nomadisierenden Jagdvölkern seßhafte Bauern werden sollten.

## Spuren der Vergangenheit

Die Entwicklungsgeschichte der Rocky Mountains und damit auch die des Waterton-Glacier-Gebiets beginnt mit einem riesigen Binnenmeer, das sich in einer Breite von 800 und einer Länge von 4500 Kilometern ausdehnte – von Nordkanada bis zum Golf von Kalifornien. Fossilienarme Meeresablagerungen wie Kalk, Kies, Schlamm und Sand bildeten unter dem immensen Druck der oberen Sedimentschichten ein Gestein von mehreren tausend Metern Dicke, dessen älteste Schichten über anderthalb Milliarden Jahre alt sind.
Vor 360 Millionen Jahren begann die erste Phase der Gebirgsbildung, als die Sedimente durch Erdkrustenbewegungen angehoben wurden und sich dabei übereinander schoben. Diese Verwerfung wiederholte sich vor 240 Millionen Jahren. In einer dritten Phase, die vor 200 Millionen Jahren begann und vor 40 Millionen Jahren endete, kam es zur sogenannten Lewis-Deckenüberschiebung. Die Sedimente drifteten stetig weiter ostwärts, wurden gefaltet und zerbrachen dabei in zwei Blöcke. Schließlich legte vor drei Millionen Jahren noch die Eiszeit »letzte Hand« an jene Gebirgs-

1

*1 Für den Bergwanderer eröffnen sich immer wieder neue, faszinierende Ausblicke auf die Hochgebirgslandschaft – hier auf den Sun Mountain.*

*2 Wolkenverhangen, in eisiger Schönheit, präsentiert sich der Mount Gould dem Betrachter.*

landschaft. Gewaltige Gletscher schliffen die Gebirgsgrate und steilen Felswände, formten die breiten U-förmigen Täler und ließen eine reizvolle Landschaft mit etwa 650 Seen entstehen – von kleinen Teichen bis zu langgestreckten, großen Gewässern. Der Glacier-Park mit etlichen Dreitausender-Gipfeln verdankt seinen Namen der ausgedehnten Vereisung: Noch heute gibt es dort 80 Gletscher. Der Nationalpark Waterton Lakes hingegen wurde zur Erinnerung an den englischen Naturforscher Sir Charles Waterton benannt.

Die frühesten Spuren des Menschen im heutigen »Friedenspark« sind etwa 8000 Jahre alt. Zwölf von insgesamt 212 archäologischen Grabungsstellen geben im Waterton-Park über diese Zeit Aufschluß. So war hier etwa der Red Rock Canyon zunächst wohl ganzjährig bewohnt, wurde dann aber im Neolithikum anscheinend wieder verlassen. Einen wichtigen Teil ihrer Untersuchungen widmen die Archäologen hier wie im Glacier-Park auch der Entwicklung der indianischen Bevölkerung – eine Spurensuche, die 3000 Jahre zurückweist.

### Touristisch gut erschlossen

Insgesamt 1360 Kilometer Wanderwege sind im Waterton-Glacier International Peace Park ausgewiesen, dazu gibt es eine gut ausgebaute Panoramastraße. Während im Waterton-Lakes-Gebiet der Red Rock Canyon mit seinem roten Felsgestein sowie der Cameron Lake und der Upper Waterton

2

1

*1 Berge, Seen und üppige Bergwiesen – dieser Dreiklang ist typisch für die urwüchsige Landschaft des Waterton-Glacier International Peace Park.*

Lake landschaftlich besonders reizvoll sind, ist im Glacier-Park der sogenannte Garden Wall eine Attraktion, der sich an der Großen Kontinentalen Wasserscheide zwischen dem Swift-Current-Paß und dem Gould-Berg oberhalb des Grinnell-Gletschers befindet.

Auch wenn es hier an Freizeitangeboten wie Reiten, Angeln und Bootsausflügen nicht mangelt, sollte man sich Zeit für ausgedehnte Wanderungen nehmen. Die dichten Wälder auf der Westseite, die durch den Pazifik niederschlagsmäßig begünstigt sind, dringen mit Douglastannen, Kiefern, Lärchen, Hemlocktannen und Riesenlebensbäumen bis in eine Höhe von 1800 Metern vor. Auf der trockeneren Ostseite dagegen liegt die Baumgrenze bei geringerer Walddichte deutlich tiefer. Oberhalb dieser Grenze breitet sich von Juni bis August auf den Bergwiesen ein zauberhaftes Blütenmeer aus, während in den tieferen Lagen ab etwa 1200 Metern der Nadelwald in trockene Prärie übergeht. Offiziell wurden im Waterton-Glacier-Park bislang 1258 Pflanzenarten festgestellt. Von den 275 registrierten Flechtenarten kommen 18 nur im Waterton-Gebiet vor.

Unter den 60 Säugetierspezies zählen der Grizzlybär, der Schwarzbär und der Berglöwe zu den gefährlichsten Einzelgängern. Harmloser dagegen sind Waschbären, Dickhornschafe, Pfeif- und Schneehasen, Murmeltiere, Erd- und Streifenhörnchen, Stinktiere, Elche, Wapiti-, Maultier- und Weißwedelhirsche, Luchse und Otter. Nicht unterschätzen sollte man jedoch die Bullen der Bisonherden in der hügeligen Prärie. Erst vor kurzem ist hier auch der Wolf wieder heimisch geworden.

Der seenreiche Park bietet See- und Lappentauchern, Sägern und Seeschwalben, aber auch Fisch- und Steinadlern sowie Weißkopf-Seeadlern einen Lebensraum. Etwa 240 Vogelarten sind hier insgesamt vertreten, darunter Schwalben, Finken, Kolibris, Raben- und Hühnervögel.

Wenn man den Waterton-Glacier International Peace Park als Teil Montanas und Albertas betrachtet, dann wirkt er wie eine riesige belagerte Burg – umringt von Gas- und Ölvorkommen, Holzindustrie und Straßen- und Wohnungsbauprojekten. Die moderne Zivilisation bedrängt den Park – und gerade deshalb braucht er ihren besonderen Schutz.

2

2 Im Frühling ziehen die Steinadler ihre Jungen auf. Ihre Horste bauen sie auf unzugänglichen Felsvorsprüngen.

3

3 Zwei männliche Wapiti-Hirsche messen ihre Kräfte. Sie sind an ihrem hellen Hinterteil, dem »Spiegel«, zu erkennen.

# Nationalpark Nahanni

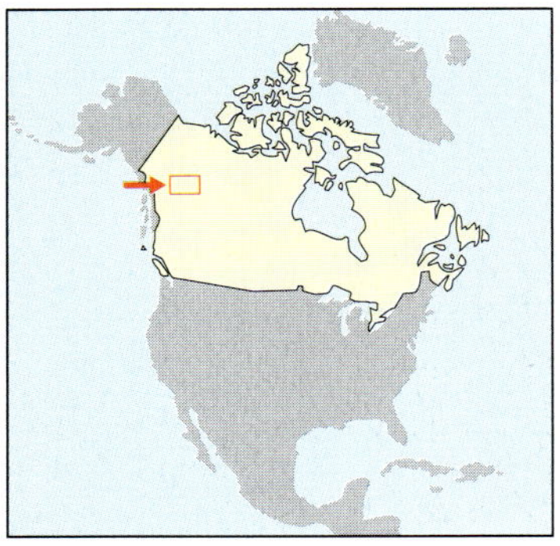

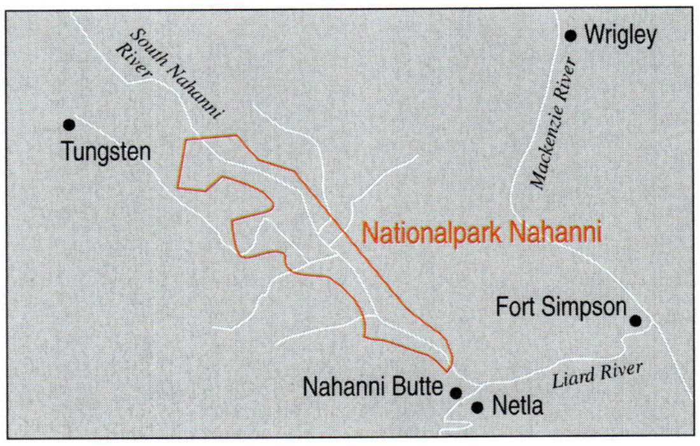


**Lage:** in den Northwest Territories im Verwaltungsbezirk Mackenzie
**Weltnaturerbe:** seit 1978
**Fläche:** 4765 Quadratkilometer

*Ein Nationalpark zu Ehren eines Flusses – der South Nahanni River im Verwaltungsbezirk Mackenzie in den Northwest Territories hat eine solch hohe Auszeichnung mehr als verdient. Zunächst gemächlich durch eine weite Tundra fließend, stürzt er sich dann über die 90 Meter hohen Virginia Falls in die Tiefe und zwängt sich im Unterlauf schäumend durch steile Schluchten und enge Windungen. Die passende Kulisse für den Nahanni, einen der schönsten und wildesten Flüsse dieser Erde, bildet die grandiose Bergwelt der Mackenzie Mountains, in denen noch Schneeziegen und Grizzlybären leben.*

*Im milden Abendlicht erstrahlen die Gipfel der Mackenzie Mountains, zu deren Füßen der South Nahanni River fließt. Der Höhenzug bildet die natürliche Grenze zwischen dem Yukon und den Northwest Territories.*

*Eindrucksvolle Canyon-Landschaft: Tief hat sich das Flußbett des Nahanni River im Laufe von Jahrtausenden in die von dichten Nadelwäldern bedeckte Karstlandschaft eingeschnitten.*

Im Südwesten der riesigen Northwest Territories, dicht an der Grenze zu Yukon, liegt ein ganz besonderer Nationalpark. Keine Straße führt in ihn hinein, nur aus der Luft oder auf dem Wasser ist dieses abgelegene, atemberaubend schöne Naturparadies zu erreichen. Obwohl der Park nur einen relativ schmalen Streifen beiderseits eines etwa 320 Kilometer langen Teilstücks des South Nahanni River umfaßt, ist er fast doppelt so groß wie Luxemburg.

**Fluß ohne Wiederkehr**

Die Abgeschiedenheit und Unnahbarkeit des wilden Flusses, der sich mit rauschenden Stromschnellen und tosenden Wasserfällen seinen Weg durch enge Canyons bahnt, hat im Zusammenhang mit etlichen mysteriösen Todesfällen der Phantasie und dem Aberglauben der Menschen reichlich Nahrung gegeben. Schon bei den Nahanni-Indianern galt das Flußtal als Tabuzone, denn nach ihren Überlieferungen gingen hier mythische Wesen auf Menschenjagd. Erst um die Jahrhundertwende fuhren Goldsucher vom Liard River aus zum ersten Mal den Nahanni flußaufwärts. Willie McLeod, der Sohn eines Repräsentanten der Hudson's Bay Company aus Fort Liard, brachte 1905 erstaunlich große Goldnuggets aus den Nahanni-Canyons mit. Von einer zweiten Tour, die er im darauffolgenden Jahr zusammen mit seinem Bruder und einem Freund unternahm, kehrte er nicht mehr zurück. Erst Jahre später fand man am Ufer zwei Leichen ohne Schädel – von dem dritten Mann wurde nie wieder eine Spur entdeckt. Immer wieder haben Schatzsucher seitdem versucht, die sagenhafte Goldmine der McLeods aufzuspüren – doch ohne Erfolg. Viele von ihnen verschwanden spurlos, andere starben eines gewaltsamen Todes, ohne daß jemals einer

der Fälle aufgeklärt werden konnte. Bis 1969 soll der South Nahanni River insgesamt 44 Todesopfer gefordert haben.
Heute, da die Gegend systematisch erforscht ist, sind die Schrecken weitgehend verflogen. Statt der Goldsucher kommen inzwischen Extremsportler, die den Unterlauf des Nahanni als Rafting-Strecke schätzen. Nur noch Namen wie Deadmen Valley (»Tal der Toten«) oder Headless Range (»Bergrücken der Kopflosen«) erinnern an die unheimlichen Vorkommnisse der Vergangenheit.

### Warmes und wildes Wasser

Der South Nahanni River entspringt im Nordwesten in den Selwyn Mountains, einem Nebengebirge der Mackenzie-Berge, und tritt beim Rabbitkettle Lake in den Nationalpark ein. Die heißen Mineralquellen der Rabbitkettle Hotsprings bilden dort ein reizvolles Naturphänomen, das der subarktischen Landschaft eine besondere Note verleiht. Durch die Ablagerungen des etwa 40 °C warmen Thermalwassers wurden die beiden Quelltöpfe zu terrassierten Kaminen aufgeschichtet, deren größerer bei einem Durchmesser von rund 70 Metern etwa 30 Meter in die Höhe ragt. Weitere Thermalquellen im seit 250 000 Jahren eisfreien Karstgebiet der South Mackenzie Mountains sorgen in der Nähe des Flusses für gemäßigte Klimazonen, in denen sich eine für diese weit nördlich gelegenen Gefilde außergewöhnliche Vegetation entwickeln konnte: So haben dort Wilde Minze, Goldruten und Astern, Pastinaken, Farne, Rosenbüsche und sogar Orchideen dank der besonderen klimatischen Verhältnisse eine ökologische Nische gefunden.
Vom Rabbitkettle Lake schlängelt sich der Fluß auf einer Länge von etwa 120 Kilometern durch eine offene Tundra mit Gräsern, Flechten und Zwergsträuchern. Hier ist der Lebensraum der Karibus, der nordamerikanischen Rentiere mit ihren großen Schaufelgeweihen. Den markantesten Einschnitt im Flußlauf bilden die Virginia Falls, die zu den schönsten Wasserfällen der Welt zählen. Von einer gezackten Felsnase geteilt, stürzen sich gewaltige Wassermassen donnernd und schäumend in die Tiefe. Mit gut 90 Metern sind die Virginia Falls fast doppelt so hoch wie die Niagarafälle.
Unterhalb der Virginia Falls frißt sich der Fluß tief in den Fels hinein. Rund 40 Kilometer hinter Figur Eight Rapids, der gefährlichsten Stromschnelle des South Nahanni, beginnt der Canyon-Abschnitt des Flußlaufs. Der ständige Wechsel zwischen engen Schluchten, wo das Wasser an den fel-

*Eine wildromantische Szenerie bieten die berüchtigten Stromschnellen des Flusses. Selbst bei Rafting-Profis gilt der Unterlauf des Nahanni als Herausforderung.*

1

2

*1 Ein junger Schwarzbär oder Baribal entdeckt die Welt. Die Jungen werden nach einer Tragezeit von sieben Monaten im Januar oder Februar in der Winterhöhle geboren.*

*2 Der Steinadler gilt als gefürchteter und unfehlbarer Jäger. Seinen scharfen Augen entgeht auch die kleinste Bewegung am Boden nicht.*

sigen Steilwänden entlangschäumt, und offenen Uferebenen, die sanft in bewaldetes Hügelland übergehen, macht den unvergleichlichen Reiz dieser Landschaft aus.

## Durch die Canyons

In den drei Haupt-Canyons, von denen der längste 19 Kilometer mißt, steigen die Seitenwände stellenweise bis zu 1300 Meter hoch steil in den Himmel. Aus den Kalksteinfelsen wurden zahlreiche Höhlen ausgewaschen. Da sich hier das Eis bereits vor 250 000 Jahren zurückgezogen hat, konnte das Wasser durch das Ausschwemmen weicherer Mineralien besonders bizarre Formationen schaffen. Zwischen dem dritten und dem zweiten Canyon – die Canyons werden von Süden flußaufwärts gezählt – beherrscht der imposante Pulpit Rock eine 90-Grad-Biegung des Flusses, die als The Gate (»Das Tor«) bezeichnet wird.
Die Talkessel sind mit Weißfichten und Pappeln bewachsen, in höheren Lagen dominieren Schwarzfichten. An den Wassern ist der kanadische Biber heimisch. Die dichten Wälder der Niederungen durchstreifen Elche und die scheuen, aber anpassungsfähigen Weißwedelhirsche.
Wegen der extremen Höhenunterschiede – von 180 Metern am Canyon-Grund bis zu Gipfeln von 2700 Metern Höhe – sind die Gebirgsregionen sehr unwegsam. Neben dem hochgebirgstauglichen Dallschaf fühlt sich hier auch die Schneeziege, die eigentlich zur Familie der Gemsen gehört, sehr wohl. Die schwindelfreien »Bergsteiger« mit dem prächtigen weißen Fell gelten als die geschicktesten Kletterer in der Familie der Huftiere.
Wölfe, Schwarzbären und die sagenumwobenen Grizzlybären sorgen für die natürliche Regulierung der Wildbestände; Wanderfalken, der mächtige Weißkopf-Seeadler und der hier gar nicht so seltene Steinadler regieren den Luftraum.
Unterhalb der Canyons erinnern die stark schwefelhaltigen Krause Hotsprings an einen praktisch veranlagten deutschen Trapper, der einst diese Thermalquellen auf dem Hochufer zur Bewässerung seiner Gemüsebeete nutzte. 20 Kilometer weiter teilen Kiesbänke den Fluß in verschiedene Nebenarme auf. Dieser Ort wird The Splits genannt und liegt kurz vor der südlichen Grenze des Parks. Nicht weit hinter der Grenze, im Ort Nahanni Butte, leben die letzten Nahanni-Indianer, die noch immer das Jagdrecht im Park besitzen. Hier mündet der South Nahanni in den Liard River, der Richtung Nordosten in den Mackenzie River fließt.

### Alexander Mackenzie

*In den kanadischen Northwest Territories stößt man immer wieder auf einen Namen: Alexander Mackenzie. Der westlichste Distrikt des Gebiets ist nach ihm benannt, ferner die Mackenzie Mountains, die nördlichen Ausläufer der Kordilleren, und der mächtige Mackenzie River, der vom Großen Sklavensee bis zu seiner Mündung im Nordpolarmeer 1903 Kilometer zurücklegt und zusammen mit seinen Quellflüssen der zweitlängste Strom Nordamerikas ist.*

*Alexander Mackenzie, gebürtiger Schotte, kam 1765 im Alter von zehn Jahren mit seinen Eltern nach New York. Um 1780 trat er in die von schottischen Unternehmern in Montreal neu gegründete Northwest Trading Company ein. Seine Hauptaufgabe bestand darin, in Nord-West-Richtung Pässe und Wasserstraßen für den lukrativen Pelzhandel zu erschließen.*

*Bei seinem ersten Versuch, auf dem Landweg den Pazifik zu erreichen, entdeckte Mackenzie 1789 den später nach ihm benannten Strom, der den unerschrockenen Forscher allerdings nicht an die Westküste, sondern zum Polarmeer, an die Küste der Beaufortsee, führte.*

*Der zweite Versuch brachte dann den erhofften Erfolg: Im Juli des Jahres 1793 erreichte Mackenzie nach einjähriger Expedition nördlich von Vancouver Island schließlich die Pazifikküste. Damit war ihm die erste Durchquerung Kanadas von Osten nach Westen gelungen. Die kanadische Regierung ehrte Mackenzie 1995 durch die Ernennung der historischen Reiseroute zum nationalen Erbe. Auch für die kartographische Erfassung des kanadischen Nordwestens hat Mackenzie mit seinen Expeditionen unschätzbare Pionierarbeit geleistet.*

*Im Jahr 1821, also nur ein Jahr nach Alexander Mackenzies Tod, wurde die Northwest Trading Company auf Betreiben der britischen Regierung von der Hudson's Bay Company übernommen. Erst 1869 kamen die Northwest Territories unter kanadische Verwaltung, nachdem Kanada der Hudson's Bay Company alle Rechte an diesem Gebiet abgekauft hatte.*

*3 Zwei Elchkühe beim Bad: Die Mischung aus dichten Wäldern, offenen Tundraflächen und flachen Seen bietet den massigen Großhirschen einen idealen Lebensraum.*

*3*

# Anthony Island

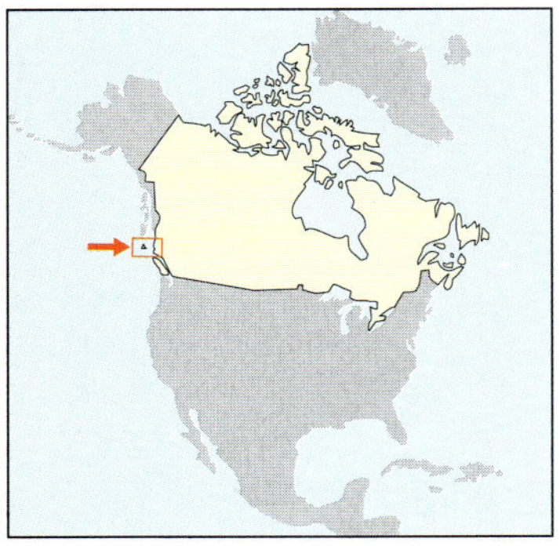

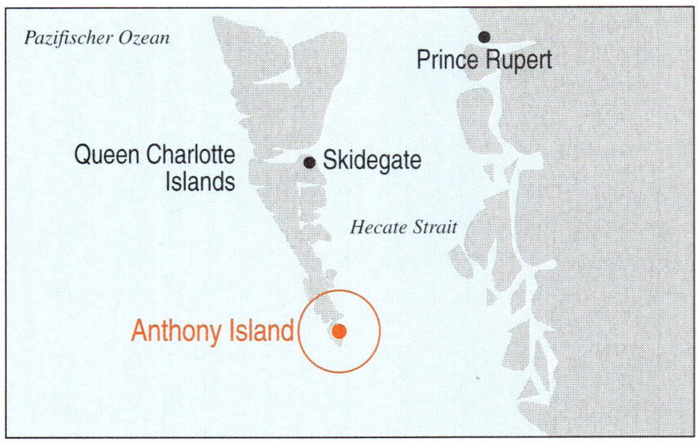


**Lage:** im Süden der Queen Charlotte Islands vor der Westküste Kanadas in der Provinz British Columbia

**Weltkulturerbe:** seit 1981

*Von Wind, Sonne und Regen verwittert ragen die kunstvoll geschnitzten Totempfähle der Haida-Indianer in den Himmel: stumme Zeugen einer untergegangenen Kultur. Phantasievoll und farbenfroh künden Tiere und Fabelwesen, Köpfe und szenische Darstellungen von der einstigen Bedeutung eines Häuptlings oder Klan-Oberhaupts. Das zum Ende des 19. Jahrhunderts verlassene Dorf Ninstints auf der Anthony-Insel zählt mit seinen 32 Totempfählen und zehn Holzhäusern zu den bedeutendsten Kulturdenkmälern der Haida, die lange Zeit auf den Queen-Charlotte-Inseln vor der Westküste Kanadas lebten.*

*Wind und Wetter haben den Totempfählen des Indianerdorfes Ninstints auf Anthony Island schon schwer zugesetzt, dennoch ist ihre Ausdruckskraft ungebrochen.*

*Aus dem sehr widerstandsfähigen Holz der Roten Zeder schnitzten die Haida ihre mit phantasievollen Masken und Figuren geschmückten Totem- und Begräbnispfähle.*

Die kleine Anthony-Insel ganz im Süden gehört zu den über 150 Inseln, die den Archipel der Queen Charlotte Islands vor der Küste von British Columbia bilden. Ihre Besonderheit ist eine Hinterlassenschaft der Haida-Indianer, die in dieser Art einmalig ist: das vor gut 100 Jahren verlassene Dorf Ninstints. Von den rund 300 Indianern, die den Ort früher bewohnt hatten, waren nur noch 25 übriggeblieben, als Ninstints um 1880 ganz aufgegeben wurde. Von der Siedlung, die den Haida als Winterquartier diente, haben zehn massiv aus Zedernholz erbaute Langhäuser sowie 32 Totem- und Begräbnispfähle überdauert. Heute ist die Insel unbewohnt.

**Zu Ehren der Lebenden und der Toten**

Vor allem die phantasievoll ausgestalteten, zum Teil mehrere Meter hohen geschnitzten Bildsäulen haben das Interesse von Völkerkundlern, Historikern und Religionswissenschaftlern aus aller Welt auf sich gezogen. Die Pfähle wurden einst zu Ehren hochgestellter Persönlichkeiten unter den Küstenindianern angefertigt – entweder zu deren Lebzeiten als Wappenpfähle oder anläßlich ihres Todes als Begräbnispfähle. Für eine Bestattung wurde am oberen Ende eine Aushöhlung angebracht, in der die Asche des Verstorbenen aufbewahrt wurde. Bildliche Darstellungen zeigen Szenen aus dem Leben des Betreffenden sowie Fabelwesen und mythologische Figuren. Sie sind wichtige Zeugnisse eines Volkes, das keine Schriftsprache besaß. Die Spitze der Pfähle ziert in der Regel das Wappentier des Klans oder der Familie.

Auf die Ausführung dieser kunstvoll kolorierten Schnitzarbeiten waren wohl nur wenige Handwerker spezialisiert. Die Haida besiedelten die Inseln vor der kanadischen Westküste wahrscheinlich schon vor 5000 Jahren; auf Anthony Island selbst läßt sich ihre Geschichte über 2000 Jahre zurückverfolgen. Wertvolle Erkenntnisse lieferten dabei vier Muschel-Deponien. Muscheln zählten neben Fisch zu den Hauptnahrungsmitteln der Haida. Die Abfallplätze des Dorfes waren stark mit Muschelkalk angereichert, in dem Holz- oder Knochenstücke gut konserviert wurden.

Die Haida lebten vom Fischfang und von der Jagd. Die harten Winter verbrachten sie in festen Quartieren, den Sommer über zogen sie in ihren Kanus umher. Diese aus halbierten Zedernstämmen hergestellten Boote waren bis zu 20 Meter lang und boten bis zu 50 Personen Platz.

Geschützt durch die Unübersichtlichkeit der Inselwelt und die Abgeschiedenheit im äußersten Westen Kanadas kamen die Haida erst gegen Ende des 18. Jahrhunderts mit Weißen in Kontakt. Durch die Ansteckung mit eingeschleppten Krankheiten, gegen die sie keine Abwehrkörper hatten, nahm die Zahl der Indianer rasch ab. Von rund 8000 Stammesmitgliedern waren gegen Ende des 19. Jahrhunderts nur noch wenige hundert übrig. Die meisten Totempfähle sind damals als Sammelobjekte in Museen gebracht oder als vermeintliche Götzenbilder von christlichen Missionaren vernichtet worden. Die inzwischen wieder über 1000 Nachfahren der Haida leben heute in Reservaten auf Graham Island, der Hauptinsel im Norden des Archipels.

*Detail eines Begräbnispfahls: Ursprünglich waren die meterhohen Bildsäulen bunt bemalt, doch die Farben sind längst ausgewaschen oder verblichen.*

# Nationalpark Wood Buffalo

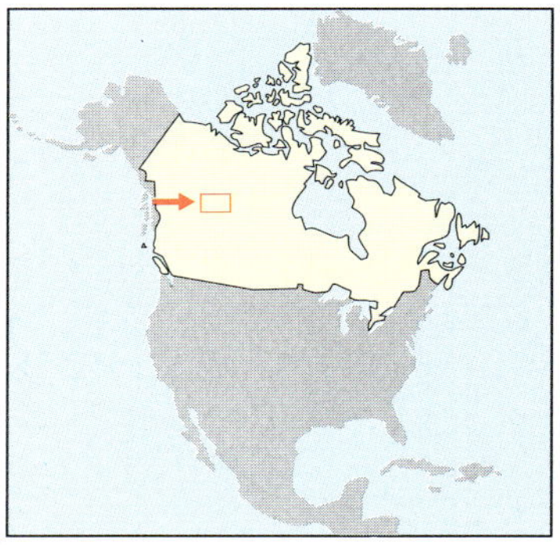

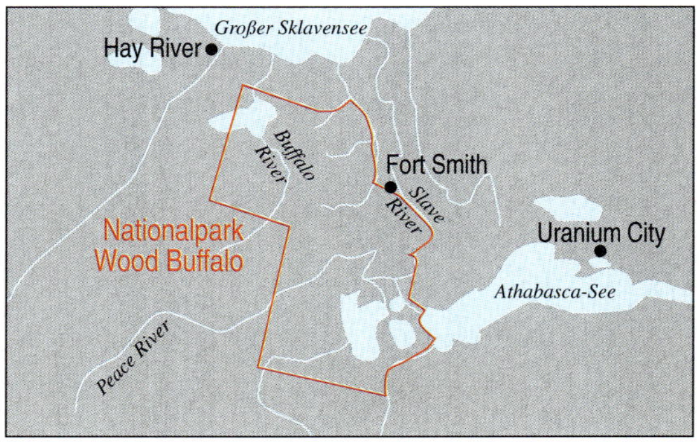


**Lage:** im Norden der Provinz Alberta und in den Northwest Territories
**Weltnaturerbe:** seit 1983
**Fläche:** 44800 Quadratkilometer

*Am 60. Breitengrad beginnen die kanadischen Northwest Territories. Nahe der arktischen Baumgrenze sind die Sommer nur kurz, die meiste Zeit des Jahres liegt das Land unter Schnee, während die Flüsse und Seen vereist sind. Durch den weiträumigen Nationalpark Wood Buffalo zieht die größte freilebende Bisonherde, und hier findet sich auch die weltweit letzte Brutkolonie des Schreikranichs. Das Flußdelta von Peace und Athabasca River ist ein Paradies für Wasservögel. Elchen, Karibus und Wölfen bietet die subarktische Landschaft einen idealen Lebensraum.*

*Der Waldbison gab dem riesigen Nationalpark im Norden Albertas einst den Namen. Heute hat sich diese Unterart hier weitgehend mit dem Präriebison vermischt.*

Im Norden der Provinz Alberta, zu einem Drittel bereits auf dem Gebiet der Northwest Territories, liegt der Nationalpark Wood Buffalo, der größte Kanadas und einer der weiträumigsten weltweit. Mit einer Fläche von fast 45 000 Quadratkilometern ist er doppelt so groß wie das Bundesland Hessen. Die Bevölkerungsdichte in den riesigen Northwest Territories, die im Süden vom 60. Breitengrad, im Westen von den Mackenzie Mountains, im Norden vom Polarmeer und im Osten vom Nordatlantik begrenzt werden, liegt bei einem Wert von unter 0,02 Einwohner pro Quadratkilometer! Zum Vergleich: Im Bundesland Nordrhein-Westfalen werden rund 500 Einwohner pro Quadratkilometer gezählt. Da der Park nur durch einige Schotterpisten erschlossen ist und lediglich ein paar tausend Besucher pro Jahr zu verkraften hat, sind die Bedingungen für ein Naturreservat optimal: Ungestörter können sich Flora und Fauna kaum entwickeln.

Als das Gelände südlich des Großen Sklavensees 1922 zum Nationalpark erklärt wurde, wollte man damit in erster Linie den Schutz der letzten Bestände des Waldbisons (Wood buffalo) sicherstellen, der damals in seiner Existenz ernstlich bedroht war. 1926 wurde die Parkfläche fast auf das

1

*1 Von den schön gezeichneten Kanadagänsen sind zwölf Unterarten bekannt, die sich hauptsächlich durch ihre Größe unterscheiden: Je weiter im Norden die Tiere leben, desto kleiner sind sie.*

2

*2 Eine Besonderheit der Landschaft im Flußdelta von Athabasca und Peace River sind die ausgedehnten Salzfelder wie hier am Ufer des Grosbeak Lake.*

Doppelte erweitert. Heute profitieren von dem riesigen Schutzgebiet zahlreiche gefährdete Tier- und Pflanzenarten sowie das gesamte vielgestaltige Ökosystem einer subarktischen Landschaft, die im wesentlichen während der letzten Eiszeit entstanden ist. Sie umfaßt ausgedehnte Grasflächen und Wälder, Schwemmland, eine Salzebene und eines der größten binnenländischen Flußdeltas der Erde.

Die Flußniederungen von Slave, Peace und Athabasca River sowie der Mündungsbereich der beiden letzteren am Athabasca-See beherrschen den Südostteil des Parks. Mäandrierende Seitenarme und tote Flußarme komplettieren das klassische Erscheinungsbild eines trichterförmigen Deltas. Einmalig für ganz Kanada sind die Salzebenen in den Karstniederungen des Slave River, wo sich das Schwemmwasser in flachen Mulden sammelt und verdunstet. In den ausgedehnten Salt Plains ist der Gehalt an Mineralsalzen so hoch, daß sich dort in Trockenperioden regelrechte Salzfelder bilden. In der Ebene des Slave River sorgt durchlässiges Grundgestein für einen guten Abfluß des Wassers. Unterirdische Auswaschungen und Wasserläufe haben Höhlen, wassergefüllte Senklöcher, durch Bodenabsenkungen entstandene Mulden und Täler sowie eingesunkene Flußläufe herausgebildet: ein überaus komplexes System der Be- und Entwässerung, zu dem kalte, zum Teil mineralhaltige Quellen ebenso gehören wie Schlundlöcher, in denen das Wasser wieder im Boden verschwindet.

Die Ebene am Buffalo Lake dagegen ist geprägt von weiten Torfmooren mit flachen Seen und Wasserläufen. Hier verhindert eine undurchlässige Schieferschicht das Versickern des Wassers. In die Hochebenen von Birch und Caribou Plateau schließlich haben Flüsse tiefe Schluchten eingeschnitten, deren Ränder einen Querschnitt durch die Gesteinsformationen zeigen.

*In weiten Schleifen zieht sich der 415 Kilometer lange Slave River durch die Karstebene. Er entfließt dem Athabasca-See und mündet im Norden in den Großen Sklavensee.*

## Die Pflanzenwelt an der Grenze zur Arktis

Das subarktische Klima mit langen, kalten Wintern – nur etwa von Juni bis September ist der Park frostfrei – bestimmt die Vegetation, in der boreale (nördliche) Nadelwälder,

*Im Englischen hat sich die Bezeichnung »buffalo« für den Bison bis heute erhalten. Die mächtigen Präriebewohner zählen jedoch nicht zu den Büffeln, sondern zu den Wildrindern.*

*Weiße Pelikane auf dem Athabasca-See: Die geselligen Tiere leben gerne in großen Kolonien.*

Grasland und Tundra vorherrschen. Trotz der relativ geringen Niederschläge mangelt es selten an Wasser, da der Nachschub in Form von Schnee und Eis lange konserviert wird. Nur im kurzen Sommer, wenn auch die oberen Schichten der Dauerfrostbereiche auftauen, kommt es zu Trockenperioden, in denen immer wieder große Waldbrände entstehen. Im Durchschnitt brennt etwa ein Prozent der gesamten Waldfläche des Nationalparks pro Jahr nieder – für Wälder dieser Klimazone ist das eine normale Quote und hat sogar als natürliche »Verjüngungskur« der Pflanzenwelt eine wichtige Erneuerungsfunktion für das gesamte Ökosystem.

Hier, dicht unterhalb der arktischen Baumgrenze, gedeihen Weiß- und Schwarzfichte, Banks-Kiefer und die Tamarack genannte Amerikanische Lärche. Bevorzugt in der Nähe von Wasserläufen wachsen Balsampappeln, in höheren Lagen auch Zitterpappeln (Espen). An den Hängen des Kreideplateaus, das sich am Westrand des Parks auf 1500 Meter über Bodenniveau erhebt, gibt es größere Vorkommen der Lodgepole- oder Drehkiefer. Weidenbüsche und Erlen bevorzugen als Standorte die Übergangszonen von den trockenen Waldböden zu Feuchtwiesen.

Unterschiedliche Gras- und Riedgrasarten herrschen im Marschland und in der Prärie vor; bei den Torfmooren im Nordwesten kommen Heidepflanzen, Bleichmoose und Schwarzfichten hinzu.

## Im Reich der Bisons

Im Nationalpark Wood Buffalo erstreckt sich die größte zusammenhängende und vom Menschen unangetastete Präriefläche Nordamerikas. Diese schier unerschöpflichen Weidegründe dienen der zahlenmäßig stärksten frei umherziehenden und sich selbst überlassenen Bisonherde der Welt als idealer Lebensraum; auch die natürliche Regulierung der Herde durch Wolfsrudel findet hier noch statt.

Die ursprünglich in diesem Gebiet lebenden Waldbisons haben sich inzwischen mit Präriebisons vermischt, die in den zwanziger Jahren zur Auffrischung der Bestände

eingeführt worden waren. Die neuen Verwandten aus dem Süden schleppten allerdings zwei gefährliche Krankheiten ein: die Rindertuberkulose und die bakteriell verursachte Rinderseuche Brucellose.
Weil durch den 1969 erbauten Bennett-Damm ein Absinken des Wasserspiegels im Flußdelta am Athabasca-See und damit ein Vertrocknen großer Weideflächen verursacht wurde, ging die Zahl der hier lebenden Bisons drastisch zurück: von rund 10 000 zu Beginn der siebziger Jahre auf einen Tiefststand von 4500 im Jahr 1987. Gegenwärtig hat sich der Bestand wieder erholt und bei 5000 bis 6000 Tieren eingependelt – das sind weit mehr als selbst im größten Bisonreservat der USA, dem Nationalpark Yellowstone.

**Strumpfbandnattern und Schreikraniche**

Das größte im Park lebende Raubtier ist der überwiegend nachtaktive Schwarzbär oder Baribal, der aufgerichtet bis zu zwei Meter groß werden kann. Die Schwarzbären sind anpassungsfähige, genügsame Allesfresser, die sich in vielen nordamerikanischen Nationalparks stark vermehren. Neben Wölfen jagen im Wood Buffalo auch der kanadische Luchs, der Eisfuchs und der amerikanische Nerz oder Mink, ein ausgezeichneter Schwimmer, der sich auch gern von Krebsen und Fischen ernährt.
An Fluß- und Seeufern leben Bisamratten und kanadische Biber. Die Kanadische Kröte, der Leopardenfrosch und ebenso die Strumpfbandnatter haben hier ihr nördlichstes Verbreitungsgebiet. Der Urson, eine fast ausschließlich in Nordamerika vorkommende Stachelschweinart, bewegt sich am Boden eher unbeholfen, ist aber ein geschickter Kletterer und ernährt sich hauptsächlich von Zweigen, Knospen und von Baumrinde. Das sonst braune Fell des Schneeschuhhasen färbt sich im Winter gelblich-weiß. Zum hier heimischen Hochwild zählen Elche, Karibus und die kleinen Weißwedelhirsche.
Besonders vielfältig ist die Vogelwelt des Nationalparks mit 227 registrierten Arten. Erwähnenswert, weil selten, sind der große, graue Bartkauz, die weißgefiederte Schnee-Eule, das Moorschneehuhn, der Birkenzeisig und die Chickadee, eine amerikanische

*Ihrem Lebensraum in Schnee und Eis haben sich die Wölfe hier im Norden angepaßt und zum Schutz gegen Kälte sowie als Tarnung ein dichtes, weiß-graues Fell entwickelt.*

Meisenart. Im Park heimisch sind auch der Weißkopf-Seeadler und die letzte Wanderfalkenkolonie Zentralkanadas. Ein bedeutender Lebensraum für umherziehende Wasservögel ist das Peace-Athabasca-Delta, wo die Kanadagans, die Große Schneegans und der Pfeifschwan den Sommer verbringen. Dort findet man die vier bekannten Seetaucher-Arten, sieben Arten nordamerikanischer Lappentaucher und die stattliche Zahl von 25 Entenarten.
Die größte zoologische Rarität ist jedoch der akut vom Aussterben bedrohte Schreikranich, der im Nationalpark Wood Buffalo noch sein weltweit einziges Brutrevier besitzt. Von dem stattlichen, bis 1,40 Meter großen Vogel, der zu seinem weißen Federkleid eine auffällige rote Gesichtsmaske trägt, existieren inzwischen wieder etwa 110 Tiere. Nachdem man 1940 nur noch 21 Exemplare gezählt hatte, muß diese Zahl schon als beachtlicher Erfolg gewertet werden, der nicht zuletzt auch deshalb möglich wurde, weil das Winterquartier der Schreikraniche in Texas mittlerweile unter strengem Schutz steht.

# Wikingersiedlung L'Anse aux Meadows

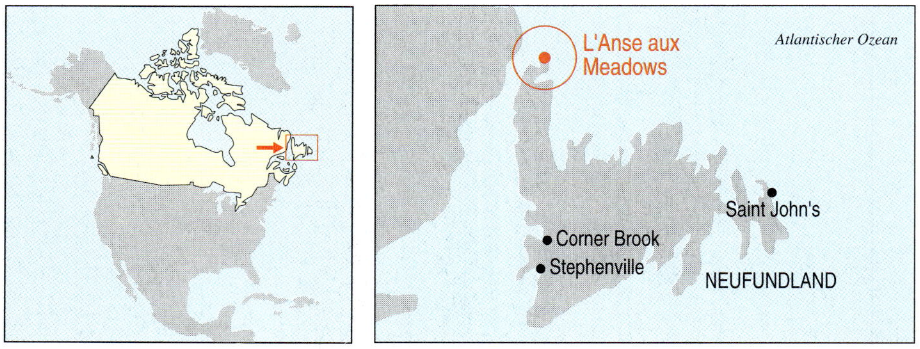


**Lage:** an der Nordspitze der Insel Neufundland vor der Ostküste Kanadas

**Weltkulturerbe:** seit 1978

*L'Anse aux Meadows heißt die kleine Bucht im rauhen Norden der Insel Neufundland in der für Kanada so typischen englisch-französischen Sprachmischung. Vor etwa 1000 Jahren gründeten Wikinger aus Norwegen hier die erste europäische Siedlung auf amerikanischem Boden. In der Moorlandschaft am Ostufer der Epaves Bay bauten sie Erdhäuser aus Holz, Torf und Grassoden, deren Überreste heute als die einzig authentischen Zeugnisse des normannischen Seefahrervolkes in Nordamerika gelten.*

*Die originalgetreu rekonstruierten Erdhäuser im Norden Neufundlands lassen erahnen, wie hart und entbehrungsreich das Leben der Wikinger hier vor 1000 Jahren gewesen sein muß.*

*Ein rekonstruiertes Holzboot zeigt den Besuchern des Historischen Nationalparks, wie ein Fischerboot der Wikinger seinerzeit ausgesehen haben könnte.*

Gemeinhin gilt das Jahr 1492 aus europäischer Sicht als das Entdeckungsjahr Amerikas. Dabei weiß man schon lange, daß kühne Wikinger bereits einige hundert Jahre vor Kolumbus als erste Europäer den Nordatlantik überquert und die Neue Welt betreten haben. Jahrhundertelang konnte man sich allerdings nur auf die Literatur der norwegisch-isländischen Sagenwelt berufen. Danach soll der legendäre Leif Erikson um das Jahr 1000 n. Chr. von Island bzw. Grönland aus auf der Suche nach »Vinland«, dem mythischen Weinland, bis an die Küste Nordamerikas gelangt sein. Handfeste Beweise für diese Theorie hatte man jedoch nicht, bis der norwegische Archäologe Helge Ingstad 1960 nahe der Anse aux Meadows am Ufer der Epaves Bay an der äußersten Nordspitze der Great Northern Peninsula von Neufundland eine Reihe mysteriöser Erdhügel entdeckte.

Ursprünglich hatten französische Fischer aus dem nahen Hafenstädtchen Saint Anthony die Bucht L'Anse aux Méduses (»Bucht der Quallen«) getauft. In der englischen Aussprache wurde daraus L'Anse aux Meadows (»Bucht der Wiesen«), was angesichts der ausgedehnten, saftig-grünen Sumpfwiesen immerhin auch seine Berechtigung hat. Was an diesem Ort in zwei Ausgrabungsphasen (1961–68 und 1973–76) schließlich zutage gefördert wurde, war eine archäologische Sensation. Dicht unter der Oberfläche verborgen fand man mehrere Erdhäuser, die von den Wissenschaftlern als Überreste einer Wikingersiedlung aus dem 11. Jahrhundert identifiziert wurden. L'Anse aux Meadows ist damit die mit Abstand älteste europäische Siedlung auf dem gesamten amerikanischen Kontinent und die einzige bislang bekannte Spur der Wikinger in Nordamerika.

## Häusliche Wikinger

Drei der insgesamt acht ausgegrabenen Gebäude – drei Wohnhäuser, vier Werkstätten und eine Schmiede – wurden inzwischen zu Anschauungszwecken rekonstruiert. Da die beiden größten Wohngebäude mit einer Grundfläche von 24 x 4,5 bzw. 19 x 24 Metern beachtliche Ausmaße aufweisen, nimmt man an, daß sie als Gemeinschaftsunterkünfte gedient haben. Bei der Konstruktion wurden die gleichen Bautechniken angewandt, die zu jener Zeit auch in Norwegen gebräuchlich waren: Ein Holzgerüst wurde mit Torf aus dem umliegenden Moor verkleidet, das Spitzdach mit Grassoden belegt; dicke Torfballen dienten als Zwischenwände. Auch die Einteilung der Räume sowie die Anlage der Feuerplätze und der Eingänge in die fensterlosen Gebäude entsprachen den norwegischen Mustern. In dem offensichtlich als Schmiede genutzten Gebäude sind noch Teile des Schmelzofens erhalten geblieben, neben dem Schlackenreste gefunden wurden.
Die letzten Zweifel an der Wikinger-Theorie beseitigten die über 2000 Einzelfunde von Gerätschaften, Werkzeugen, Knochen und Holzkohleresten. Die wichtigsten Stükke sind heute im Besucherzentrum des L'Anse aux Meadows National Historic Park ausgestellt. Eine steinerne Öllampe, eine Waage sowie ein Birkenrinden-Behälter für einen Ballaststein weisen eindeutige Merkmale der Handwerkskunst der Wikinger auf. Das gilt auch für die verschiedenen, auf dem Gelände gefundenen Bronze- und Eisenerzeugnisse wie Nägel, Nieten und Spangen, von denen sich allerdings nicht mit Sicherheit sagen läßt, ob sie hier am Fundort oder in Norwegen bzw. Island hergestellt wurden.

*Wirkungsvolle Isolierung: Links und rechts des Eingangs sind die aufgeschichteten Torfballen zu erkennen, mit denen das Holzgerüst des Hauses verkleidet ist.*

Die nach verschiedenen Untersuchungstechniken wie der Radiokarbonmethode (Altersbestimmung anhand der Zerfallszeiten radioaktiver Kohlenstoffisotope in organischen Verbindungen) und der Dendrochronologie (Altersbestimmung von Holzfunden anhand der Jahresringe) vorgenommenen Labortests von Holz- und Kohleresten bestätigten die Vermutungen über Herkunft und Alter der Funde.

## Zum Scheitern verurteilt

Wie lange die Wikinger den Ort an der Nordküste Neufundlands bewohnten, weiß man nicht. Vermutlich waren es nur einige Jahre, denn die Siedlung war wohl zu klein und die Entfernung von den heimatlichen Gefilden zu groß, als daß es möglich gewesen wäre, sich an diesem klimatisch eher unwirtlichen Ort dauerhaft niederzulassen. Daß die Wikinger mit ihren relativ kleinen Booten so riesige Entfernungen auf dem rauhen Atlantik überwinden konnten, ist zweifellos eine großartige Leistung. Eine regelmäßige Nachschubverbindung nach Grönland, Island oder gar Norwegen wäre unter diesen Bedingungen jedoch kaum möglich gewesen.
Im übrigen war die Ostküste des heutigen Kanada damals kein unbesiedeltes Territorium. Nach allem, was man weiß, waren die Beothuk-Indianer, welche die Kultur der Dorset-Eskimos (um 400–700 n. Chr.) abgelöst hatten und deren Blütezeit in den Küstenregionen Neufundlands und Labradors etwa vom Ende des 8. bis zum Ende des 15. Jahrhunderts dauerte, nicht gerade sehr friedliche Zeitgenossen.
Erst 500 Jahre später erfolgte der nächste Versuch europäischer Seefahrer, an den nördlichen Gestaden der Neuen Welt Fuß zu fassen, diesmal jedoch – zumindest langfristig gesehen – mit ungleich größerem Erfolg. Erstaunlicherweise war es wieder die Nordspitze der Insel Neufundland, die zum Schauplatz dieses historischen Ereignisses wurde: Nur wenige Kilometer westlich von L'Anse aux Meadows, am Cap Dégrat, erblickte der im Auftrag des englischen Königs Henry VII. fahrende gebürtige Genuese John Cabot am 24. Juni 1497 als erster Europäer – nach den Wikingern – die nordamerikanische Küste.

*Von außen sieht man den fensterlosen Erdhäusern nicht an, wie geräumig und verhältnismäßig komfortabel sie im Inneren sind. Allerdings weiß man nicht, wie viele Menschen in einem Raum zusammengelebt haben.*

# Nationalpark Gros Morne

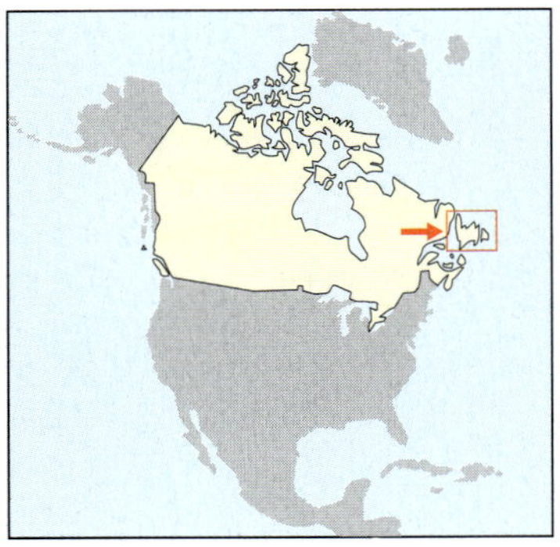

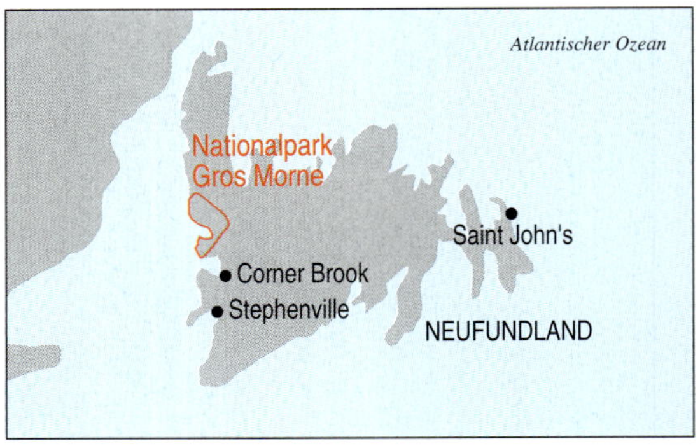


**Lage:** auf der Insel Neufundland vor der Ostküste Kanadas in der Provinz Newfoundland

**Weltnaturerbe:** seit 1987

**Fläche:** 1805 Quadratkilometer

*An der Westküste Neufundlands, zwischen dem St.-Lorenz-Golf im Westen und den Long Range Mountains im Osten, liegt der Nationalpark Gros Morne. Von der kargen Tundra des Hochplateaus über tiefeingeschnittene Fjorde bis zu den Wanderdünen, Klippen und Stränden der Küste reicht das Landschaftsspektrum dieser trotz ihres rauhen Klimas seit 4500 Jahren besiedelten Gegend. Eskimos und Indianer, Wikinger und europäische Fischer und Walfänger prägten die wechselvolle Vergangenheit dieser Insel vor der kanadischen Atlantikküste, die erdgeschichtlich besonders aufschlußreich ist.*

*Grandiose Naturlandschaft an der Westküste Neufundlands: Tief in das Hochplateau eingeschnittene Fjorde kennzeichnen den Nationalpark Gros Morne.*

Neufundland, die Atlantikinsel vor der kanadischen Ostküste, zeichnet sich durch eine Reihe von Besonderheiten aus. Geologisch wie historisch stellt das von tiefen Fjorden zerschnittene, karge Eiland das Bindeglied zwischen der Alten und der Neuen Welt dar. »The Rock« (Der Felsen), wie die heute rund 580 000 Einwohner ihre Insel nennen, gehörte vor Hunderten von Millionen Jahren zur europäisch-afrikanischen Kontinentalplatte, ehe diese durch die Kontinentaldrift abgesplittert wurde. Neufundlands Gesteinsformationen zählen zu den ältesten Nordamerikas und gewähren interessante Einblicke in die verschiedenen Zeitalter der Erdgeschichte.

*Viele der reizvollen Fjorde sind wegen der hohen Steilkanten nur vom Wasser aus zu erreichen. In kleinen Hafenstädtchen stehen Schiffe für Ausflugsfahrten bereit.*

**Landeplatz der Wikinger**

Neufundland ist mit knapp 109 000 Quadratkilometern fast so groß wie Österreich und die Schweiz zusammen. Die Insel spielte in der Entdeckungsgeschichte Nordamerikas eine entscheidende Rolle: Hier betraten vor ca. 1000 Jahren die Wikinger erstmals amerikanischen Boden. Bei L'Anse aux Meadows an der äußersten Nordspitze der Great Northern Peninsula hat man Reste einer Siedlung der normannischen Seefahrer gefunden, die hier jedoch nie richtig seßhaft wurden. Als eine weitere Hinterlassenschaft der Wikinger stufen Zoologen die weltbekannte Hunderasse der Neufundländer ein. Die auffällige Ähnlichkeit mit dem mittlerweile ausgestorbenen norwegischen Eberhund (Boar) läßt darauf schließen, daß die Wikinger diese Hunde in die Neue Welt importiert haben; es könnte aber auch umgekehrt gewesen sein.

500 Jahre nach den Wikingern erreichten erneut Europäer Neufundland: Der Seefahrer Giovanni Caboto, der sich in den Diensten der Engländer John Cabot nannte, »entdeckte« die Insel 1497 ein zweites Mal und landete an der Nordküste. Der Franzose Jacques Cartier erforschte 1534 den St.-Lorenz-Golf. Er betrat als erster das Gebiet, das heute zum Nationalpark Gros Morne gehört. Berichte vom sagenhaften Fisch-

reichtum der dortigen Küstengewässer lockten neben englischen auch französische und portugiesische Fischer sowie baskische Walfänger über den Atlantik. Fortan bestimmte King Cod, »König Kabeljau«, die Geschicke der Insel und auf kuriose Weise auch deren politische Zukunft. Die Fischer aus den Mittelmeerländern hatten genug Salz zur Verfügung, um den Fang für den sofortigen Rücktransport zu konservieren. Für die Engländer hingegen war Salz ein teures Importgut. Sie mußten deshalb den Fisch zunächst an Land trocknen, und dafür waren Häfen und Stützpunkte in der Nähe erforderlich – so begann die Landnahme Neufundlands durch die Engländer.

## Eine urwüchsige Naturlandschaft

Der Nationalpark Gros Morne an der Westküste Neufundlands vereint einen einzigartigen Querschnitt durch die zahlreichen geologischen Formationen der Insel mit archäologischen Zeugnissen frühester Besiedlung und der grandiosen Szenerie einer archaischen Naturlandschaft. Der Park ist mit rund 1800 Quadratkilometern etwa doppelt so groß wie die Insel Rügen vor der Ostseeküste. Er reicht von den Ausläufern der Long Range Mountains im Osten bis an den St.-Lorenz-Golf im Westen. Die Hänge des 806 Meter hohen Gros Morne (französisch »großer Hügel«) gehen in ein rund 600 Meter hoch gelegenes Kalkstein-Plateau über, das in mehreren Stufen sanft zur Küstenebene hin abfällt und dort mit zumeist steilen Kliffkanten endet.

*Weit ins Landesinnere ragt die in zwei Arme geteilte Bonne Bay hinein. Im Kajak lassen sich Ruhe und Frieden dieser Landschaft besonders gut genießen.*

Daß sich die Provinz Newfoundland, zu der auch die gesamte, so gut wie unbewohnte Nordostküste Labradors gehört, erst 1949 mit knapper Mehrheit für einen Beitritt zum Staat Kanada entschließen konnte, bezeugt die Eigenwilligkeit, die den »Newfies«, wie die Inselbewohner gern genannt werden, noch heute nachgesagt wird.

Wasserläufe, die sich durch die Landschaft schlängeln, nährstoffreiche Moorseen, wuchtige Findlinge und Moränen prägen das Bild dieser Hochebene, auf der Balsamtannen, Schwarzfichten, Lärchen, Beerensträucher und Verwandte der Alpenrosen gedeihen. In höheren Lagen wachsen verkrüppelte Nadelbäume. Hier hat sich in subarktischem Klima eine Tundra-Vegetation entwickelt, die so weit südlich sonst fast nirgendwo zu beobachten ist – der Nationalpark Gros Morne liegt geographisch etwa auf der Höhe von Paris. Moränen- und Geröllfelder wechseln mit Feuchtwiesen, auf denen Gräser, Moose, Flechten und Sonnentau gedeihen. An diesen Lebensraum angepaßt haben sich Karibus, die amerikanischen Vettern der nordeuropäischen Rentiere, sowie Polarhasen und Alpenschneehühner, die normalerweise erst in Höhen von über 2000 Metern anzutreffen sind. Von den ursprünglich hier heimischen Raubtieren hat sich der in Kanada seltene Luchs halten können, der Fichtenmarder dagegen ist bedauerlicherweise im Park inzwischen ausgestorben.

*Die meisten Bewohner Neufundlands leben an der Küste in kleinen Siedlungen, die aus den Dörfern der europäischen Kabeljau-Fischer hervorgegangen sind.*

## Einblicke in die Erdgeschichte

Der hohe Anteil an Schwermetallen im Vulkangestein der Berge im Südwesten macht pflanzliches Leben dort kaum noch möglich. Auch die Tierwelt Neufundlands ist deutlich artenärmer als die des kanadischen Festlands. Deshalb liegt die eigentliche Attraktion der Long Range Mountains, die zu den ältesten Gebirgen der Erde zählen, in ihrer geologischen Vielfalt. Gabbro und Sedimentgestein aus dem Paläozoikum sowie Granit und Gneis aus dem Präkambrium haben den Geologen wertvolle Einblicke in die Entstehungsgeschichte des nordatlantischen Beckens vermittelt. An einigen Stellen sind sogar Formationen zu finden, die durch Auffaltungen der Pazifischen Platte und entlang der Mohorovičić-Diskontinuität entstanden sind, der nach dem Seismologen Mohorovičić benannten Grenze zwischen Erdkruste und -mantel.

*Mächtige Felsformationen, bewaldete Steilhänge und Wasserfälle rahmen die Fjorde ein und geben der Landschaft des Nationalparks ihr urwüchsiges Gepräge.*

1

*1 Die genügsamen Karibus, die nordamerikanischen Verwandten der Rentiere, bildeten früher die Lebensgrundlage der auf Neufundland ansässigen Beothuk-Indianer.*

*2 Die letzte Eiszeit und die steten Kräfte der Erosion haben das Erscheinungsbild Neufundlands mit Fjorden und glattgeschliffenen Felskuppen geformt.*

## Fjorde und Dünen

Charakteristisch für den Nationalpark Gros Morne sind die bis zu 685 Meter tiefen Schluchten, die während der letzten Eiszeit entstanden sind. Das vom St.-Lorenz-Golf eingedrungene Wasser hat hier nährstoffarme Fjorde entstehen lassen wie beispielsweise die zweiarmige Bonne Bay, den größten Fjord des Parks. Ursprünglich ebenfalls ein Fjord war die wildromantische Schlucht des Western Brook Pond, dessen Verbindung zum Meer irgendwann unterbrochen wurde. Der von dichten Wäldern und Sumpfwiesen umgebene Binnensee wird von rund 600 Meter hohen Steilwänden eingerahmt. An mehreren Stellen stürzen Wasserfälle in die Tiefe und bilden ein malerisches Szenario.
Die Küstenlinie ist geprägt von Stränden, steilen Klippen und mit Weißfichten bewachsenen Dünenfeldern, die sich mit mächtigen, bis zu 30 Meter hohen Wanderdünen zum Teil 1,5 Kilometer weit ins Landesinnere erstrecken. Riedgräser, Balsamtannen und Lärchenbüsche trotzen dem feuchten ozeanischen Klima. Hier brüten über 200 Seevogelarten, wandernde Vogelarten nutzen die Küstenebene als Rastplatz und zur Nahrungssuche. In den küstennahen Gewässern des St.-Lorenz-Golfes tummeln sich Seehunde und – seit einigen Jahren allerdings in abnehmender Zahl – Zwerg-, Grind- und Finnwale.

## Eskimos und Indianer

Entlang der Küste, wo auch heute noch die meisten der Inselbewohner in kleinen Hafenstädtchen siedeln, lebten einst die Ureinwohner Neufundlands. Die archäologischen Stätten im Nationalpark Gros Morne zeugen von einer 4500 Jahre alten Siedlungsgeschichte. Die ersten Bewohner, über die man etwas mehr in Erfahrung bringen konnte, waren die Eskimos der Dorset-Kultur – benannt nach Cape Dorset auf dem nördlich von Labrador gelegenen Baffin Island. Sie kamen vermutlich im 3. oder 4. Jahrhundert unserer Zeitrechnung aus dem Norden nach Neufundland. Die Dorset lebten in Zelten oder igluartigen Winterhäusern und waren kunsthandwerklich sehr geschickt, wie Funde von Schnitzereien aus Walroßzähnen, Knochen, Horn und Speckstein bezeugen.
Um 800 wurde die Kultur der Dorset von jener der Beothuk-Indianer abgelöst. Die Beothuk lebten von Jagd und Fischfang. Für die Versorgung mit Fleisch und Fellen waren die Karibus unentbehrlich, die im Herbst mit Hilfe von Fangzäunen zusammengetrieben wurden. Den Winter verbrachten die Beothuk im Landesinneren, doch im Frühjahr zogen sie wieder an die Küste zurück. Der Neufundland-Entdecker John Cabot nannte die Beothuk wegen ihrer ockerfarbenen Bemalung »Red painted people«, was vielleicht der Ursprung der später auf alle Indianer übertragenen Bezeichnung »Rothaut« war. Da die ersten weißen Seefahrer bei den Beothuk seltsam europäisch anmutende Züge erkannten, könnte es sogar sein, daß um das Jahr 1000 herum eine Vermischung mit den bis hierher vorgedrungenen Wikingern stattgefunden hat. Von den Portugiesen als Sklaven gejagt, von den Franzosen und Engländern bekämpft und durch Krankheiten dezimiert, starben die Beothuk in der ersten Hälfte des 19. Jahrhunderts aus.

2

# Nationalparks in den kanadischen Rocky Mountains

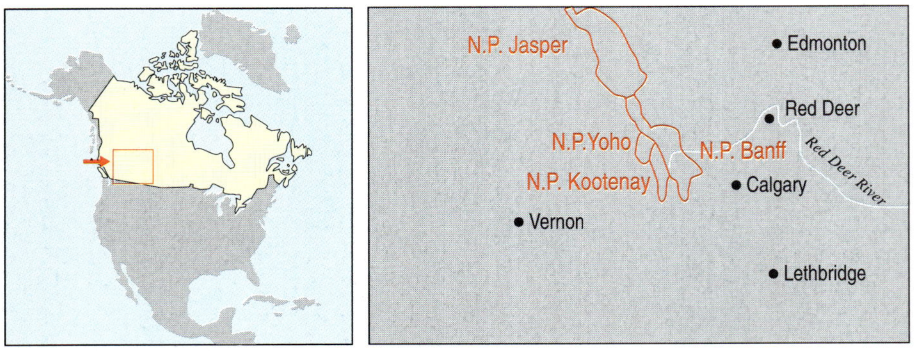


**Lage:** im Grenzgebiet der Provinzen Alberta und British Columbia im Südwesten Kanadas
**Weltnaturerbe:** seit 1984
**Fläche:** 23041 Quadratkilometer

*Jasper, Banff, Yoho und Kootenay – gleich vier Nationalparks sowie acht Provinzialparks und Wildreservate wurden eingerichtet, um die grandiose Bergwelt der kanadischen Rocky Mountains zu schützen. Die zerklüfteten Bergrücken und mächtigen Gletscher, Wasserfälle und Wildflüsse, Hochwälder und Gletscherseen haben schon im späten 19. Jahrhundert einen Besucheransturm ausgelöst, der bis heute anhält. Dennoch sind weite Teile der Landschaft an der Grenze zwischen Alberta und British Columbia so gut wie unberührt geblieben. Grizzlybären und Schneeziegen, Luchse und Elche, Wölfe und Steinadler haben hier noch ein ungestörtes Refugium.*

*Die Gletscherzunge des Athabasca-Gletschers im Jasper-Nationalpark zieht sich langsam zurück: Sie reichte vor wenigen Jahrzehnten noch bis an die Straße heran.*

1

2

*1 Imposante 3618 Meter hoch ragt der schneebedeckte Gipfel des Mount Assiniboine in den Himmel. Der gleichnamige Provinzialpark wird von den Nationalparks Banff und Kootenay eingerahmt.*

*2 Indian Paintbrush – Malpinsel der Indianer – wird die Castilleja miniata im Englischen genannt. Hat sich ihre Blüte noch nicht voll entfaltet, ähnelt sie einem dicken Pinsel mit roter Farbe.*

Rocky Mountains – das ist mehr als eine geographische Bezeichnung. Der Name klingt nach Wildnis und Abenteuer, er beflügelt selbst die Phantasie derer, die noch nie dort gewesen sind. Mit Bildern von Trappern und Goldgräbern, Lagerfeuerromantik und Grizzlybären wird diese rauhe Wildnis gern verbunden, ein Wilder Westen, wie er in zahllosen Büchern und Spielfilmen in Szene gesetzt worden ist. Sportliche Naturen denken bei den »Rokkies« an traumhafte Skipisten, an Wildwasser- oder Trekking-Touren, Naturliebhaber an Berge, endlose Wälder und stille Gletscherseen. Und all diese Erwartungen werden nicht enttäuscht. Die unvergleichliche Schönheit der Naturlandschaft schlägt jeden Besucher unweigerlich in ihren Bann.

## Faltenwurf und Eisschliff

Etwa 2200 Kilometer lang ist der kanadische Abschnitt der Kordilleren, die den gesamten Doppelkontinent von Alaska bis Feuerland in einer Länge von knapp 15 000 Kilometern durchziehen. In Kanada heißt nur die östliche Kette dieses riesigen Gebirgszuges offiziell Rocky Mountains. Diese werden im Westen vom Rocky Mountain Trench begrenzt, einem tiefen, terrassierten Graben, dem die Oberläufe mehrerer Flüsse jeweils so weit folgen, bis sie durch die parallel verlaufenden Columbia Mountains nach Westen abfließen können. Im Osten läuft der Gebirgszug in den immer flacher werdenden Hügelkuppen der sogenannten Foothills aus.

Geologisch bestehen die »Felsenberge« aus Schiefer, Dolomit, Sand- und Kalkstein vom Präkambrium bis zur Kreidezeit. Die letzte Auffaltung des Bergrückens, die das heutige Erscheinungsbild bestimmt hat, fand vor rund 60 Millionen Jahren statt, als Sedimentgesteine in Schollen von West nach Ost übereinandergeschoben wurden. Zusätzlich konnte an den brüchig gewordenen Stellen der Erdkruste Lava austreten und Adern bilden. Die Gipfel des zentralen

3

Rückens erreichen Höhen von über 3000 Metern; der höchste Berg der Region ist der Mount Robson im gleichnamigen Provinzialpark mit 3954 Metern.
Anschließend begann die Erosion mit der Feinarbeit. Während der Eiszeiten, die vor rund einer Million Jahren einsetzten, schliffen gewaltige Gletscher Berge ab, frästen Täler ein und schoben Geröllfelder vor sich her. Die abtauenden Eismassen ließen neue Flüsse entstehen, die sich von der Wasserscheide des Kontinents ihren Weg entweder nach Westen in den Pazifik oder nach Osten und Norden zum Atlantik bzw. zum Polarmeer suchten.
Überall sind heute noch die typischen Ausformungen der Eiszeit zu sehen: U-förmige Gletschertäler, flache Gletscherseen, tief eingeschnittene Flußbetten, Moränen und Geröllfelder sowie »hängende Täler«, die von kleinen Gletschern geschaffen wurden und hoch im Hang des Haupttales einmünden. Einen letzten, winzigen Rest des ewigen Eises, dennoch eindrucksvoll genug, bildet das Columbia Icefield an der Grenze zwischen den beiden Nationalparks Jasper und Banff.

**Drei Vegetationszonen**

Der Naturraum dieser Bergwelt mit ihren langen und kalten Wintern umfaßt drei Vegetationszonen: die montane, die subalpine und die alpine Zone. In der montanen Zone zwischen 1200 und 1800 Metern Höhe dominieren Douglasien, Weißfichten, Espen und Balsampappeln die Wälder. In den feuchteren Flußtälern treten vereinzelt auch Schwarzfichten, aber vor allem Lodgepole-Kiefern auf, deren Bestände sich nach Waldbränden rasch wieder erholen. Die Lodgepole-Kiefer verdankt ihren Namen dem geraden, schlanken Stamm, der sich gut für den Bau der Tipis, der Indianerzelte, eignete; das Wort »Lodgepole« bedeutet Zeltstange.
Berghänge und Hochtäler zwischen 1800 und 2100 Metern Höhe gehören zur subalpinen Zone, die den weitaus größten Raum des Schutzgebiets einnimmt. Hier behaupten sich kleinere, biegsame Nadelhölzer wie die Drehkiefer, eine kleinwüchsigere Form der Lodgepole-Kiefer, sowie Engelmann-Fichten und Hochgebirgstannen. In den kurzen Sommern verwandeln Wildblumen wie Gletscherlilien oder Affenblumen die Bergwiesen in buntgesprenkelte Blütenteppiche. Charakteristisch für die alpine Zone oberhalb der Baumgrenze sind niedrige Sträucher und Krüppelformen von Weide und Birke sowie Heide, Hartgräser, Moose und Flechten.
Einige Tiere haben sich an diese subarktischen Hochgebirgsregionen angepaßt, wie beispielsweise die langhaarigen, weißen Schneeziegen und die Dickhornschafe, deren Widder sich in der Brunftzeit eindrucksvolle Kämpfe liefern. Murmeltiere und die kleinen, kurzohrigen Pfeifhasen bevölkern die Bergwiesen.
In den Wäldern und tieferen Lagen leben Elche und Karibus, Maultier-, Weißwedel- und stolze Wapiti-Hirsche, die in Kanada Elk genannt werden. In den Weiten der kanadischen Rocky Mountains gehen noch Wölfe auf Beutezug; auch Schwarzbär und Grizzly, Vielfraß, Luchs und Puma sind hier heimisch.

*3 Die possierlichen Streifenhörnchen oder Chipmunks sind von Natur aus neugierig. Sie zählen zur Familie der Erdhörnchen und sind in Nordamerika weit verbreitet.*

*Nächste Doppelseite: Zu den meistfotografierten Landschaftsmotiven des Jasper-Nationalparks gehört der herrliche, von Lodgepole-Kiefern gesäumte Maligne Lake mit dem Halbinselchen Spirit Island im Vordergrund.*

*Kristallklar und eisig kalt liegt der Lake Louise in der verschneiten Winterlandschaft des Banff-Nationalparks, der zu dieser Jahreszeit noch unberührter wirkt als im Sommer.*

## Ein Netzwerk von Schutzgebieten

Wo der Grat des Gebirgszugs die Grenze zwischen den Provinzen Alberta und British Columbia bildet, schützen vier Nationalparks den landschaftlich reizvollsten Teil der kanadischen Rocky Mountains. Zusammen mit den Provinzialparks Hamber, Mount Robson und Mount Assiniboine bedecken die Nationalparks Jasper, Banff, Yoho und Kootenay eine Fläche etwa der Größe Hessens. Weitere angrenzende Wilderness und Provincial Parks bilden zusätzlich schützende Pufferzonen.
Den nur rund 8000 Einheimischen, die in den beiden Orten Jasper und Banff leben, steht die schier unglaubliche Zahl von acht bis zehn Millionen Nationalparkbesuchern pro Jahr gegenüber. Das klingt erschreckend, doch die Massen konzentrieren sich hauptsächlich auf einige wenige Orte. Trotz Highways und Skipisten, Camping- und Golfplätzen gelten über 90 Prozent des gesamten Areals als weitgehend unberührte Wildnis, die nur zu Fuß oder zu Pferde zugänglich ist.

## Gletscherfelder und heiße Quellen

Die nördliche Hälfte der Nationalparkzone nimmt der Jasper National Park ein, der größte der vier Hauptparks. Benannt wurde er nach Jasper Hawes, dem Verwalter eines 1810 von der Northwest Trading Company in der Nähe des heutigen Osteingangs gegründeten Handelspostens.
Die zahlreichen schneebedeckten Dreitausender werden vom majestätischen Mount Columbia (3747 Meter) gekrönt, der höchsten Erhebung Albertas. Das flache Gletschertal des Athabasca River, dessen Wasser über den Großen Sklavensee in den Mackenzie River fließt, bildet die zentrale Nord-Süd-Achse des Nationalparks. Der Athabasca wird ebenso wie der herrliche, mehr als 20 Kilometer lange Maligne-See, der 1908 von zwei Quäkerfrauen entdeckt wurde, vom Schmelzwasser des Columbia Icefield gespeist. Das rund 1000 Meter dikke Gletscherfeld an der Grenze zum Banff National Park ist mit einer Ausdehnung von 375 Quadratkilometern das größte zusammenhängende Eisfeld der Rocky Mountains. Dagegen bilden die Miette Hot Springs in der Nähe des einstigen Bergwerksstädtchens Pocahontas die heißesten Quellen der kanadischen Rocky Mountains. An der 54 °C heißen Schwefelquelle wurde bereits im Jahr 1913 ein erstes »Sanatorium« eingerichtet.
Westlich, bereits in der Provinz British Columbia, schließt sich der Mount-Robson-Provinzialpark an. Bei schönem Wetter weithin sichtbar reckt hier der höchste Berg der kanadischen Rocky Mountains, der Mount Robson, seine weiße Gletscherkap-

pe in den Himmel. Der langgestreckte Moose Lake auf der Hochebene vor dem Mount Robson hat seinen Namen nicht von ungefähr: An seinem morastigen Ostufer sind häufig Elche – auf Englisch »moose« – zu beobachten.

### Eine historische Sommerfrische

An den Jasper National Park grenzt im Südosten der Banff National Park an. Er ist der älteste Nationalpark Kanadas und wurde bereits 1885 gegründet. Er umfaßt einen großen Teil der Front Ranges, wie der zur großen Ebene hin abfallende Bergrücken genannt wird, der östlich der Wasserscheide verläuft. Mit der Fertigstellung der Bahnlinie bis zur Station Banff im Jahr 1883 und der im selben Jahr erfolgten Entdeckung der schwefelhaltigen Thermalquelle in den Sulphur Mountains wurde die Region schon früh zum begehrten Urlaubsziel. Um die Jahrhundertwende standen in dem Gebiet bereits acht Luxushotels, und in den dreißiger Jahren kam hier zusätzlich das Skifahren in Mode.
Lebensader des Parks ist der Bow River, der die Landschaft und den kleinen Ort Banff in Richtung Südosten durchfließt. Die drei flachen Vermilion-Seen im Schwemmland des Flusses, nur wenige Kilometer westlich von Banff Townsite, bieten zahlreichen Wasservögeln wie der Kanadagans Quartier. Auch der Weißkopf-Seeadler findet hier reiche Fischgründe. An den Ufern und Nebenarmen des Flusses bauen Biber ihre Burgen. Als Prunkstück des Banff National Park gilt der zauberhafte Lake Louise. Vor der herrlichen Kulisse des mächtigen Gletschers Mount Victoria (3464 Meter) breitet sich die türkisgrün schillernde Fläche des etwa zwei Kilometer langen und bis zu 600 Meter breiten Gletschersees aus. Von den Indianern »See der kleinen Fische« genannt, tauften ihn Ingenieure der Eisenbahngesellschaft »Canadian Pacific Railway«, die den See 1882 entdeckten, zunächst in »Smaragdsee« um, ehe er zu Ehren der vierten Tochter Queen Victorias den Namen Lake Louise bekam. Jener Prinzessin Louise Caroline Alberta, der Gattin des Marquis of Lorne, der von 1878 bis 1883 kanadischer Generalgouverneur war, verdankt auch die Provinz Alberta ihren Namen.

*In den Rocky Mountains sind die gefährdeten Dickhornschafe noch häufig anzutreffen. Im Sommer grasen sie auf hochgelegenen Bergwiesen, im Winter steigen sie in die Täler hinab.*

### Eiszeitformen und Fossilien

Die östlich der Wasserscheide auf dem Gebiet von British Columbia an den Banff National Park angrenzenden Parks von Yoho und Kootenay schließen einige stark gefaltete Bereiche des Hauptrückens der Rocky Mountains ein – mit steilen Felsformationen und scharfen Graten. Der Kootenay National Park bietet schöne Beispiele für die vielfältigen Landschaftsbilder, die von der Eiszeit geformt wurden: riesige Gletscher, Gletscherseen und Täler, Moränen und hängende Täler. Die heißen Quellen von Radium Hot Springs im Süden des Parks sind wegen ihrer Heilkräfte beliebt.
Im Yoho National Park waren offenkundig bereits die Cree-Indianer von der Schönheit des von 3000 Meter hohen Gletscherkuppen gesäumten Haupttals fasziniert, als sie ihm den Namen Yoho gaben – ein Ausdruck ehrfürchtiger Bewunderung. Die wilden Takakkaw Falls des Yoho River zählen zu den schönsten und mit einer Fallhöhe von 384 Metern auch zu den höchsten Wasserfällen der Erde. Die Burgess Shale Fossile Beds im Massiv des Mount Stephen sind weltweit als Fundstätte von Fossilien aus dem Kambrium berühmt. Im Schiefer haben sich sogar Weichteile erhalten, was außergewöhnlich selten vorkommt. Das Alter der konservierten Ablagerungen wird auf 530 Millionen Jahre geschätzt.

# Dinosaurierpark

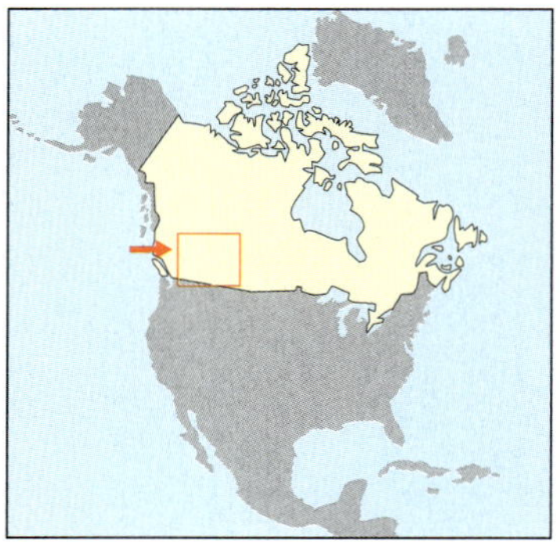

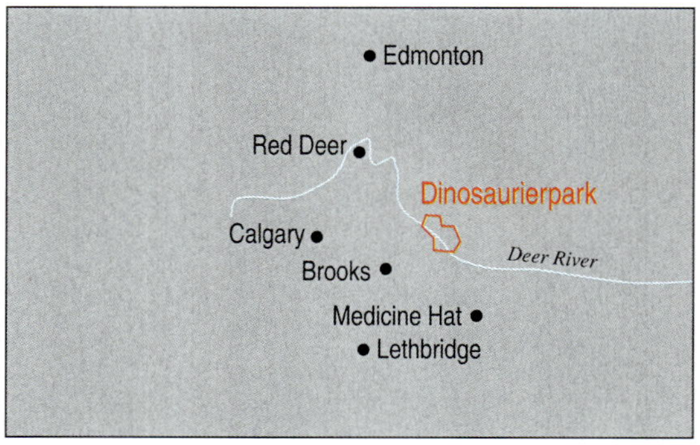


**Lage:** im Südosten der Provinz Alberta, etwa 50 Kilometer nordöstlich der Stadt Brooks
**Weltnaturerbe:** seit 1979
**Fläche:** 66 Quadratkilometer

*Die letzte Eiszeit und jahrtausendelange Erosion haben im Südosten der Provinz Alberta eine faszinierende Landschaft geformt: Kahle Tafelberge und bunt schimmernde Hänge, rundgeschliffene Kalksteinsäulen und bizarre Felsformationen säumen den Red Deer River auf seinem kurvenreichen Weg durch die Ebene östlich von Calgary. Von den sagenhaften Dinosauriern, die bis vor 65 Millionen Jahren diese einstmals üppige Landschaft rund um ein riesiges Binnenmeer bevölkerten, zeugen zahlreiche Fossilienfunde, die weltweit als einzigartig gelten.*

*Hier fühlt man sich wie auf einen fernen Planeten versetzt: Die »Badlands« am Red Deer River, eine nahezu vegetationslose Erosionslandschaft, besitzen einen eigentümlichen Reiz.*

Der eine ist fünf Tonnen schwer und trägt drei spitze Hörner auf dem mächtigen Schädel; ein gezackter, runder Schild umschließt seinen kräftigen Nacken wie eine Halskrause. Der andere ist 15 Meter lang und fünf Meter hoch; vor seinem furchterregenden Gebiß ist keine Beute sicher. Der dritte dagegen ist nur etwa mannshoch, wenn er aufgerichtet auf seinen kräftigen Hinterbeinen davongaloppiert; der lange Hals des Pflanzenfressers endet in einem flachen Kopf mit Hornschnabel. Triceratops, Tyrannosaurus und Ornithomimus heißen die drei merkwürdigen Tiere, die man in keinem Zoo der Welt finden kann, weil sie bereits vor 65 Millionen Jahren ausstarben. Sie gehörten zu jenen Dinosaurier-Arten, die in der Kreidezeit (vor 144 bis 65 Millionen Jahren), während der Endphase des sogenannten Erdmittelalters oder Mesozoikums, den nordamerikanischen Kontinent bevölkerten. »Gewaltige Eidechsen« bedeutet die aus dem Griechischen abgeleitete Bezeichnung Dinosaurier. Warum die Riesenreptilien, die während des gesamten Mesozoikums (vor 248 bis 65 Millionen Jahren) auf der Erde existierten, am Ende dieser Epoche ausstarben, weiß man nicht mit Sicherheit.

Über ihr Verschwinden wurden zahlreiche Theorien aufgestellt. Daß man über die sagenhaften Ur-Echsen, die zu den Kriechtieren gezählt werden, inzwischen aber recht viel in Erfahrung bringen konnte, ist nicht zuletzt der einzigartigen Fundstätte von Dinosaurier-Fossilien im Südosten der Provinz Alberta zu verdanken, die 1955 zum Dinosaurier-Provinzialpark erklärt wurde. Fundstücke aus diesem Gebiet sind in vielen Museen der Welt zu sehen.

1

*1 Für ihre langwierige und mühselige Arbeit sind die Paläontologen im Dinosaur Provincial Park, einer der ergiebigsten Fossilien-Fundstätten der Welt, bisher reich belohnt worden.*

## Begehrte Fossilien

Bereits im Jahr 1889 hatte der Archäologe T. C. Weston die Versteinerungen im Tal des Red Deer River östlich von Calgary entdeckt. Die wenig später unter Federführung der Canadian Geological Society begonnenen Ausgrabungen brachten Aufsehenerregendes zutage. Bis heute hat man versteinerte Überreste und Abdrücke von rund 60 Dinosauriern gefunden, die mehr als 25 verschiedenen Arten und sieben Familien zugeordnet werden konnten. Damit sind nahezu alle während der Kreidezeit hier existierenden Saurier unter den Funden vertreten. Die Lagerstätte in der vor etwa 75 Millionen Jahren entstandenen sogenannten Judith River Formation birgt außerdem zahllose Fossilien von Fischen, Schildkröten, Amphibien und Beuteltieren.

Nachdem sich Anfang des Jahrhunderts Museen in aller Welt um die paläontologischen Fundstücke vom Red Deer River gerissen hatten, wurde der allzu freigebige Umgang mit den wertvollen Fossilien 1925 unterbunden. Seitdem wurden die Grabungen streng beaufsichtigt. Durch die Einrichtung des Dinosaurierparks im Jahr 1955 kam das gesamte Gelände dann endgültig unter staatliche Kontrolle. 1987 eröffnete das Tyrrell Museum of Paleontology aus dem nordwestlich gelegenen früheren Bergwerksstädtchen Drumheller im Park eine Außenstelle, die über die Geschichte der Dinosaurier informiert und die schönsten Fundstücke präsentiert.

## Mehr als ein Dinosaurier-Friedhof

Die Attraktion des Parks erschöpft sich jedoch nicht in seiner Bedeutung als Dinosaurier-Friedhof. Die Landschaft am Red Deer River, der sich in Mäandern mehr als 100 Meter tief in die Steppen-Ebene eingegraben hat, zählt zu den reizvollsten »Badlands« Nordamerikas. Als Badlands werden jene vegetationslosen Erosionszonen bezeichnet, wo Wind und Wetter im Laufe der Zeit den Boden abgetragen und den blanken Fels zu bizarren Formationen modelliert haben. Auf dem Grunde des fla-

2

3

*2 Ein Schreibstift verdeutlicht die Ausmaße des mächtigen Scherkelknochens, den man hier als Versteinerung gefunden hat.*

*3 Erstaunlich gut konserviert sind diese Kieferknochen und Zähne einer Urzeitechse, die vermutlich ein Vorfahre der heutigen Krokodile war.*

1 *Die Wüste lebt: Nach Regenfällen bringt auch die karge Steppe ganz unvermutet Blüten hervor – wie diese Kaktusblüten in den »Badlands«.*

chen Meeres, das vor 75 Millionen Jahren, als die Dinosaurier noch lebten, das Flachland östlich der Rocky Mountains bedeckte, sammelten sich die Ablagerungen mehrerer Flüsse. Daraus entstanden die heute sichtbaren Lehm- und Sandsteinschichten, die während der letzten Eiszeit vor 15 000 Jahren von einer rund 600 Meter dicken Eisschicht abgeschliffen wurden. Das abfließende Schmelzwasser schnitt tiefe Kanäle ein; Eis, Wind und Wasser sorgten in der Folgezeit für weitere Erosion. Schwarze, graue, rötlich oder grünlich schimmernde kahle Hänge, Tafelberge, isoliert aufragende Felsnadeln und Kegel, Zylinder und Monolithen bilden eine Mondlandschaft von eigentümlichem Reiz. Angesichts dieser unheimlich wirkenden Szenerie scheint es nicht verwunderlich, daß einige der besonders bizarren frei stehenden Kalksteinsäulen als »Hoodoos« (Unglücksbringer) bezeichnet werden.

## Vielfältiges Leben in der Einöde

Entlang der Flußufer hat sich trotz des wüstenähnlich trockenen Klimas stellenweise eine üppige Vegetation entwickelt: Von Weidengewächsen über weite Wälder aus Pyramidenpappeln und hochgewachsenes

*3*

2

Buschdickicht bis hin zu Feuchtgebieten und ausgedehnten Flächen mit Beifuß-Sträuchern reicht hier die Bandbreite der Flora. Besonders die Bestände der Pyramidenpappel, einer Unterart der Schwarzpappel, sind in der semiariden (halbtrockenen) amerikanischen Steppenlandschaft stark gefährdet.
Wegen des reichen Nahrungsangebots in den Uferzonen und der relativ milden Winter lassen sich die zierlichen Maultier- und Weißwedelhirsche sowie die flinken Gabelböcke, die auch als gute Schwimmer bekannt sind, von der Unwirtlichkeit ihrer Umgebung nicht abschrecken. Wesentlich vielfältiger als die Säugetiere ist die Vogelwelt vertreten. Vor allem die Liste der im Tal des Red Deer River heimischen Greifvögel kann sich sehen lassen: Steinadler und Präriefalke, Merlin (oder Zwergfalke) und Königsbussard ziehen über den Badlands ihre Kreise – wie schon ihre Urahnen in längst vergangenen Zeiten.

*2 Für den majestätischen Steinadler ist die weite, offene Landschaft im Tal des Red Deer River ein ideales Jagdrevier.*

*3 Maultierhirsche, die sich auch von Sträuchern, Zweigen und Flechten ernähren können, finden in den Uferzonen ein reichhaltiges Nahrungsangebot.*

# Abgrund der zu Tode gestürzten Bisons

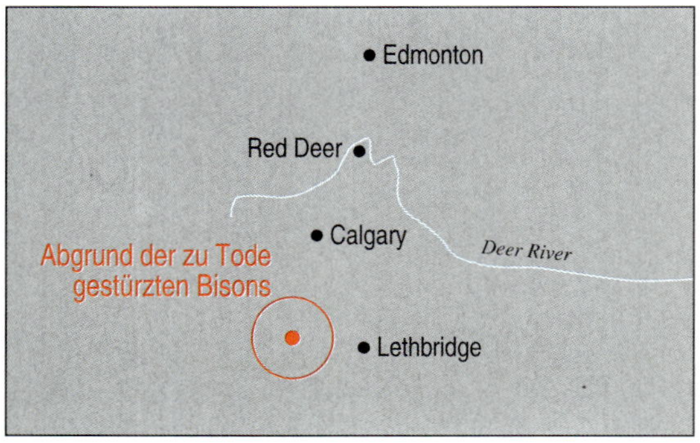


**Lage:** im Südwesten der Provinz Alberta, etwa 20 Kilometer westlich von Fort MacLeod und 70 Kilometer westlich von Lethbridge

**Weltkulturerbe:** seit 1981

*Jahrtausendelang bildete der Bison die Lebensgrundlage der Prärie-Indianer. Fleisch und Felle, Horn und Knochen der Wildrinder waren für zahlreiche Stämme im Westen Nordamerikas unentbehrlich. An eine einfache und grausame, aber effektive Jagdmethode erinnert der Head-Smashed-In Buffalo Jump Complex im Süden der Provinz Alberta. Ganze Bisonherden wurden hier über eine Felskante in den Tod getrieben. 18 Meter tief stürzten die Tiere in den »tiefen Blutkessel«, wie die Indianer selbst den Ort am Fuß der Steilwand nannten, wo sie die Bisons gleich anschließend zerlegten und verarbeiteten.*

*Eines der ältesten Jagdgebiete der Welt: Schon in prähistorischer Zeit wurden auf den Hochflächen der kanadischen Prärie Bisonherden über die steilen Felskanten in den Abgrund getrieben.*

*Bei ihren Ausgrabungen fördern die Archäologen Knochen, Werkzeuge und Gebrauchsgegenstände zutage. Die ältesten Funde wurden auf die Zeit um 3600 v. Chr. datiert.*

Die Szene dürfte nichts für zartbesaitete Gemüter gewesen sein: Auf der Flucht vor laut johlenden, Lanzen schwingenden Treibern stürmt eine Bisonherde im vollen Galopp über die Prärie. Doch unvermittelt tut sich vor den Tieren ein Abgrund auf, der ihnen den Weg abschneidet. Die mächtigen Wildrinder haben keine Chance – übereinanderstolpernd stürzen sie in die Tiefe. Die Tiere, die sich nicht gleich das Genick gebrochen haben, werden unten mit Lanzen oder mit Steinäxten getötet.
Mehr als 5000 Jahre lang mit Unterbrechungen wurde die 18 Meter hohe Sandsteinwand, die unvermutet die sanfthügelige Prärielandschaft der Porcupine Hills (»Stachelschwein-Berge«) durchschneidet, für diese einfache, aber wirkungsvolle Art der Jagd genutzt. Da Pferde und Feuerwaffen erst mit dem Weißen Mann in die Neue Welt kamen, war die lebenswichtige Jagd auf den Bison zuvor sehr mühsam: Die Indianer mußten sich vorsichtig anschleichen und die Beute mit Speeren oder Pfeil und Bogen erlegen. Wo es sich ergab, wurden deshalb natürliche Fallen wie Schneewehen oder Geländestufen für die Jagd genutzt. Solche »Büffelsprünge« hat es in Nordamerika viele gegeben, dieser ist aber der mit Abstand größte und älteste seiner Art. Um eine rein indianische Erfindung handelt es sich dabei allerdings nicht – die Jagdmethode war auch in der Alten Welt bekannt. So wurden zum Beispiel im französischen Solutré auf diese Weise Wildpferde, im tschechischen Vistonice einst sogar Mammuts erlegt.

## Schlachtfest in der Prärie

Unterhalb der Steilkante hatten die Blackfoot ein regelrechtes Schlachtlager eingerichtet, wo sie die Beute verarbeiteten. Innereien wurden gleich verzehrt, das Fleisch in dünnen Streifen zum Trocknen aufgehängt. Die abgezogenen Felle waren für die Herstellung von Kleidung und Zelten unentbehrlich. Noch an Ort und Stelle wurden dann aus den Knochen Messer und Nadeln, aus den Hörnern Trinkgefäße oder Eßbesteck und aus den Hufen Rasseln angefertigt.
Die Ausgrabungen auf dem Gelände dieses historischen Schlachthofes, mit denen 1938 begonnen wurde, lieferten den Archäologen weitreichende neue Erkenntnisse über die Entwicklung von Waffen, Werkzeugen und Gebrauchsgegenständen im Lauf der Jahrtausende.
Seit Beginn des 18. Jahrhunderts benutzten die Prärie-Indianer für das Zusammentreiben der Bisons auch Pferde. Als sie später über Feuerwaffen verfügten, stellten sie sich ganz auf die Jagd mit Pferd und Gewehr um. Gegen 1850 wurden hier am Head-Smashed-In Buffalo Jump zum letzten Mal Bisons in den Tod getrieben. Der Name dieser blutigen Stätte – auf Deutsch etwa »Bisonsprung, der den Schädel einschlägt« – soll sich übrigens ursprünglich nicht, wie man vermuten könnte, auf die getöteten Tiere beziehen. Der Überlieferung zufolge wurde im 18. Jahrhundert ein Zuschauer am Fuß der Felswand von herabstürzenden Bisons erschlagen.

*Im örtlichen Museum ist die Jagdszene nachgestellt: Die Bisons wurden über die Abbruchkante getrieben und stürzten dabei zu Tode. Am Fuß der Felswand wurden die Tiere dann zerlegt und verarbeitet.*

# Altstadt von Québec

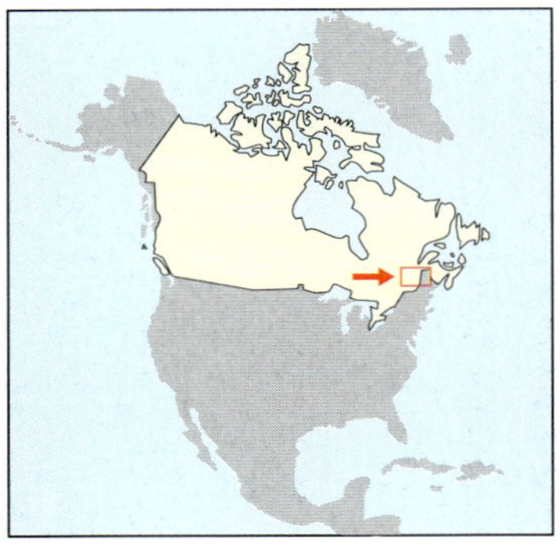

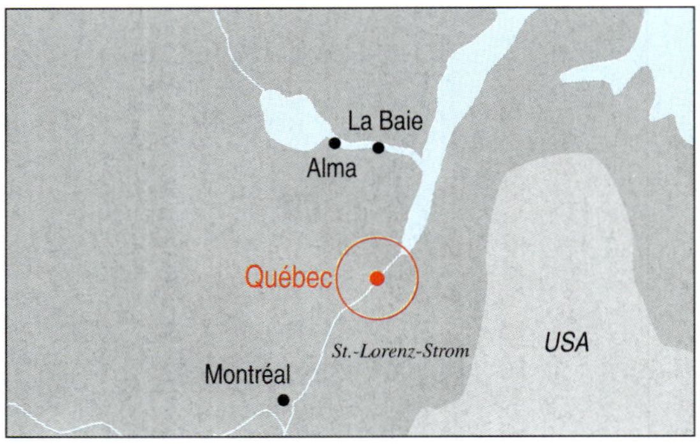


**Lage:** im Zentrum der Stadt Québec in der gleichnamigen Provinz
**Weltkulturerbe:** seit 1985

*Stolz überragt Québec auf einer Anhöhe den St.-Lorenz-Strom. Die erste Stadtgründung Frankreichs in der Neuen Welt ist heute als Hauptstadt der französischsprachigen Provinz Québec das geistige und politische Zentrum der Frankokanadier, die trotz aller englischen und amerikanischen Einflüsse traditionsbewußt an ihrer französischen Lebensart festhalten. Die historischen Viertel der Unter- und Oberstadt vermitteln noch immer den Charme einer Provinzstadt im Frankreich des 17. oder 18. Jahrhunderts.*

*Wie ein romantisches Märchenschloß erhebt sich das Château Frontenac, berühmtes Wahrzeichen der Stadt, über Québec und dem mächtigen St.-Lorenz-Strom.*

*Hoch auf dem Cap-aux-Diamants entstand im 19. Jahrhundert die sternförmige Anlage der Zitadelle mit ihren wehrhaften Mauern, Wällen und Gräben.*

Wo sich der Mündungstrichter des St.-Lorenz-Stroms zu weiten beginnt und die Rivière St. Charles in den mächtigen Fluß einmündet, liegt auf einer fast 100 Meter hoch aufragenden Landzunge die Stadt Québec, die sich stolz die »Wiege Nordamerikas« nennt. Ohne Frage zählt die Hauptstadt des einstigen Neufrankreich und der heutigen Provinz Québec zu den ältesten und schönsten Städten auf dem nordamerikanischen Kontinent. Sie ist in diesem Teil der Welt auch die einzige, die von einem geschlossenen Befestigungsring umgeben ist. Was mittlerweile als pittoreskes Element der Stadtansicht zur Touristenattraktion avanciert ist, entsprang seinerzeit einer historischen Notwendigkeit. Schließlich zeugen die zahlreichen Wehr- und Befestigungsanlagen von der äußerst unruhigen Vergangenheit der Stadt, die im 17. und 18. Jahrhundert zwischen Engländern und Franzosen wiederholt heiß umkämpft war.

**Vom Stützpunkt zur Metropole**

Der erste Europäer, der auf dem Seeweg den St.-Lorenz-Strom entdeckte, war der Franzose Jacques Cartier. Im Jahr 1534 hatte er auf der Suche nach einer Nordwest-Passage nach Asien die Küste Neufundlands erreicht. Auf weiteren Reisen drang Cartier in den folgenden Jahren stromaufwärts bis zu den Indianersiedlungen Stadacona (das heutige Québec) und Hochelaga (heute Montreal) vor. Zwar erwiesen sich die funkelnden Steinchen, die Cartier von seinen Expeditionen mit nach Hause brachte, nur als wertlose Quarze, der Name Cap-aux-Diamants hat sich dennoch für deren Fundort, die erhöhte Landspitze am Zusammenfluß von St. Lorenz und St. Charles, bis heute erhalten.
An eben jenem strategisch günstigen Ort gründete 1608 der Entdecker und Kartograph Samuel de Champlain einen ersten

Stützpunkt, der seinen Namen der indianischen Bezeichnung »Kebek« verdankt, was in der Sprache der Algonkin soviel wie »Zusammenfluß der Wasser« bedeutet.
Als Umschlagplatz von Pelzen und später auch von landwirtschaftlichen Erzeugnissen entwickelte sich die kleine Siedlung rasch zum bedeutendsten Brückenkopf Frankreichs in der Neuen Welt. Unten am Fluß, am Fuß des Felsens, ließen sich rund um den alten Hafen Händler und Handwerker, Fischer und Seeleute nieder. Zentrum der Unterstadt sind die zu Ehren König Ludwigs XIV. benannte Place Royale und die Rue Notre Dame, wo teilweise noch original erhaltene oder sorgfältig restaurierte Häuser aus dem 17. und 18. Jahrhundert Nordamerikas größtes und vielleicht schönstes Bauensemble aus dieser Zeit bilden. Hier steht auch die erste »Habitation« (Wohnstatt) des Stadtgründers Champlain. Die politische Verwaltung sowie Militär, Kirchen, Klöster, Kultur- und Bildungseinrichtungen waren in der gut gesicherten Oberstadt zusammengefaßt. Die kurz nacheinander erfolgten Konventsgründungen der Jesuiten (1625), der den Franziskanern zugehörigen Récollet-Mönche (1629) sowie der Ursulinen (1642) zeugen von der Bedeutung, die man im Mutterland der jungen Stadt beimaß. Von den Missionsstationen gingen wichtige Impulse für das Bildungswesen aus. Marie d'Incarnation, die erste Oberin der Ursulinen, bemühte sich vor allem um die Erziehung von Indianermädchen und stellte die ersten Wörterbücher für die Sprachen der Algonkin und Irokesen zusammen. Das 1663 von François de Montmorency-Laval, dem ersten Bischof von Québec, gegründete Jesuitenseminar gilt als Keimzelle der Laval-Universität; noch heute sind einzelne Fakultäten in den historischen Seminargebäuden untergebracht.

*Urbanes Zentrum der Oberstadt ist die kleinstädtisch wirkende Place d'Armes. Der Brunnen in der Mitte erinnert an das Wirken der Récollet-Mönche in Québec.*

1

2

## Zeugnisse einer bewegten Vergangenheit

Eine Entwicklung in Ruhe und Frieden war dem Handelszentrum am St.-Lorenz-Strom allerdings nicht beschieden. Bereits 1629 erfolgte der erste Angriff der Engländer. Sie konnten die Stadt zwar einnehmen, mußten sie aber nur wenig später, nach dem Frieden von St. Germain, wieder an Frankreich zurückgeben. Abgewehrt wurde 1690 der Ansturm des britischen Admirals William Phips, der mehr als 30 Schiffe vor Québec in Stellung gebracht hatte. Daraufhin erbaute man direkt am Wasser die Batterie Royale, einen Befestigungsbau aus Mauern und Palisaden, Türmchen und Wehrgängen, der heute zum Teil restauriert ist.

Die größte und blutigste Auseinandersetzung um Québec wurde 1759 ausgetragen, als der britische General Wolfe mit nahezu 10 000 Mann anrückte und die Stadt vom

1 Ein Denkmal für den Stadtgründer: Samuel de Champlain, der Sohn eines Fischers aus der Normandie, befuhr 1603 erstmals den St.-Lorenz-Strom. Fünf Jahre später gründete er Québec.

2 Die Place Royale gilt als die Keimzelle der Stadt. Hier errichtete Champlain sein erstes Haus, die sogenannte »Habitation«. Die Büste ehrt König Ludwig XIV., den Namenspatron des Platzes.

Wasser aus unter Beschuß nahm. In der verlustreichen Entscheidungsschlacht auf den Plaines d'Abraham südwestlich der Oberstadt siegten schließlich die Engländer. Zwar konnten die Franzosen ein Jahr später Québec noch einmal zurückerobern, im Frieden von Paris mußten sie 1763 ihre Territorien in Nordamerika jedoch endgültig an Großbritannien abtreten. Nur wenig später sahen sich die neuen Herren der Stadt ihrerseits in die Defensive gedrängt: Im Winter 1775 zogen Truppen der gerade konstituierten Vereinigten Staaten von Amerika vor Québec auf, um England die neutral gebliebenen kanadischen Provinzen streitig zu machen. Im Frühjahr 1776 zogen die amerikanischen Soldaten jedoch unverrichteter Dinge wieder ab. Aber die Furcht vor weiteren Angriffen blieb und führte schließlich zum Bau der gewaltigen Zitadelle und weiterer Befestigungsmauern, die zwischen 1820 und 1850 entstanden und in dieser Form in Nordamerika einzigartig sind. Die sternförmige Anlage der mit mächtigen Mauern, Wällen und Gräben geschützten Zitadelle, die ihre Tauglichkeit nicht mehr unter Beweis stellen mußte und vollständig erhalten ist, geht noch auf Pläne eines Baumeisters von König Ludwig XIV. zurück.
Zu friedlichen Zwecken dagegen wurde jenes Bauwerk errichtet, das heute zum Wahrzeichen Québecs geworden ist: das mit seinen Türmchen und Erkern an ein mächtiges Schloß erinnernde Château Frontenac, das weithin sichtbar auf dem Kliff über der Unterstadt thront. Die Eisenbahngesellschaft Canadian Pacific Railway ließ das monumentale Gebäude 1893 als repräsentatives Luxushotel errichten, bis heute gilt es weltweit als eines der berühmtesten und besten Häuser.

Seit 100 Jahren das erste Haus am Platz: Eine Eisenbahngesellschaft ließ 1892 das auffälligste Gebäude der Stadt, das Hotel Château Frontenac, errichten.

## Kanadas französische Provinz

*Québec ist die größte der kanadischen Provinzen und bildet zusammen mit Ontario das ursprüngliche Kernland des heutigen Kanada. Über 80 Prozent der knapp sieben Millionen Einwohner Québecs sind französischer Abstammung. Französisch ist die Amts- und Umgangssprache in der Provinz, in der sich auch eine eigenständige frankophone Literatur und eine französisch geprägte Kulturszene entwickelt haben.*

*Die Haupteinwanderungswelle aus dem Mutterland erfolgte zwischen 1608, dem Gründungsjahr der Stadt Québec, und der Mitte des 18. Jahrhunderts. In dieser Zeit kamen etwa 10 000 Franzosen in das Land, das Ludwig XIV. 1663 zur Kronkolonie Neufrankreich erklärt hatte. Durch die relative Isolation dieser Sprachminderheit auf dem amerikanischen Kontinent haben sich in Aussprache, Orthographie und Wortschatz manche Eigenheiten des Französischen aus dem 17. Jahrhundert bis heute erhalten. Nach langwierigen Machtkämpfen zwischen England und Frankreich um die Kolonien in der Neuen Welt mußte Frankreich im Frieden von Paris, der 1763 den Siebenjährigen Krieg beendete, seine Besitzungen in Nordamerika bis auf die beiden kleinen Inseln St.-Pierre und Miquelon vor Neufundland an Großbritannien abtreten. England gestand den Québécois, wie die Bewohner der Provinz genannt werden, jedoch das Recht auf eine eigene Sprache, Kultur und Religion zu. Da sich die kanadischen Provinzen während des amerikanischen Unabhängigkeitskrieges neutral verhielten, brachten sich viele britische Royalisten hier in Sicherheit. Das verschärfte allerdings bald die Spannungen zwischen den englisch- und den französischsprachigen Bevölkerungsgruppen. Daraufhin wurde 1791 die Provinz in Upper Canada (heute Ontario) und Lower Canada (heute Québec) geteilt. 1867 gehörte Québec dann zu den Gründerprovinzen der autonomen »Dominion of Canada«. Nach dem Zweiten Weltkrieg begann sich in Québec der Widerstand gegen die Vorherrschaft der Anglokanadier zu formieren. Die 1968 gegründete Parti Québécois forderte schließlich die völlige Unabhängigkeit von Kanada. Eine radikale Minderheit versuchte dieser Forderung mit Terroranschlägen Nachdruck zu verleihen. 1969 wurde Französisch als zweite Landessprache anerkannt, 1974 zur alleinigen Amtssprache in Québec erklärt. Nach ihrem Wahlsieg übernahm die Parti Québécois 1976 die Provinzregierung. Bei der Volksabstimmung von 1980 entschieden sich jedoch 59 Prozent der Bevölkerung von Québec für den Verbleib bei Kanada. Bei einer erneuten Abstimmung 1995 sprach sich nur noch eine knappe Mehrheit der Wähler gegen eine Loslösung der Provinz von Kanada aus.*

# Altstadt von Lunenburg

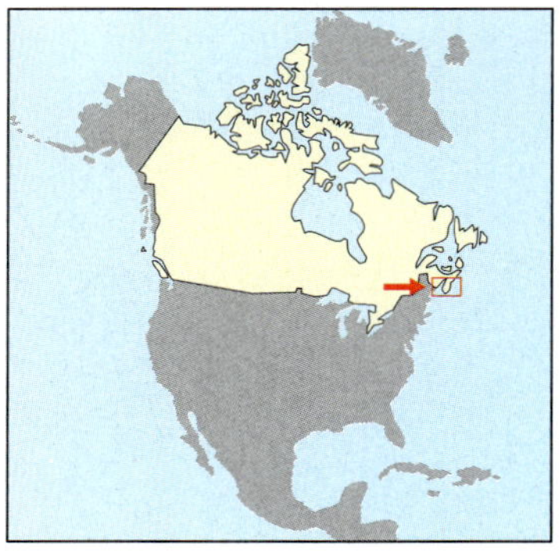

**LAGE:** in der Provinz Neuschottland, etwa 100 Kilometer südwestlich von Halifax

**WELTKULTURERBE:** seit 1995

*Die wild zerklüftete Küste mit ihren zahllosen Buchten und Landzungen und die herbe, abwechslungsreiche Hügellandschaft im Landesinneren mögen die frühen Siedler an Schottland erinnert haben, denn sie gaben ihrer neuen Heimat den Namen Nova Scotia, Neuschottland. Eine Landbrücke verbindet die Halbinsel mit dem eigentlichen Festland. Im Jahr 1753 gründeten Einwanderer aus Deutschland und der Schweiz an der Atlantikküste eine Kolonialsiedlung, die in Erinnerung an die alte Hansestadt Lüneburg den Namen Lunenburg erhielt.*

*Der Fischereihafen trug im 19. Jahrhundert zum wirtschaftlichen Aufschwung Lunenburgs bei. Die Stadt entstand nach den strengen Bauvorschriften des britischen Hafen- und Kolonialamts.*

Die europäischen Einwanderer in Nordamerika benannten ihre neuen Siedlungen gerne nach vertrauten Orten der alten Heimat. So wurde aus Orléans New Orleans, aus Glasgow New Glasgow, aus Hamburg New Hamburg und aus Lüneburg das neuschottländische Lunenburg – ein Ort, der es als bedeutender Fischereihafen am Atlantik zu einigem Wohlstand bringen sollte. Der Name Lüneburg leitet sich vom altsächsischen »hliuni« her, was »Zufluchtsstätte« bedeutet. Das war für die neue Siedlung durchaus zutreffend, denn auch in Lunenburg suchte man Zuflucht: vor dem europäischen Absolutismus, der Chancen- und Rechtlosigkeit, vor Glaubensdiktatur, Armut und Verfolgung. Die Emigranten sehnten sich nach persönlicher Freiheit und einem selbstbestimmten Leben.

*An Lunenburgs Anfänge erinnern heute nur noch wenige architektonische Zeugnisse. Dieses Holzhaus aus dem späten 18. Jahrhundert gehört zu den Raritäten.*

## Kampf um die Vorherrschaft

Diese Freiheit mit ihren scheinbar unbegrenzten Möglichkeiten mußte jedoch auch in der Neuen Welt erst mühsam erobert werden. Sie war abhängig vom britisch-französischen Kolonial-Dualismus, der nach langem Ringen um die Vorherrschaft schließlich in einem Kolonialkrieg (1754/55–63) endete. Damals standen sich die europäischen Großmächte Frankreich und Großbritannien nicht nur in Nordamerika gegenüber, sondern auch in der Karibik, in Westafrika und in Indien. Zudem tat London alles, um den Feind in Europa, wo seit 1756 der Siebenjährige Krieg tobte, militärisch zu binden. Diese Politik erwies sich als erfolgreich: »Kanada«, so befand der britische Premierminister William Pitt der Ältere, »ist in Deutschland erobert worden.«

In diesen historischen Rahmen also war auch die Kolonialpolitik Neuschottlands eingebunden, jener Provinz im Osten Kanadas, die heute die Halbinsel östlich der Bay of Fundy und die Atlantikinsel Cape Breton Island vor dem St.-Lorenz-Golf umfaßt. Als Teil des französisch besiedelten Akadien war sie ein Spielball der Kolonial-

*Eines der ältesten protestantischen Gotteshäuser Kanadas: die St. John's Anglican Church. Nach gründlicher Restaurierung erstrahlt die weiße Holzfassade in neuem Glanz.*

*Ein Gebäude, in dem sich der Wohlstand des Viktorianischen Zeitalters spiegelt: die Lunenburg Academy. Die Homogenität des Stadtbildes ergibt sich nicht zuletzt durch die traditionelle Holzbauweise.*

interessen mit mehrmals wechselnden Besitzern, bis nach einer 100 Jahre dauernden Auseinandersetzung der größte Teil des heutigen Neuschottland 1713 im Frieden von Utrecht Großbritannien zugesprochen wurde. 50 Jahre später wurde dann ganz Kanada Teil des britischen Weltreiches.
Neuschottland war für Deutsche, Schweizer, Franzosen und Skandinavier ein bevorzugtes Einwanderungsland. Die waldreiche, gebirgige Halbinsel erinnerte an europäische Landschaften, der Holz- und Fischreichtum versprachen ein solides Auskommen, das Marschland und die Böden in den Tälern ließen sich landwirtschaftlich nutzen. So stand Nova Scotia für ein friedliches Leben und wirtschaftliches Auskommen.
Die Anfänge waren allerdings anders: Als 1750 die ersten deutschen Siedler in Neuschottland eintrafen, mußten sie in der Festung Halifax Schutz suchen, denn die Indianer gaben ihr Land nicht kampflos preis. Halifax gewährte diesen Schutz nur unter der Bedingung, daß die Einwanderer den Briten halfen, die gerade gegründete Stadt zu verteidigen. Erst 1753 hatte sich die Lage stabilisiert, und 1453 Siedler wagten es, Halifax auf dem Seeweg zu verlassen und etwa 100 Kilometer südwestlich am Atlantik eine neue Ortschaft zu gründen. Lunenburg, wie sie die nördlichste deutsche Siedlung in Nordamerika im 18. Jahrhundert nannten, brachte die Verbundenheit mit der alten Heimat zum Ausdruck und setzte zugleich einen politischen Akzent. Denn das Kurfürstentum Hannover, dem 1705 das Fürstentum Lüneburg angegliedert worden war, stellte seit 1714 die englischen Könige – eine Personalunion, die bis 1837 bestand.

## Eine Stadt nach Plan

Die Deutschen legten Lunenburg 1753 nach den Bauvorschriften des britischen Handels- und Kolonialamtes an, wobei ihnen Halifax als Muster diente. Diese Vorgaben waren durchaus sinnvoll, denn sie halfen den unerfahrenen Siedlern beim Aufbau effektiver kommunaler Strukturen. Die Auflagen forderten ein streng geometrisches Straßennetz, das die Fluchtlinien der

*Schöne alte Holzhäuser, vorwiegend aus dem 19. Jahrhundert, prägen bis heute die historische Altstadt von Lunenburg.*

Häuser präzise vorgab und nur drei Straßenbreiten zuließ: 12,20, 14,60 und 24,40 Meter. Zudem sollte genügend Raum für öffentliche Plätze und militärische Verteidigungsanlagen bleiben, der kommunal und der landwirtschaftlich genutzte Bereich sollten deutlich voneinander getrennt sein. Lunenburg wurde in sechs Bezirke zu je acht Blocks à 14 Parzellen unterteilt. Diese exakte Normierung des Baugrundes trug dazu bei, demokratische Startbedingungen innerhalb des neuen Gemeinwesens zu schaffen. Zusätzlich wurden den Siedlern Gartenparzellen außerhalb der Stadtgrenzen zugewiesen. Die Struktur dieser Stadtplanung ist heute noch in Umrissen zu erkennen.

Von den Gebäuden aus der Pionierzeit sind allerdings nur noch wenige erhalten geblieben – neben militärischen Anlagen acht Häuser, konstruiert aus stabilen Holzrahmen, die den Wänden aus horizontal verlegten Planken Halt geben. Die St. John's Anglican Church von 1754 wurde ebenfalls aus Holz errichtet. Sie gilt als zweitälteste protestantische Kirche Kanadas und wurde mit gotischen Stilelementen geschmückt. Eine weitere Kirche, die St. Andrew's Presbyterian Church, wurde 1828 erbaut und 50 Jahre später umgestaltet.

Der Hauptteil der historischen Bausubstanz Lunenburgs stammt aus dem 19. Jahrhundert, als der Fischereihafen, die fischverarbeitende Industrie und die Werften den Wohlstand der Stadt festigten. Zeugnisse dieses ökonomischen Aufschwungs sind heute im Fischereimuseum ausgestellt. Die stattlichen Bürgerhäuser aus dieser Zeit bilden ein homogenes Ensemble. Sie wurden vorwiegend in viktorianischem Stil mit Erkern und Türmchen errichtet, als Baumaterial wurde auch hier hauptsächlich Holz verwendet.

Viele Bürger Lunenburgs sind stolz auf die Reihe ihrer Ahnen, die oft bis zu den Anfängen der Besiedelung zurückreicht und anhand der alten Einwanderungslisten dokumentiert werden kann. Dennoch sind in den fast 250 Jahren seit der Stadtgründung auch viele Traditionen verlorengegangen, obwohl gerade in Lunenburg das Brauchtum und die Sprache der alten Heimat besonders intensiv gepflegt worden sind.

# Nationalpark Olympic

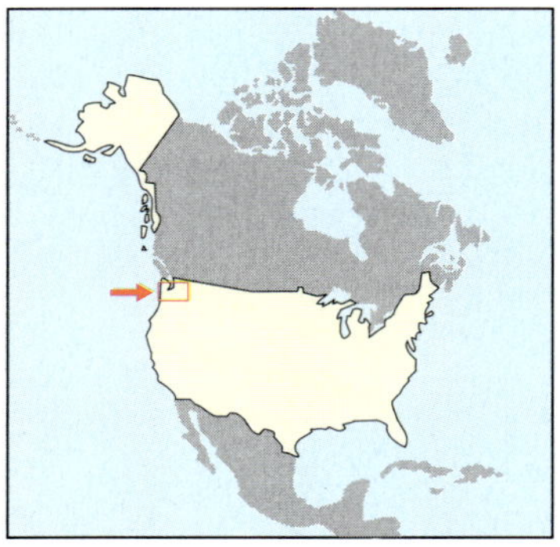

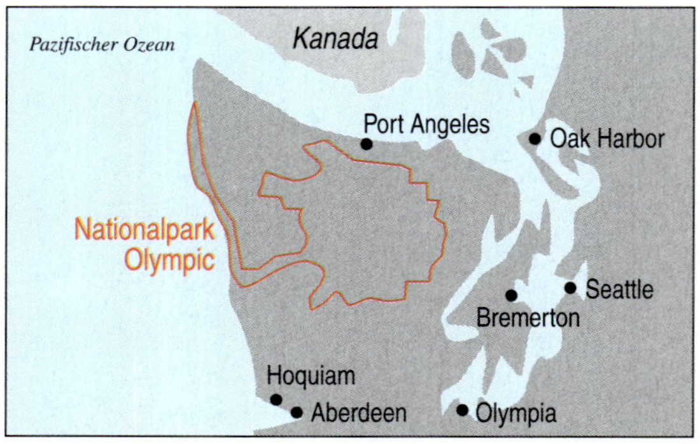


**Lage:** auf der Olympic Peninsula an der Grenze zu Kanada im Nordwesten des Bundesstaates Washington

**Weltnaturerbe:** seit 1981

**Fläche:** 3628 Quadratkilometer

*Bäume, die hoch wie Kirchtürme in den Himmel ragen, dichtes, moosverhangenes Unterholz, schattige Waldblumenwiesen, klare Gebirgsflüsse und im Hintergrund schneeglitzernde Berggipfel – die Landschaft des Nationalparks auf der Olympic Peninsula an der Grenze zu Kanada ist an Urwüchsigkeit kaum zu überbieten. Im Zentrum des runden Bergmassivs thront der von Gletschern bedeckte Mount Olympus. Mächtige Wapiti-Hirsche durchstreifen die verwunschenen Nadelwälder, Murmeltiere tummeln sich auf den Bergwiesen.*

*Blühende Bergwiesen, dichtbewaldete Hänge und im Hintergrund die schneebedeckten Gipfel des Höhenzuges Hurricane Ridge – so präsentiert sich der Nationalpark Olympic von seiner schönsten Seite.*

Im »Guinness-Buch der Rekorde« hätte der Nationalpark Olympic auf der Olympic-Halbinsel im äußersten Nordwesten des Bundesstaates Washington eigentlich einen Ehrenplatz verdient. Denn der Nadelwald an der Pazifikküste kann gleich mit drei Superlativen aufwarten: Hier stehen die größte Nootka-Scheinzypresse (amerikanisch cedar tree, »Zeder«, genannt), die größte Hemlocktanne und die größte Douglasie der Welt. Und das erstaunlichste daran ist: Sie fallen gar nicht auf, denn Bäume mit über 90 Metern Höhe und Stammumfängen von bis zu sieben Metern sind rund um den Mount Olympus nicht die Ausnahme, sondern die Regel. Diese Waldformation ist eines der wenigen Beispiele für einen Regenwald in einer gemäßigten Klimazone der nördlichen Hemisphäre.

Die mit einem Umfang von über 20 Metern dickste Scheinzypresse im Park, stolz als »Big Cedar Tree« ausgeschildert, muß aber wohl außer Konkurrenz gezählt werden, denn man nimmt an, daß in ihrem Falle mehrere Bäume zusammengewachsen sind. Kein Wunder, daß dieser Baumbestand mit seinen außergewöhnlich gerade und lang gewachsenen Stämmen schon früh das Interesse der Holzindustrie auf sich zog. Zum Glück wurde die Gefahr rechtzeitig erkannt: Bereits im Jahr 1909 stellte man weite Teile der Halbinsel als National Monument unter Schutz, und 1938 folgte dann die Ernennung zum Nationalpark. Vor allem entlang der Parkgrenzen stellt der illegal betriebene Holzschlag jedoch nach wie vor ein ernstes Problem dar.

*Wanderungen in das verwunschene Innere des Nationalparks bieten ein faszinierendes Naturerlebnis. Besonders interessant sind Touren in Begleitung eines ortskundigen Führers.*

## Die Erdkruste wirft Falten

Vor rund 30 Millionen Jahren sorgte die Kontinentaldrift für den Zusammenstoß der Pazifischen und der Festlandsplatte. Ungeheure Kräfte warfen den Meeresgrund in Falten auf und ließen so aus Schiefer, Sandstein und Lava die Olympic Mountains entstehen. Der 2428 Meter hohe Mount Olympus bildet den Mittelpunkt des nahezu runden Bergmassivs mit einem Durchmesser von 95 Kilometern.

Zahlreiche Gletscher und elf Hauptflüsse haben strahlenförmig tiefe Einschnitte im Fels hinterlassen. Gletscher hobelten auch im Norden die Juan de Fuca Strait und im

*Das dschungelartig wuchernde Unterholz rund um die versteckten Madison Falls beweist, daß Regenwälder auch in gemäßigten Klimazonen eine üppige Vegetation hervorbringen können.*

*Ungezähmt windet sich der Skokomish River durch ein weites Hochtal am Fuß der Olympic Mountains.*

Osten den Puget Sound sowie den Hood Canal aus und trennten auf diese Weise die Halbinsel vom Festland ab.

Die geographische Abgeschiedenheit sorgte dafür, daß Flora und Fauna in ihrer Entwicklung so manchen Sonderweg gegangen sind: 13 Pflanzenarten – meist Wildblumen wie die purpurrot blühende Castilleja oder Indian paintbrush und Unterarten von Wicke, Glockenblume, Berg-Gänseblümchen und Veilchen – sowie verschiedene Tierarten wurden als endemisch für die Olympic Peninsula nachgewiesen, d. h. es gibt sie nur dort und vermutlich nirgendwo anders auf der Welt.

Bei den Tieren bildeten Murmeltier und Langschwanzwiesel, der Breithandmaulwurf und die Beardslee-Forelle, das Backenhörnchen und die Mazama-Taschenratte eigene, sozusagen »olympische« Varianten aus. Symptomatisch für die isolierte Entwicklung sind aber nicht nur die endemischen, sondern auch die »fehlenden« Arten. Viele Tiere, die für die nahen Cascades und Rocky Mountains typisch sind – wie der Grizzly, der stachelschweinähnliche Baumstachler und das Dickhornschaf –, kommen auf der Halbinsel nicht vor.

## Vom Watt zum Gletscher

Der Olympic-Nationalpark umfaßt drei ökologisch unterschiedliche Zonen: ausgedehnten gemäßigten Regenwald, das Hochgebirge rund um den Mount Olympus sowie einen vom Kerngebiet des Parks abgetrennten etwa 80 km langen Küstenstreifen. Regelmäßige Niederschläge und das

vom Pazifik beeinflußte, relativ milde Klima haben aus dem Nadelwald der Halbinsel einen verwunschenen Märchenwald gemacht: Sitka-Fichten und Riesenlebensbäume, Hemlocktannen und Riesentannen, Breitblatt-Ahorne und Douglasien ragen schier endlos in die Höhe. Ranken, Moose und Flechten überwuchern die Stämme und hängen wie zerzauste Bärte von den Ästen herab; Farne, Pilze und Beeren, Sträucher und Wildblumen bilden mit umgestürzten Bäumen am Boden ein dichtes grünes Dickicht. Klare Bergflüsse und tosende Wasserfälle unterbrechen den Hochwald an vielen Stellen.
Die stattlichsten Bewohner dieses noch heute in weiten Teilen unberührt wirkenden Urwalds sind die Roosevelt-Hirsche, eine Unterart der mächtigen Wapiti-Hirsche. Der Wunsch, den auf 3000 bis 5000 Tiere geschätzten größten Bestand dieser Art auf dem Kontinent zu schützen, hat nicht unwesentlich zur Einrichtung des Nationalparks beigetragen. Die kleineren Maultierhirsche, Puma, Schwarzbär, Mink (der amerikanische Nerz), Otter, Biber und Wanderfalke sind hier seit jeher heimisch, die von Menschen ausgesetzte Schneeziege ist es inzwischen geworden. Wölfe waren bereits ausgerottet, als der Nationalpark eingerichtet wurde.
Mit zunehmender Höhenlage werden die Bäume kleiner, die Wälder lichter. Subalpine Tannen, ausgedehnte Bergwiesen voller Blumen und Kräuter sowie Heideflächen, Riedgras und Phlox beherrschen das Bild. Stahlblaue Gletscherseen spiegeln im Sonnenlicht, und über allem ragen majestätisch die schneebedeckten Gipfel der Olympic Mountains empor. 60 Gletscher mit einer Gesamtfläche von 43 Quadratkilometern sind hier noch mit ihren Eismassen in Bewegung, allein sieben davon am Mount Olympus, dessen Blue Glacier mit einer Geschwindigkeit von zwölf Zentimetern pro Tag talwärts rutscht.
Zum Nationalpark gehört auch ein etwa 90 Kilometer langer, schmaler Küstenstreifen am Pazifik. Der urwüchsige, rauhe Küstenstrich läßt erahnen, wie die Westküste der USA vor Tausenden von Jahren einmal ausgesehen haben mag. Menschenleere, breite Strände wechseln ab mit bewaldeten Landzungen. Steile, teils noch bewachsene Felsinseln ragen weit in das mit der Wattlandschaft an der Nordseeküste vergleichbare Gezeitenbecken hinein – eine bunte Welt voller Muscheln und Krabben, Seeigel und Seesterne. Möwen und Weißkopf-Seeadler haben hier die Lufthoheit. Draußen im Meer tummeln sich Seehunde; zweimal im Jahr ziehen die majestätischen Grauwale auf ihrer Reise von Alaska nach Baja California und zurück hier vorbei – ein unberührtes Paradies, das hoffentlich noch lange erhalten bleibt.
In manchen Besucherzentren, wie etwa im Hafenstädtchen Port Angeles, werden Informationen über die Pflanzen- und Tierwelt sowie geführte Wanderungen angeboten. Um den Park herum verläuft der Olympic Peninsula Scenic Drive, Stichstraßen führen ins Parkinnere.

# Nationalpark Redwood

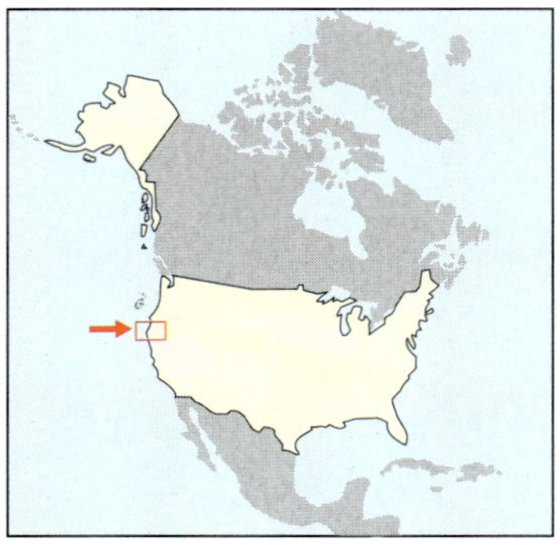

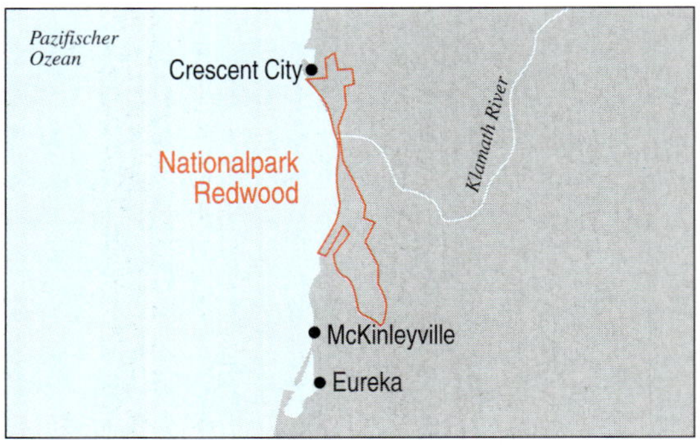


**Lage:** im Nordwesten des Bundesstaates Kalifornien an der Pazifikküste
**Weltnaturerbe:** seit 1980
**Fläche:** 424 Quadratkilometer

*Kerzengerade ragen sie 100 Meter hoch in den Himmel, und unter ihrem Dach herrscht ehrfurchtsvolle Stille. »Redwoods« werden die mächtigen Sequoia-Bäume nach der rötlichen Farbe ihres Holzes genannt. Sie gelten als die größten und vielleicht auch ältesten pflanzlichen Lebewesen auf unserem Planeten. Einst bedeckten sie an der Pazifikküste im Norden Kaliforniens riesige Gebiete, dann rückten ihnen die Holzfäller systematisch zu Leibe. Der Kampf um die letzten der majestätischen Ur-Giganten tobt noch immer, doch wenigstens die Exemplare im Redwood National Park sind jetzt geschützt.*

*Rhododendren blühen zwischen den mächtigen Sequoia-Stämmen, die mit ihrer zerfurchten und bemoosten Rinde erahnen lassen, daß die Baumgiganten schon so manche Jahre überdauert haben.*

Naturfreunde verehren die Redwood-Giganten im Nordwesten Kaliforniens als »Säulen der Kathedrale Gottes«, Vertreter der Holzwirtschaft dagegen sehen in den größten Bäumen der Welt nur bestes Bauholz und werfen überall dort die Motorsägen an, wo es nicht ausdrücklich verboten ist. Die Emotionen schlagen hoch, wenn über das Schicksal der »Dinosaurier« unter den Bäumen dieser Erde entschieden wird. Erst spät konnte man sich dazu durchringen, die ökonomischen Interessen zurückzustellen und große Teile der letzten Bestände dieser mächtigen Baumriesen durch die Einrichtung eines Nationalparks an der nordkalifornischen Pazifikküste wirkungsvoll zu schützen. Zu diesem Zweck wurden 1968 die drei bereits bestehenden California State Parks Jedediah Smith, Del Norte Coast und Prairie Creek zum Redwood National Park zusammengefaßt.

## Der König der Bäume

Sequoia sempervirens lautet der lateinische Name der Küstensequoien, die zur Familie der Sumpfzypressen gehören. Sie werden auch Küstenmammutbäume genannt, was

*Das eiskalte Wasser des Pazifiks im Norden Kaliforniens lädt nicht zum Baden ein. Deshalb blieb die Küstenlandschaft des Nationalparks, wie hier bei Klamath Cove, weitgehend von menschlichen Eingriffen verschont.*

immer wieder zu Verwechslungen mit den Riesenmammutbäumen der kalifornischen Sierra Nevada führt. Der rötlichen Färbung des ungemein harten und widerstandsfähigen Holzes ist der »Spitzname« Redwood (Rotholz) zu verdanken, der sich inzwischen als allgemeine Bezeichnung durchgesetzt hat. Vor Millionen Jahren waren die Küstensequoien in den gemäßigten, feuchten Zonen auf der ganzen Welt verbreitet. Enge Verwandte wuchsen vor 15 Millionen Jahren auch in den Braunkohlewäldern der Niederrheinischen Bucht und im Saale-Gebiet. Heute sind die letzten größeren Bestände dieser ehrfurchtgebietenden Urzeitbäume nur noch in einigen wenigen feuchtkühlen Regionen an der amerikanischen Westküste zu finden. Wenn Redwoods, die ein biblisches Alter von bis zu 2000 Jahren erreichen können, genug Zeit zum Wachsen gelassen wird, können sie weit über 100 Meter hoch werden: Stammdurchmesser von sechs, sieben Metern sind dann keine Seltenheit.

Da ist es fast Ehrensache, daß auch der größte bekannte Einzelbaum dieser Erde ein Redwood ist: Mit stolzen 112,10 Metern ist der Rekordhalter im Tall Trees Grove

*Im Redwood-Nationalpark ist neben dem Kalifornischen Seelöwen auch der kräftigere und heller gefärbte Stellers Seelöwe anzutreffen, die größte aller Ohrenrobben.*

immerhin 12 Meter höher als die Türme der Münchner Frauenkirche. Als Stammdurchmesser des schätzungsweise 600 Jahre alten Baumes wurden 13,50 Meter gemessen. Seine Entdeckung im Jahre 1963 wird Paul Zahl zugeschrieben, einem Mitarbeiter der National Geographic Society.

### Urwald am Pazifik

Der 1978 großflächig erweiterte Redwood National Park umfaßt einen 55 Kilometer langen, schmalen und oft nebelverhangenen Küstenstreifen im Norden Kaliforniens, kurz vor der Grenze zu Oregon. Von der Pazifikküste, wo sich steile Felsenkliffs mit breiten Sandstränden abwechseln, steigt

1

2

*1 Bis zu 30 Zentimeter lang kann der Pazifische Riesenquerzahnmolch werden. Die nachtaktiven Amphibien ernähren sich von Insekten, Schnecken und Mäusen.*

*2 Der Puma, auch Berg- oder Silberlöwe genannt, ist eine anpassungsfähige Großkatze, die sich in den unterschiedlichsten Lebensräumen zurechtfindet.*

das Gelände bis zu den mittelgebirgigen Höhenzügen im Hinterland auf bis zu 930 Meter über dem Meeresspiegel an. Ein 400 Meter breiter Pazifikstreifen entlang der Wasserlinie gehört ebenfalls noch zum Park. In diesen ufernahen Gewässern leben Seehunde und Seelöwen. Zahlreiche Seevögel wie die Taubenteiste und der Lummenalk, Seeschwalben, Braunpelikane und Kormorane nutzen die weit ins Meer vorgeschobenen steilen Felsen als Nistplätze. Hin und wieder gleitet ein Weißkopf-Seeadler durch die Luft.

In den feuchten und niederschlagsreichen tieferen Lagen wird die Vegetation von den Küstenseqoien beherrscht, wilde Rhododendren und Azaleenbüsche bilden das Unterholz. Der weiche Waldboden mit Farnen und Moosen dämpft alle Geräusche und verstärkt die ehrfurchtgebietende Stille im Reich der majestätischen Riesenbäume. Sie wird hauptsächlich von menschlichen Eindringlingen gestört – rund 700 000 Besucher zählt der Park pro Jahr –, denn für Tiere ist die Sequoia-Monokultur offenbar nur mäßig interessant. Das gegen Fäulnis und Insekten nahezu resistente Holz gibt kein gutes »Wirtshaus« für Kleinstlebewesen und Vögel ab.

Diese ursprünglichen Wälder mit den letzten Altbeständen bedecken etwa ein Drittel (158 Quadratkilometer) der Parkfläche. Neben kleineren Pufferzonen mit Mischwald und Gebirgsvegetation gehört der größte

4

Anteil (208 Quadratkilometer) den wiederaufgeforsteten Flächen. Der Versuch der Wiedergutmachung für den Holzfrevel der vergangenen hundert Jahre ist allerdings mühselig: Die Redwood-Bäume dieser Zone sind heute erst im zarten Alter von 10 bis 50 Jahren. Die Zeit, die sie noch brauchen, um »erwachsen« zu werden, darf getrost mit 250 Jahren angesetzt werden.
Mit zunehmender Höhenlage mischen sich auch andere Nadelbäume – Douglasien, Sitka-Fichten und Hemlocktannen – sowie Breitblatt-Ahorn und, vor allem in Flußniederungen, Kalifornischer Lorbeer unter die Redwoods. Lachse und Forellen bevölkern die klaren Bergflüsse, die sich tief in den Bergrücken eingeschnitten haben. Wo die Abhänge steiler werden und die Feuchtigkeit abnimmt, folgt eine prärieartige Land-

3

*3 Auf den saftigen Bergwiesen der Dolason Hills grasen Roosevelt-Hirsche, eine Unterart der Wapiti-Hirsche, deren Vorkommen inzwischen nur noch auf wenige Schutzzonen beschränkt ist.*

*4 Die Küstensequoien können über 100 Meter hoch und bis zu 2000 Jahre alt werden. Einst waren diese Bäume auf der ganzen Welt verbreitet.*

1

1 Blütenpracht im Unterholz zu Füßen der Baumgiganten: Die prächtige Irisblüte überragt die blauen Farbtupfer der Schmalblättrigen Binsenlilie.

2 Märchenwald am Lost Man Creek – ein grünes Paradies, das durch die Einrichtung des Nationalparks vor dem Zugriff der Holzindustrie gerettet worden ist.

schaft mit Wiesen, Buschwerk und Eichenwäldchen. In den Mischwäldern präsentiert sich die Fauna wieder artenreicher: Wapiti- und Schwarzwedelhirsche, Rotluchs und Graufuchs, Schwarzbär, Otter und Biber sowie Stinktier und Puma haben sich Holzschlag und Besucherandrang zum Trotz hier halten können.

Daß auch der Mensch in den schattigen Redwood-Wäldern seit über 4000 Jahren gelebt hat, konnte durch archäologische Funde belegt werden. Mehrere, im Laufe der Zeit wechselnde Versorgungs- und Siedlungsformen verschiedener Indianerstämme wurden inzwischen nachgewiesen. Die prähistorischen Bewohner haben Ackerbau, Fischerei und Bergbau betrieben und offenbar auch damals schon vom Holzfällen gelebt. Zu den bis heute entdeckten Hinterlassenschaften zählen Einzelobjekte und dorfartige Anlagen mit halbunterirdischen Blockhäusern und saunaähnlichen Schwitzräumen, mit Friedhöfen und Kultstätten sowie Feuerstellen und Abfallsammelplätzen.

Für die heutigen Besucher gibt es Visitor Centers bei Orick und Crescent City, in denen man sich über den Redwood-Nationalpark, seine Attraktionen und Besonderheiten informieren kann.

## Der Kampf ums »Rotholz«

*Noch Mitte des 19. Jahrhunderts bedeckten die Redwood-Wälder im pazifischen Nordwesten der USA ein Areal von 8000 Quadratkilometern – eine Fläche, mehr als dreimal so groß wie das Saarland. Rund 100 Jahre später, zum Zeitpunkt der Einrichtung des Nationalparks, waren bereits 85 Prozent der Redwood-Bestände abgeholzt. Wenn man bedenkt, daß auf dem Parkgelände nur etwa 40 Prozent der verbliebenen Bäume stehen, kommt man zu dem Ergebnis, daß vorläufig nur 6 Prozent der einzigartigen Küstensequoien gerettet werden konnten.*

*Ob deren Überleben dauerhaft gesichert ist, wird sich noch zeigen müssen, denn die Flächenrodungen entlang der Grenzen bedrohen auch das Ökosystem im Park selbst. An den bergaufwärts gelegenen, kahlgeschlagenen Hängen setzt die Erosion ein, Erd- und Sedimentablagerungen könnten in die tieferliegenden Wälder geschwemmt werden. Das wiederum würde die Standsicherheit der nur flach wurzelnden Baumriesen gefährden. Die Luftverschmutzung nimmt zudem weiter zu, und auch der Lebensraum der Wildtiere wird immer mehr beschnitten.*

*Umweltschützer, die sich in der »Save the Redwoods«-Liga zusammengeschlossen haben, schlagen deshalb zu Recht seit Jahren Alarm. Doch die Holzindustrie, die mit dem hochwertigen, fast unverwüstlichen Holz nach wie vor große Profite macht, ist bisher zu keinen Kompromissen bereit. Sie beruft sich auf die kalifornische Tradition dieses Gewerbes und droht mit dem Verlust von Arbeitsplätzen. Daß es bei dem derzeit vorgelegten Arbeitstempo der Kreissägen in absehbarer Zeit nichts mehr zu fällen geben wird, scheint die Holzbarone nur wenig zu beeindrucken. Schon jetzt hat man damit begonnen, die erst vor wenigen Jahrzehnten aufgeforsteten und damit für Redwood-Verhältnisse noch in den Kinderschuhen steckenden Neubestände wieder abzuholzen.*

*Umweltschutzverbände wehren sich mit allen Mitteln gegen die Abholzung und kauften sogar für viel Geld kleinere Waldparzellen auf. Öko-Aktivisten blockieren Zufahrtswege und Sägewerke, ketten sich an Bäume oder schlagen lange Nägel in die Stämme ein, damit sich die Motorsägen daran die Zähne ausbeißen. Daß solche Vorgehensweisen inzwischen auch zu schweren Verletzungen bei Holzfällern und Sägewerksarbeitern geführt haben, trägt nicht eben zur Entspannung des Klimas bei. Die verantwortlichen Politiker werden sich noch einiges einfallen lassen müssen, damit die Auseinandersetzung zwischen Naturschutz und Wirtschaftsinteressen möglichst friedlich beigelegt werden kann. Es bleibt zu hoffen, daß die Redwoods dabei nicht den kürzeren ziehen.*

2

# Nationalpark Yellowstone

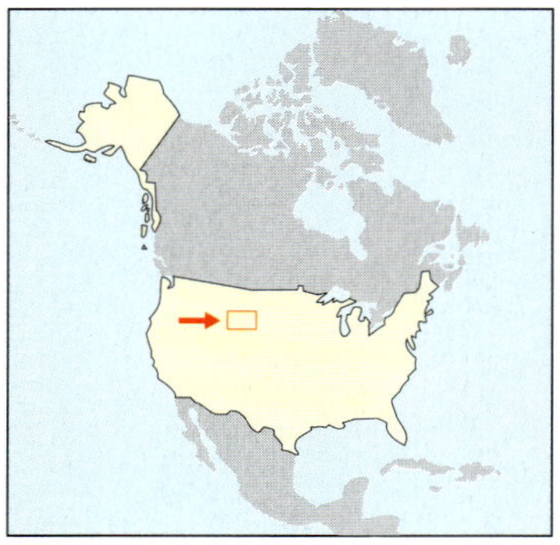

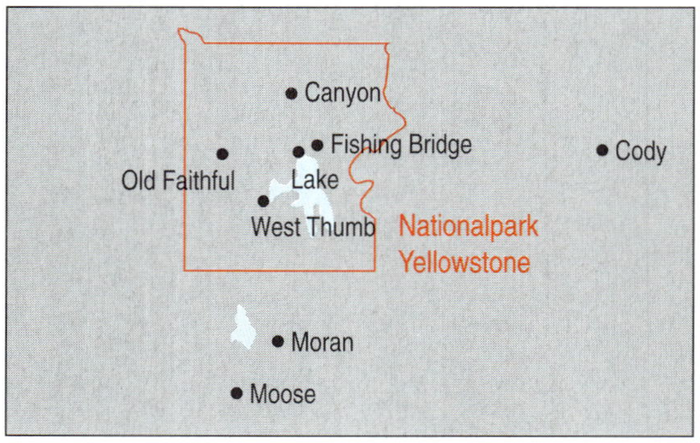


**Lage:** im Nordwesten des Bundesstaates Wyoming (kleinere Teile in Montana und Idaho)
**Weltnaturerbe:** seit 1978
**Fläche:** 8983 Quadratkilometer

*Der Yellowstone in Wyoming ist der größte Nationalpark der Vereinigten Staaten von Amerika, der älteste der Welt und, wie viele meinen, auch der schönste und abwechslungsreichste. Über die vulkanische Hochebene ziehen die letzten freilebenden Bisons, in den Wäldern leben mächtige Wapiti-Hirsche und Grizzlybären. Wilde Flüsse schlängeln sich in tiefen Canyons durch das Plateau – und unter allem brodelt die vulkanische Unterwelt, die mit sprudelnden Geysiren, Felsspalten, aus denen zischend Dampf austritt, und heißen Quellen eindrucksvoll auf sich aufmerksam macht.*

*Zum Wahrzeichen des Yellowstone-Nationalparks wurde der berühmte Geysir Old Faithful, der alle 50 bis 80 Minuten ein eindrucksvolles Schauspiel bietet.*

Das österreichische Bundesland Kärnten, die Mittelmeerinseln Zypern und Korsika oder der karibische Inselstaat Puerto Rico sind alle etwa so groß wie der Nationalpark Yellowstone. Das Naturreservat im äußersten Nordwesten Wyomings ist damit der größte Nationalpark der USA und seit seiner Gründung im Jahr 1872 auch der älteste der Welt. Zusammen mit dem Grand Teton National Park im Süden sowie weiteren Staatsforsten und Wildtierreservaten in der Umgebung bildet der Großbereich Yellowstone das größte zusammenhängende und intakte Ökosystem der gemäßigten Klimazonen dieser Erde.

Die Sioux tauften den Fluß, der diesem Teil der Rocky Mountains den Namen gab, nach der Farbe des Gesteins in seinem Canyon einst »Gelb-Fels-Fluß«, französische der riesige Talkessel eines Vulkankraters. An diese erdgeschichtliche Herkunft erinnern versteinerte Wälder sowie die vielen Geysire und heißen Quellen, die dem Park sein unverwechselbares Gepräge geben. Auf der zum Teil bewaldeten Ebene, in den zerklüfteten Bergen und den tief eingeschnittenen Flußtälern findet sich die typische Flora und Fauna der Rocky Mountains in ihrer ganzen Vielfalt.

**Hier kommt die Erdkruste nicht zur Ruhe**

Die geologische Geschichte des Yellowstone-Plateaus begann im frühtertiären Eozän (vor etwa 50 Millionen Jahren) nach der Aufwerfung der Erdkruste zu den südlichen Rocky Mountains und ständigen vulkanischen Ergüssen entlang der Bruchlinie.

1

*1 Mikroorganismen, die auch noch in fast kochendem Wasser überleben können, sorgen für die leuchtend türkisgrüne Färbung des Emerald Lake (Smaragdsee) genannten Quelltopfes.*

*2 Schäumend bahnen sich die Wassermassen des Yellowstone River ihren Weg durch das farbige Sedimentgestein. Sein Grand Canyon mit den Lower Falls zählt zu den grandiosesten Szenerien im Park.*

Trapper machten daraus in ihrer Sprache »Roche Jaune«, was der Pelzhändler und Geograph David Thompson 1798 schließlich ins Englische übersetzte: Yellow Stone. Kernstück des Nationalparks ist das über 2000 Meter hoch gelegene, von bis zu 4000 Meter hohen Bergen eingerahmte Yellowstone-Plateau, geologisch betrachtet Lavaströme und Ascheregen ließen ganze Wälder versteinern. 27 solcher fossilen Waldstücke mit über 200 verschiedenen versteinerten Pflanzen – darunter auch die riesigen Redwood-Bäume – hat man auf dem Plateau gefunden. Der eindrucksvollste und größte der Petrified Forests (versteinerte Wälder) zeugt bei Specimen Ridge im

2

*Einer der ältesten Geysire im Nationalpark Yellowstone ist der Castle Geyser. Er schleudert kochendes Wasser aus der Erde. Die darin gelöste Kieselsäure fällt aus und schichtet sich am Rand der Quelle zu einem turmartigen Gebilde auf.*

Norden des Parks von der urzeitlichen Vergangenheit der Landschaft. Einzelne Teilstücke versteinerter Baumstämme ragen hier noch immer aufrecht in die Luft.
Die letzte Phase der vulkanischen Tätigkeit setzte vor rund zwei Millionen Jahren ein, als sich die Kammern unter der Oberfläche mit rhyolithischem Magma füllten. Das Ergußgestein Rhyolith besteht vor allem aus Quarz und Feldspat und erkaltet zu grauen, rosa- oder blaßlilafarbenen Formationen. Dreimal kam es zu verheerenden Ausbrüchen des Vulkans. Der letzte hinterließ vor rund 600 000 Jahren die riesige Caldera, die mit einer Länge von 75 und einer Breite von 45 Kilometern zu den größten der Welt zählt. Calderen, abgeleitet vom spanischen Wort für Kessel, sind vulkanische Einsturzbecken, die entstanden, als sich die Magmakammern nach den Ausbrüchen entleert hatten und die Decken unter ihrem enormen Gewicht zusammenbrachen.

## Es zischt und dampft an allen Enden

Den Abständen der bisherigen Eruptionen nach könnte jederzeit ein neuer Ausbruch erfolgen. Daß die heiße Unterwelt der Erde hier ganz dicht unter der Erdoberfläche brodelt, sieht man auch an der großen Zahl von Geysiren, Fumarolen, heißen Quellen, Schlammlöchern und Sinterterrassen. Geysire sind Quellen, die unterirdisch so stark erhitzt werden, daß sie sich von Zeit zu Zeit durch Ablassen von Wasserdampf entladen. An der Oberfläche stehendes Wasser wird dann als Fontäne in die Luft geschleudert. Old Faithful, der eindrucksvollste und bekannteste Geysir des Parks, entlädt sich 22mal pro Tag, wobei seine Wassermassen (an die 50 000 Liter) bis zu 60 Meter in die Höhe schießen. In schöner Regelmäßigkeit hat er dies allerdings nur im 19. Jahrhundert getan, was ihm seinen Namen, »Der Alte Getreue«, eingetragen hat. Heute erfolgen die Ausbrüche unregelmäßig in Abständen von 50 bis 80 Minuten, im Schnitt alle 68 Minuten.
Alle elf Stunden dagegen entlädt sich der Great Fountain Geyser. Der Excelsior Geyser explodierte zuletzt im Jahr 1890 und beschränkt sich seitdem darauf, pro Minute 15 000 Liter Wasser zum Kochen zu bringen. 200 bis 250 solcher Geysire sind im Nationalpark Yellowstone aktiv – das sind mehr als in der gesamten übrigen Welt. Nur noch auf Island und auf Neuseeland ist annähernd Vergleichbares zu erleben. In den heißen Quellen des Yellowstone überleben selbst bei Wassertemperaturen bis nahe dem Siedepunkt noch zahlreiche Mikroorganismen, darunter – bei Temperaturen bis 80 °C – blaugrüne Cyanobakterien, denen die Quelltöpfe ihre phantastischen Färbungen zu verdanken haben.
Die Vielfalt der geothermischen Phänomene ist einzigartig: Quellseen mit kochendem, von Schwefel oder Algen bunt gefärbtem Wasser, Tümpel mit blubberndem Schlamm, zischend und fauchend aus Felsspalten austretende Dämpfe (Fumarolen) demonstrieren das ganze Spektrum vulkanischer Aktivitäten, wie man es mitten in den Rocky Mountains kaum erwarten würde. Wegen seiner Höhenlage ist der Park meistens von Oktober bis Mai mit einer geschlossenen Schneedecke überzogen. Während dieses langen Winters ruft der Kontrast zwischen heißen Quellen und

*Nur an wenigen anderen Orten lassen sich die vulkanischen Aktivitäten des Erdinneren so deutlich erkennen wie in den geothermischen Phänomenen von Yellowstone.*

*Verglühte Baumstümpfe zeugen von den enormen Temperaturen der Dampfwolken und Schlammlawinen, die hier immer wieder aus dem brodelnden Untergrund hervorbrechen.*

niedriger Außentemperatur eine ganz eigentümliche Atmosphäre hervor. Vögel finden in der Umgebung der warmen Quellen, die Kleinlebewesen wie Würmern, Spinnen und Insekten als Lebensraum dienen, ein reiches Nahrungsangebot.
Zu den reizvollsten Attraktionen des Yellowstone zählen die Sinterterrassen von Mammoth Hot Springs. Das aus den Quellen austretende heiße Wasser transportiert Kalkverbindungen, die sich rund um die Austrittstelle wieder ablagern und im Laufe der Zeit zu einem mehr als 15 Meter hohen, terrassierten Berg aufgetürmt haben. Derartige Travertin-Formationen können mit einer Geschwindigkeit von mehr als 50 Zentimetern pro Jahr wachsen. Dampfend läuft das Wasser über die wie von Marmor überzogenen Terrassenstufen ab. Mineralbeimischungen von Schwefel oder Eisen sorgen für abwechslungsreiche Färbungen im Kalktuff, die zusammen mit dem blauen Wasser in den Sinterbecken einen wunderschönen Anblick bieten.

**Am wilden Fluß**

Im jungen Vulkangestein hat die Erosion bereits markante Spuren hinterlassen. Von den zahlreichen Flüssen, die sich im Laufe der Jahrtausende in das Plateau hineingeschnitten haben, hat sich der Yellowstone River den spektakulärsten Weg gebahnt. Mit einer Länge von 24 Kilometern und einer Tiefe von bis zu 300 Metern kann der Grand Canyon of the Yellowstone mit seinem berühmten Namensvetter in Arizona den bloßen Abmessungen nach zwar nicht

*Im Norden des Nationalparks, an der Grenze zu Montana, liegen die herrlichen Sinterterrassen von Mammoth Hot Springs mit ihren bizarren Tuffsteinablagerungen.*

mithalten; was seine Urwüchsigkeit und seine landschaftlichen Reize angeht, braucht er sich aber wahrlich nicht zu verstecken. Die in Gelb-, Orange- und Rottönen abgestuften Wände flankieren einen schäumenden Fluß, der sich über Stromschnellen und Wasserfälle nach Norden windet. An den Lower Falls stürzen die Wassermassen 94 Meter in die Tiefe – die weltberühmten Niagarafälle bringen es zum Vergleich »nur« auf 51 Meter. Zwei weitere Fälle überbrücken Niveaustufen von 33 und 40 Metern. Am Fluß, vor allem oberhalb der Wasserfälle, sind Fischotter, kanadische Biber und Bisamratten zu Hause. Weitere Canyon-Bewohner sind Rothörnchen oder Chikaree, Murmeltier, Marder und das Streifenhörnchen. Manchmal wagen sich auch die scheuen Schwarzbären bis ans Flußufer vor. Der stattliche Canyon Raven (Kolkrabe) erreicht eine Flügelspannweite von bis zu 1,20 Metern.

**Rund um den See**

Auf seiner 1080 Kilometer langen Reise bis zur Mündung in den Missouri durchfließt der Yellowstone River auch den gleichnamigen See, der mit einer Fläche von 360 Quadratkilometern der größte Gebirgssee der USA ist. Seine Ausmaße entsprechen fast dem zweieinhalbfachen Staatsgebiet des Fürstentums Liechtenstein. Das kalte, klare Wasser des 2357 Meter hoch gelegenen Yellowstone Lake wird hauptsächlich aus dem Quell-, Regen- und Schmelzwasser der Absaroka Range, einer Bergkette am Ostufer des Sees, gespeist.

1

Umgeben von dichten Nadelwäldern bieten die Uferzonen – mal als Sandstrände, mal als von Binsen und Schilf bewachsene Sumpfgürtel – den idealen Lebensraum für viele Tiere, vor allem für manche seltenen Wasservögel. Nur noch hier und an einigen Stellen in Alaska ist der akut vom Aussterben bedrohte Trompeterschwan heimisch. Kanadagänse und Stockenten, Amerikanische Graureiher, Indianermöwen und Raubseeschwalben nisten bevorzugt auf einer der fünf Inseln im See. Auf Molly Island ist die Hauptkolonie der Nashornpelikane beheimatet. Da die heißen Quellen im Yellowstone-Park die Flüsse selbst bei etlichen Minusgraden eisfrei halten, bleiben viele Zugvögel wie die Kanadagans auch im Winter hier. Insgesamt wurden im Park über 200 verschiedene Vogelarten gezählt.

## Von Kojoten und Grizzlybären

Über die weiten Prärien der Hochebene ziehen Bisons, die letzten freilebenden Herden in den USA; hier machen sich Kojoten, auch Präriewölfe genannt, auf die Jagd nach Nagetieren oder spüren nach Aas. Die ursprünglich ebenfalls hier beheimateten »echten« Wölfe wurden zu Beginn dieses Jahrhunderts ausgerottet, weil man sie in einem Park mit Publikumsverkehr für zu gefährlich hielt. Seit 1992 wird jedoch die Wiederauswilderung versucht. Ausgedehnte Nadelwälder, in denen die Lodgepole- (oder Dreh-) Kiefer vorherrscht,

*1 Kleinere Waldbrände sind für die natürliche Regeneration des Waldes nützlich. Von Katastrophen wie dem Großbrand von 1988 erholt sich die Natur jedoch nur langsam.*

*2 Einst verfolgt und ausgerottet: Wölfe, die zur angestammten Fauna dieses Naturraums gehören, sollen im Yellowstone-Nationalpark wieder heimisch werden.*

2

bedecken gut 80 Prozent der Parkfläche – in der Kombination mit Wiesen und Wasserläufen ein ideales Revier für allerlei Hochwild. Die größte Gruppe stellen mit nahezu 20 000 Tieren die mächtigen Wapiti-Hirsche, deren Bestand noch bis in die sechziger Jahre hinein vom Menschen kontrolliert wurde. Heute neigt man eher dazu, natürlichen Regulationsmechanismen ihren Lauf zu lassen. Die kleineren Maultierhirsche, stattliche Elche und die ziegengroßen Pronghorn-Antilopen leisten dem Wapiti in den flacheren Lagen Gesellschaft; Dickhornschafe hingegen bevorzugen die höheren, felsigen Regionen.
Wanderfalken, Weißkopf-Seeadler und der Bartkauz, der zu den größten Eulen der Welt zählt, jagen aus luftiger Höhe; Puma, Schwarzbär und allerlei kleine Beutegreifer suchen ihre Opfer am Boden. Der uneingeschränkte Herrscher dieser Wildnis aber ist der legendäre Grizzly, der mit wissenschaftlichem Namen als »schrecklicher nordischer Bär« (Ursus arctos horribilis) geführt wird. Die nach dem Kodiakbären Alaskas größte und schwerste Unterart des Braunbären bringt es aufgerichtet auf eine Größe von bis zu 2,30 Metern und wiegt bis zu 350 Kilogramm. Immerhin rund 300 Exemplare des Allesfressers leben im Nationalpark Yellowstone. Manche Wissenschaftler glauben jedoch, daß selbst diese Zahl nicht ausreichen wird, um die Population auf Dauer zu erhalten. Grizzlybären sind Einzelgänger, benötigen riesige Revie-

*3*

*4*

*3 Zu den Hauptzielsetzungen des Nationalparks gehört es nach wie vor, die Population der mächtigen Grizzlybären auf Dauer zu erhalten.*

*4 Über die weiten Prärieflächen ziehen die letzten freilebenden Bisonherden der Vereinigten Staaten.*

re und reagieren sehr empfindlich auf Störungen ihres Lebensraumes. Um ihnen das Überleben langfristig zu sichern, müßte eine Schutzzone eingerichtet werden, die weit über das Gelände des Nationalparks hinausreicht.
Mit Sorge registrieren deshalb die Naturschützer den zunehmenden Tagebergbau sowie Öl- und Gasbohrungen jenseits der Parkgrenzen – ganz abgesehen davon, daß all dies auch eine Gefahr für die Luft- und Wasserqualität der Region darstellt. Zudem sorgen rund drei Millionen Besucher pro Jahr für reichlich Unruhe im Wildtierreservat. Und nebenbei muß auch noch mit natürlichen Katastrophen gerechnet werden, wie der verheerende Waldbrand von 1988 gezeigt hat. Mehr als 4000 Quadratkilometer Wald und Grasland fielen dabei den Flammen zum Opfer. Der Verlust an Wildtieren blieb damals allerdings erstaunlich gering, und auch die Vegetation hat sich von diesem Rückschlag inzwischen wieder weitgehend erholt.
Insgesamt fünf Visitor Centers im Park versorgen die Besucher mit Karten und Informationsmaterial, zu den interessantesten Natursehenswürdigkeiten führt die rund 240 Kilometer lange Grand Loop Road.

*Im Winter ist der Kontrast zwischen Eis und Schnee und den dampfenden Thermalquellen besonders reizvoll – wie hier bei den Jupiter-Terrassen der Mammoth Hot Springs.*

### Der Bison – geschützt und gejagt

*In jeder zünftigen Indianergeschichte kommt er vor, der Büffel oder Bison, der wie kein anderes Tier mit den weiten Prärien des Wilden Westens in Verbindung gebracht wird. Gemeinsam mit seinem europäischen Vetter, dem Wisent, stammt das von den Zoologen Bison bison genannte amerikanische Wildrind von prähistorischen Vorfahren aus Nordindien ab. Der Präriebüffel kann gute drei Meter lang, am Widerrist knapp zwei Meter hoch und bis zu 1000 Kilogramm schwer werden. Charakteristisch ist die zottige Mähnenbehaarung des mächtigen Vorderrumpfes. Im Sommer ernährt sich der Bison von Gras und Steppenkräutern, im Winter begnügt er sich mit Moosen und Flechten.*
*Der Büffel, der einst zu Millionen über die Grassteppen Nordamerikas zog, bildete seit altersher die Existenzgrundlage der Prärie-Indianer. Das Fleisch war ein wichtiges Nahrungsmittel, aus den Fellen baute man Zelte, und das Leder wurde zur Herstellung von Kleidung und Sätteln genutzt. Die Erschließung des weiten amerikanischen Westens durch weiße Siedler im 19. Jahrhundert bedeutete für den Büffel fast das Todesurteil. Die Arbeitskolonnen der Eisenbahngesellschaften mußten verpflegt werden, mit den Fellen wurde ein schwunghafter Handel betrieben, und außerdem kam die Bisonjagd als Sport in Mode. Doch mit dem Abschlachten der Büffel entzog man auch den Indianern die Lebensgrundlage. Gegen Ende des 19. Jahrhunderts war der Präriebison so gut wie ausgerottet; es gab nur noch eine Herde mit angeblich 39 Tieren. Dank des Engagements vor allem der in der »Bison Society« zusammengeschlossenen Tierschützer wurden Schutzparks eingerichtet, in denen sich die Bestände rasch erholten. Im Yellowstone-Nationalpark leben heute zwischen 3000 und 4000 Bisons – zu viele, wie manche Anrainer des Parks glauben. Vor allem im Winter weichen die Herden auf der Nahrungssuche bevorzugt in Richtung Norden auf das Farmland Montanas aus. Die Farmer fürchten die Ansteckung ihrer Rinder mit Brucellose, einer bakteriell verursachten Rinderseuche, und machen deshalb Jagd auf jeden Büffel, der die Grenze überschreitet.*
*Zu einer Lösung dieses Problems könnte inzwischen eine Initiative der Nachkommen der indianischen Ureinwohner führen: Die stammesübergreifende »Intertribal Bison Cooperative« macht sich dafür stark, den Indianern das Halten von Büffelherden in ihren Reservaten zu gestatten. Die Zahl der Tiere im Nationalpark Yellowstone könnte dadurch verringert werden, und die Indianer könnten wieder an ihre traditionellen Lebensformen anknüpfen. Seit 1992 wird darüber hinaus die Wiederansiedlung der Wölfe, der natürlichen Feinde des Bisons, versucht.*

*Am Ende des 19. Jahrhunderts waren die Präriebisons fast ausgerottet. Heute ist ihr Überleben zwar vorerst wieder gesichert, doch in freier Wildbahn sind Bisons außer im Yellowstone nur noch im kanadischen Wood-Buffalo-Nationalpark anzutreffen.*

# Independence Hall in Philadelphia

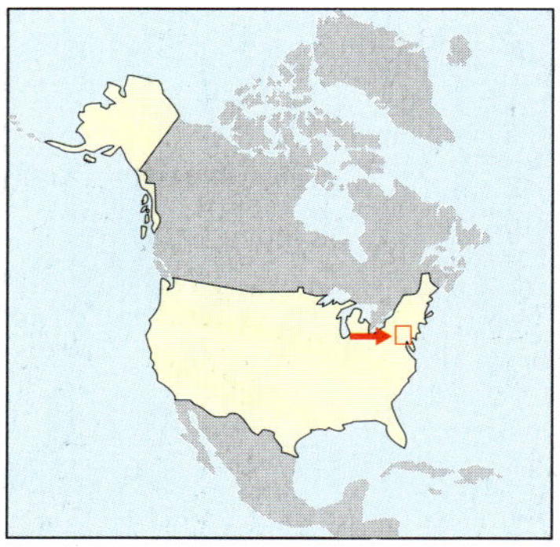

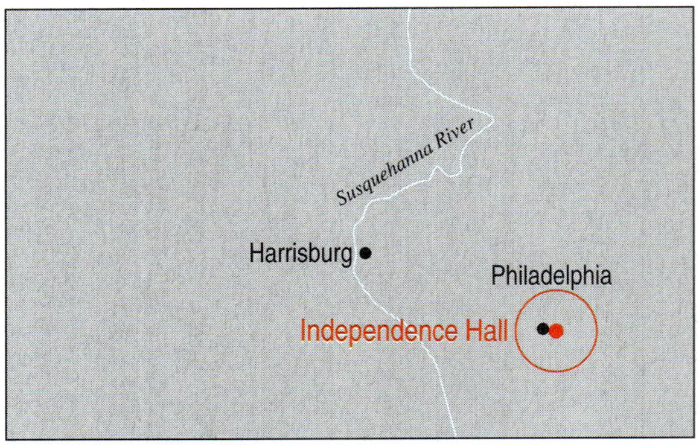


**LAGE:** im historischen Stadtzentrum von Philadelphia im Südosten des Bundesstaates Pennsylvania

**WELTKULTURERBE:** seit 1979

*Das rote Gebäude an der Chestnut Street in Philadelphia ist mit dem wichtigsten Datum in der Geschichte der Vereinigten Staaten von Amerika verbunden, dem 4. Juli 1776. An diesem Tag wurde hier, in den Räumen des daraufhin Independence Hall (Unabhängigkeitshalle) genannten Bauwerks, die Unabhängigkeit der dreizehn englischen Kolonien von ihrem Mutterland ausgerufen – hier ist der Geburtsort der Vereinigten Staaten von Amerika. Das alte Stadtzentrum von Philadelphia ist seit dieser Zeit eine nationalhistorische Wallfahrtsstätte.*

*Im historischen Zentrum Philadelphias wurde amerikanische Geschichte geschrieben: Blick auf die Independence Hall und den Independence National Historical Park mit dem Pavillon der Freiheitsglocke.*

1

Die geschäftige Wirtschafts- und Kulturmetropole Philadelphia im Südosten Pennsylvanias gilt als die Wiege der Nation. Von 1790 bis 1800 war sie sogar Hauptstadt der neu gegründeten Vereinigten Staaten von Amerika. Weil man hier wie nirgendwo sonst auf Schritt und Tritt den historischen Schauplätzen des politischen Unabhängigkeitsprozesses begegnet, erklärte man den Bereich des alten Stadtzentrums zwischen 6th Street und 3rd Street, Race und Walnut Street zum »Independence National Historical Park«.

## Staatsgeburtstag

Im Jahr 1774 tagte hier der 1. Kontinentalkongreß der dreizehn englischen Kolonien an der amerikanischen Ostküste. Er protestierte gegen die Repressalien des Mutterlandes und rief zu weiterem Widerstand auf. Seitdem stand die 1682 von dem Quäkerführer William Penn als Hauptstadt seiner Kolonie Pennsylvania gegründete Stadt plötzlich im Mittelpunkt des politischen Geschehens. Zum entscheidenden Datum wurde schließlich der 4. Juli 1776, jener Tag, an dem der 2. Kontinentalkongreß die von Thomas Jefferson formulierte Unabhängigkeitserklärung in der Independence Hall ratifizierte. Dazu erklang das feierliche Läuten der ausgerechnet in England gegossenen Freiheitsglocke, der berühmten Liberty Bell, die heute in einem Glaspavillon vor dem Gebäude ausgestellt ist.
Während der folgenden blutigen Auseinandersetzungen mit dem Mutterland wurde Philadelphia neun Monate lang von britischen Truppen besetzt, die die Independence Hall als Kriegsgefängnis benutzten. Doch die Engländer wurden schließlich besiegt, und Großbritannien mußte 1783 die Unabhängigkeit seiner ehemaligen Kolonien anerkennen. Im Jahr 1787 wurde, wiederum in der Independence Hall, die noch heute gültige Verfassung der Vereinigten Staaten von Amerika verabschiedet.
Der zweigeschossige rote Backsteinbau an der Chestnut Street im typisch amerikanischen Kolonialstil wurde zwischen 1732 und 1749 als State House, als Sitz des Parlaments von Pennsylvania, errichtet. Treibende Kraft bei diesem Bauvorhaben war Parlamentspräsident Andrew Hamilton,

2

3

nach dessen Plänen Baumeister Edmund Woolley zu Werke ging. Markanter Blickfang der Südfassade ist der mehrfach abgestufte, zentrale Uhr- und Glockenturm. Seine oberen Geschosse wurden aus weiß gestrichenem Holz errichtet und mit Balustraden verziert. Gekrönt wird er von einem achteckigen Glockengehäuse mit zierlicher Spitze. Die Seitenflügel der Independence Hall erhielten ihre heutige Gestalt während der ersten Restaurierung des Gebäudes in den Jahren 1897 bis 1898. Im Inneren können historische Möbel und Erinnerungsstücke besichtigt werden.
Aus der Zeit, in der Philadelphia Hauptstadt des Landes war, stammen die beiden Bauten rechts und links neben der Independence Hall: In der Congress Hall tagten der Senat und das Repräsentantenhaus, in der Old City Hall beriet der Oberste Gerichtshof der USA. In der Carpenters Hall, dem 1770 erbauten Zunfthaus der Zimmerleute, versammelte sich 1774 der 1. Kontinentalkongreß, und in einem Zimmer des Graff-Hauses erarbeite Thomas Jefferson den Text der Unabhängigkeitserklärung.

*1 Als Parlamentsgebäude des Staates Pennsylvania wurde die Independence Hall in der ersten Hälfte des 18. Jahrhunderts errichtet.*

*2 Im zentralen Versammlungssaal, dem Assembly Room, ist alles so hergerichtet, als hätten die Delegierten ihre Tische gerade erst verlassen.*

*3 Im Jahr 1835 bekam die Freiheitsglocke zwar einen Sprung, doch das tat ihrer Verehrung als Reliquie des Unabhängigkeitskampfes keinen Abbruch.*

# Freiheitsstatue

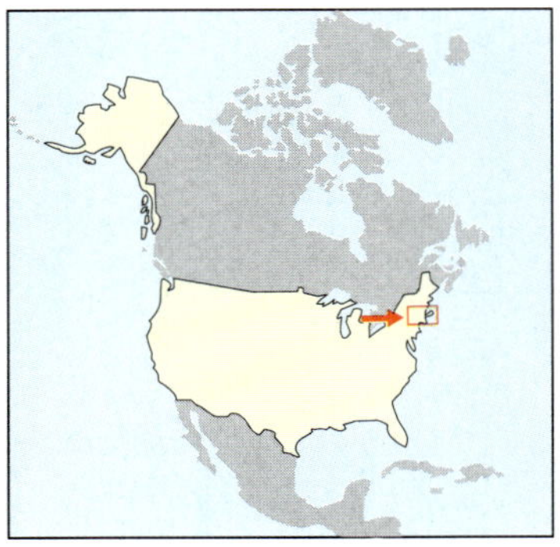

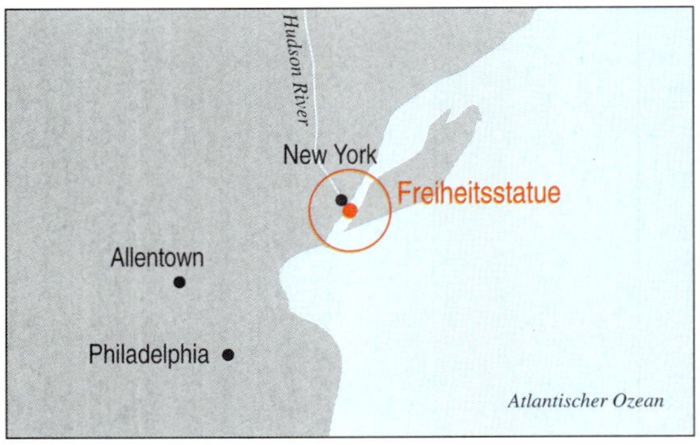


**Lage:** auf der Insel Liberty Island am Hafeneingang der Stadt New York

**Weltkulturerbe:** seit 1984

---

*Stolz und selbstbewußt, die lodernde Fackel in der erhobenen Rechten, heißt die Freiheitsgöttin auf ihrer kleinen, der Südspitze Manhattans vorgelagerten Insel die Schiffsreisenden in New York willkommen. Über die Aufnahme von Zuwanderern in das Land der unbegrenzten Möglichkeiten entschieden in der Vergangenheit die Einwanderungsbeamten auf dem benachbarten Ellis Island. Doch seit über 100 Jahren symbolisiert die »Statue of Liberty« wie kein zweites Monument auf der Welt die Idee der Freiheit und der Demokratie.*

*Millionen von Emigranten wähnten sich bei ihrem Anblick bereits am Ziel ihrer Träume. Doch nicht immer konnte »Miss Liberty« halten, was man sich von ihr versprochen hatte. Viele wurden vom benachbarten Ellis Island (links im Bild) zurückgeschickt, ohne New York überhaupt betreten zu haben.*

»Wir standen aneinandergedrängt, hingerissen von dem Anblick des Hafens und der Freiheitsstatue, die plötzlich aus dem Nebel auftauchte. Ja, das war sie, das Symbol der Hoffnung, der Freiheit und der Möglichkeiten für jedermann!« Dieses Gefühl der Erleichterung und der Zuversicht, das die deutsche Emigrantin Emma Goldmann in ihren Erinnerungen beschreibt, mag wohl die meisten der Millionen von Einwanderern, die auf dem Seeweg in den Vereinigten Staaten Zuflucht suchten, bei ihrer Ankunft in New York bewegt haben.

**Sammeln für den Sockel**

Die gewaltige Statue, heute das Wahrzeichen der Stadt New York, brachte Frankreich den Vereinigten Staaten zum 100.

*Für die Sanierung ihres Stahlskeletts mußte die 100jährige Lady 1986 in eine komplizierte Gerüst-Konstruktion verpackt werden.*

Jahrestag ihrer Unabhängigkeitserklärung als Geschenk dar. Den Anstoß dazu gab der französische Historiker und Politiker Edouard de Laboulaye. Ursprünglich hatte man für die monumentale Figur einen ganz anderen Standort vorgesehen: Sie sollte eigentlich die Einfahrt des Suezkanals schmücken. Erst durch eine Initiative amerikanischer Bürger, die sich für eine Aufstellung der Statue in New York einsetzten, kam »Miss Liberty« auf ihre Insel vor der Südspitze von Manhattan. Der Schöpfer der Fackelträgerin, der Elsässer Frédéric Auguste Bartholdi, begann sein Werk 1871 in seinem Pariser Atelier, konnte es jedoch bis zum Jubiläum am 4. Juli 1876 nicht fertigstellen, weil ihm das Geld ausging. Dank einer erfolgreichen Spendenaktion vollendete der Künstler 1884 die Statue; sie wurde zerlegt und in die Neue Welt verschifft. Als sie dort eintraf, mußte erst noch der Sockel auf der 1956 in Liberty Island umbenannten Hafeninsel in der Upper Bay vor Manhattan errichtet werden. Unter der Federführung des ungarnstämmigen Zeitungsverlegers Joseph Pulitzer, des Stifters der berühmten Pulitzerpreise für herausragende Leistungen auf dem Gebiet des Journalismus, der Literatur und der Musik, sammelte eine Initiative einflußreicher Bürger den für den Bau des Sockels notwendigen Betrag. Und am 28. Oktober 1886 endlich weihte Präsident Grover Cleveland das Monument feierlich ein, dessen offizieller Name »Statue of Liberty Enlightening the World« zugleich Programm ist: »Statue der Freiheitsgöttin, die das Licht aufgeklärten Geistes in die Welt trägt.«

**Gewichtige Lady**

Auf einem sternförmigen Fundament erhebt sich der Sockelaufbau – insgesamt 47 Meter hoch –, der die in ihrer stattlichen Erscheinung 46 Meter hohe und 225 Tonnen schwere Figur trägt. Gustave Eiffel, dem Erbauer des Eiffelturms, verdankt sie ihr stählernes Skelett aus mehr als 300 Kupferplatten, das geschickt unter einem togaähnlichen Gewand verborgen ist.
Die gesprengten Ketten der Gewaltherrschaft mit Füßen tretend, hält die Freiheitsstatue in der Linken eine Tafel, auf der in römischen Ziffern das schicksalhafte Datum »July 4, 1776« eingetragen ist. Mit der rechten Hand streckt sie die neun Meter hohe Fackel der Freiheit empor, die wie die Strahlenkrone auf dem Haupt nachts illuminiert wird.
Wie sehr den Amerikanern ihre »Miss Liberty« im Laufe der Zeit ans Herz gewachsen ist, belegten die zum 100. Jahrestag 1986 gespendeten rund 100 Millionen Dollar für die Sanierung der maroden Stahlkonstruktion. Wem die Aussichtsplattform auf dem Sockel nicht genügt, der kann seitdem wieder die 365 Stufen in ihrem Inneren erklimmen, um durch die Öffnungen in der Krone den Ausblick auf Manhattan zu genießen.

*Das mächtige sternförmige Fundament wurde auf den Grundmauern eines ehemaligen Forts errichtet. Im Sockel der Statue ist eine Ausstellung zur amerikanischen Einwanderungsgeschichte zu sehen.*

1 Von den Füßen bis zur Fakkelspitze mißt die in eine römische Toga gehüllte Symbolfigur für Freiheit und Demokratie 47 Meter.

2 Der Blick aus dem Strahlendiadem der Freiheitsgöttin auf das vier Kilometer Luftlinie entfernte Manhattan ist für viele New-York-Besucher eine besondere Attraktion.

1

2

## *Einwanderungsland USA*

*» Give me your tired, your poor,*
*Your huddled masses yearning to breathe free,*
*The wretched refuse of your teeming shore;*
*Send these, the homeless, tempest-tost to me,*
*I lift my lamp beside the golden door.«*

*»Bringt zu mir die Müden, Armen, die Bedrängten, die nach freier Luft sich sehnen ... Schickt diese Heimatlosen, Sturmgebeugten zu mir. Ich erhebe meine Fackel neben dem Goldenen Tor.«*

*Das Gedicht der spanischen Jüdin Emma Lazarus ist in den steinernen Sockel der Freiheitsstatue eingemeißelt und erinnert an die Ankunft der zahllosen Einwanderer, die dieser Botschaft der Neuen an die Alte Welt gefolgt oder die ihr vorausgeeilt sind. Allerdings durften die Beamten der Einwanderungsbehörde sich in ihrer Entscheidung nicht immer von dem selbstlosen Idealismus der Lazarus-Verse leiten lassen.*

*Im 19. Jahrhundert, als für die Besiedlung des Westens und die rasch fortschreitende Industrialisierung jeder Zuzug erwünscht war, wurden die Einwanderungsbestimmungen noch großzügig gehandhabt. Zwischen 1840 und 1880 strömten 9,5 Millionen Fremde ins Land, ein knappes Drittel davon Deutsche; sie stellten nach den Briten das größte Kontingent. Bis zum Ersten Weltkrieg, zwischen 1880 und 1914, wanderten Scharen von Italienern und osteuropäischen Juden – insgesamt 22 Millionen – ein. Allein von 1870 bis 1900 hatte sich die Bevölkerung der USA nahezu verdoppelt und zählte 76 Millionen.*

*Um die Jahrhundertwende formierte sich der Widerstand der Alteingesessenen gegen die »Armen« und »Heimatlosen«. Die Liste der Faktoren, die eine Abweisung begründeten, wurde immer länger: Chinesen wurden prinzipiell abgewiesen. Straftäter hatten ebensowenig eine Chance auf Einbürgerung wie Personen, von denen man befürchtete, sie könnten ihrer Überzeugungen wegen Anstifter sozialer oder politischer Unruhen werden. Mittellosen wurde die Einreise verweigert, da absehbar war, daß sie auf öffentliche Fürsorge angewiesen sein würden, und sogar chronisch oder akut kranken Ankömmlingen wurde die Aufnahme von den Beamten der Einwanderungsbehörde verwehrt.*

*Gefürchtetes Symbol der verschärften Einreisegesetze war seit 1892 Ellis Island, wo man in der Nachbarschaft der Freiheitsstatue Auffangstationen eingerichtet hatte, in denen die Zuwanderer auf Herz und Nieren geprüft wurden. 1921 beschränkte der Kongreß mit der Einführung der Jahresquote, die jeder Nation prozentual ihres Anteils an der Gesamtbevölkerung zugestanden wurde, den Zuzug drastisch. Während des Zweiten Weltkriegs versperrte die Quotenregelung vielen Flüchtlingen den Weg in die Freiheit. Nach seiner Nutzung als Internierungslager für Kriegsgegner und danach für vermeintliche Kommunisten, wurde Ellis Island 1954 geschlossen. Heute befindet sich auf der Insel ein Museum zur Geschichte der Einwanderung.*

3

4

*3 Die hochgereckte, bei Dunkelheit beleuchtete Fackel symbolisiert das Licht der Aufklärung, das die Freiheitsgöttin in die Welt tragen soll.*

*4 Wie Moses die Gesetzestafeln hält »Lady Liberty« die Unabhängigkeitserklärung mit dem geschichtsträchtigen Datum des 4. Juli 1776 fest im Arm.*

*5 Der historische Stich zeigt, wie 1886 die feierliche Einweihung der Freiheitsstatue gefeiert wurde – mit Feuerwerk und Schiffsparade in der Upper Bay.*

5

# Nationalpark Yosemite

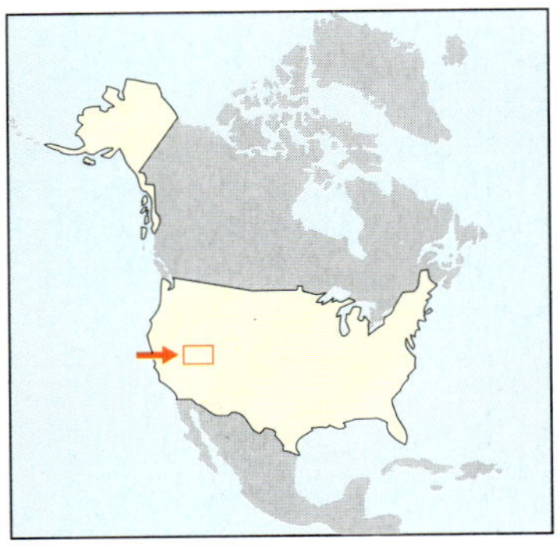

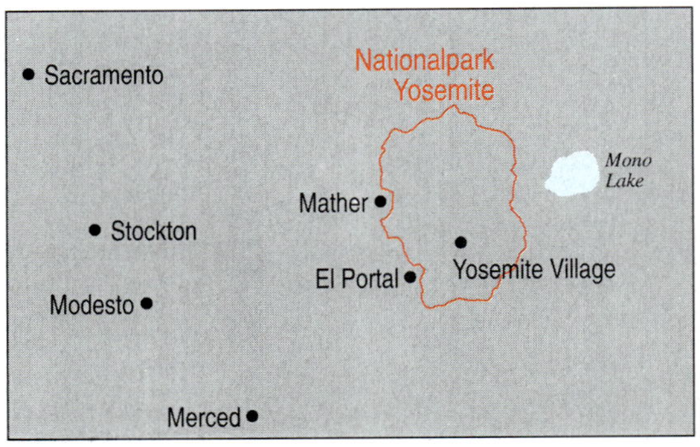


**LAGE:** im mittleren Teil des Bundesstaates Kalifornien, in einem Tal der Sierra Nevada

**WELTNATURERBE:** seit 1984

**FLÄCHE:** 3083 Quadratkilometer

---

*Das Tal am Westhang der Sierra Nevada ist schon lange eine Attraktion für Naturfreunde: Kaum irgendwo sonst sind die typischen Formationen, die von den Gletschern der Eiszeiten hinterlassen wurden, so gut erhalten und so vielfältig auf engem Raum vertreten wie hier, auf dem Granitplateau rund um das Yosemite Valley in der Mitte Kaliforniens. Mächtige Felsmonolithen, glattgeschliffene Kuppen, ins Bodenlose stürzende Wasserfälle und glasklare Gletscherseen bilden die Kulisse für ausgedehnte Nadelwälder und blühende Bergwiesen, die vielen zum Teil seltenen Tieren als Lebensraum dienen.*

*Eine grandiose Hinterlassenschaft der Eiszeiten: Der Wanderer über dem Granitmeer der Sierra Nevada blickt auf die Nevada Falls, einen der vielen imposanten Wasserfälle im Yosemite-Nationalpark.*

*Zu den rund 300 Seen im Nationalpark zählt auch der herrlich gelegene Emerald Pool (Smaragdbecken). Typisch für Gletscherseen sind die glatte, flache Mulde und das klare, kalte Wasser.*

Der heutige Name des 300 Kilometer östlich von San Francisco gelegenen Tals – Yosemite Valley – ist indianischen Ursprungs. Über seine wahre Bedeutung kursieren jedoch die unterschiedlichsten Geschichten. Die einen glauben, daß die Indianer mit dem Wort »Ohamitee« den Grizzly bezeichneten, der im 19. Jahrhundert hier überall anzutreffen war und von den Weißen in kürzester Zeit ausgerottet wurde. Einer anderen Version zufolge bedeutet »Yohamite« soviel wie »Es sind Mörder unter ihnen« – was einige Indianer ausgerufen haben sollen, als sie von Kavalleriesoldaten aufgespürt wurden. Die Soldaten hielten das angeblich für den Stammesnamen und tauften danach das ganze Tal.

Als gesichert gilt, daß Männer der US-Kavallerie bei der Verfolgung von Indianern, denen Übergriffe auf weiße Siedler angelastet wurden, 1851 zufällig das paradiesische Tal entdeckten. Goldsucher und andere Glücksritter hatten die Region schon Jahre zuvor erkundet und den Widerstand der hier lebenden Ahwahneeche-Indianer provoziert. Diese waren bald vertrieben,

und Yosemites Karriere als Ausflugsziel begann. 1864 wurde das Tal offiziell zum Erholungsgebiet und 1890 – nach dem Yellowstone National Park (1872) – zum zweiten Nationalpark der USA erklärt.

## Spuren der Eiszeit

Der Yosemite Nationalpark ist Teil des insgesamt rund 650 Kilometer langen und 150 Kilometer breiten Gebirgsrückens der Sierra Nevada. Die von grauen Granitfelsen geprägte Landschaft zählt zu den eindrucksvollsten Hinterlassenschaften der Eiszeiten auf dieser Erde. Von Gletschern ausgehobelte Täler, von der ungeheuren Wucht des Eises glattgescheuerte Bergkegel, steile Abbruchkanten, Moränen und Gletscherseen lassen die Urkräfte erahnen, die hier bei der Ausformung der Erdoberfläche am Werk gewesen sein müssen. Die Erosion hat dem harten Granit nur wenig anhaben können, und so blieb die eiszeitliche Szenerie nahezu unverfälscht erhalten.

Herzstück des Nationalparks ist das etwa 13 Kilometer lange und bis zu 1,5 Kilometer breite Yosemite Valley, ein über 900 Meter tiefes Talbecken, das die Gletscher in das sanfthügelige Plateau geschliffen haben. An der U-förmigen Kopfseite, wo einst die Gletscherzunge endete, tritt der Merced River aus seinem engen Canyon aus und schlängelt sich in Richtung Westen durch das Tal. Zu den grandiosesten der vielen mächtigen Monolithfelsen, die das Tal begrenzen, gehören der von der Talsohle 914 Meter senkrecht in die Höhe wachsende El Capitán und der zum Wahrzeichen des Nationalparks gewordene Half Dome, eine wie säuberlich mit dem Messer halbiert wirkende Granitkuppel. Vom Gipfel dieses 2695 Meter hohen Berges hat man einen atemberaubenden Blick in das Tal und über das Gebirgsplateau.

*Eine Herausforderung für Kletterer ist der mächtige El Capitán. Das Granitmassiv überragt das Yosemite-Hochtal um stattliche 914 Meter.*

*1*

*2*

*3*

*1 Das Gelbbauchmurmeltier hat seine Winterhöhle verlassen und wagt einen ersten Ausflug in die schneebedeckte Landschaft.*

*2 Erdhörnchen sind in fast allen nordamerikanischen Wäldern zahlreich anzutreffen. Die flinken und neugierigen Tiere sind wahre Überlebenskünstler.*

Rund 300 Gletscherseen mit kristallklarem Wasser liegen auf der Hochebene, wohin sich nur noch wenige der Besucher verirren. Die zahlreichen Wasserläufe, die, aus den Höhen der Sierra Nevada kommend, meist in Ost-West-Richtung abfließen, stürzen an vielen Stellen unvermittelt über steile Felskanten in die Tiefe. Am spektakulärsten vollzieht sich dieses Naturschauspiel an den zweistufigen Yosemite Falls, die insgesamt eine Fallhöhe von 739 Metern aufweisen und damit nach dem Salto Angel in Venezuela (978 Meter) die zweithöchsten Wasserfälle der Welt sind. Die anderen Wasserfälle des Parks – wie der häufig von feinen Regenbogen überspannte, 190 Meter hohe Bridalveil Fall, der 178 Meter hohe Nevada Fall oder der »nur« 95 Meter herabstürzende Vernal Fall – nehmen sich dagegen vergleichsweise bescheiden aus.

## Von Mammutbäumen und Bergwiesen

Die großen Höhenunterschiede – von 671 bis fast 4000 Meter – lassen im Park ein weites Spektrum an Vegetationszonen zu,

das von Nadelwäldern mit dichtem Unterholz bis hin zu alpinen Geröllfeldern mit Knieholz reicht. Allein 37 verschiedene Baumarten sind hier vertreten, darunter auch der Riesenmammutbaum, der oft mit der Küstensequoia (dem »Redwood«) verwechselt wird. Riesenmammutbäume werden nicht ganz so hoch wie Küstensequoien, wirken aber viel massiger und kommen wild nur am Westhang der Sierra Nevada vor. Die drei Haine im Park – Mariposa, Merced und Tuolumne Grove – umfassen zusammen immerhin noch 169 Hektar dieser inzwischen selten gewordenen Urgiganten unter den Bäumen.

Als ältester Baum im Yosemite National Park gilt der auf 2700 Jahre geschätzte »Grizzly Giant« im Mariposa Grove mit einem Stammdurchmesser von rund zehn Metern. Er begann bereits zu wachsen, als in Europa die klassische Kultur der griechischen Antike ihre Blütezeit hatte. Ganz in seiner Nähe erinnert der »Wawona Tunnel Tree« an jene Zeiten, als der Naturschutz noch in den Kinderschuhen steckte und für touristische Attraktionen auch Bäume ge-

*3 Bergsteigerische Fähigkeiten benötigt man zwar nicht, doch man muß eine zehn- bis zwölfstündige Wanderung auf sich nehmen, um den Gipfel des mächtigen Half Dome zu besteigen.*

*Ein Baum hat sich seiner Granit-Umgebung angepaßt: Wie aus Lava gegossen wirkt der verschlungene Stamm dieser Jeffrey-Kiefer auf einem Felsvorsprung am Half Dome.*

opfert wurden. Bereits 1881 hatte man durch diesen stattlichen Baumriesen einen Tunnel getrieben, der sogar Pferdekutschen (und später Autos) eine bequeme Durchfahrt ermöglichte. Dieser vielleicht meistfotografierte Mammutbaum der Welt überlebte den Eingriff nicht und stürzte 1969 bei einem Schneesturm um.

Mittlerweile hat man auch erkannt, daß selbst gutgemeinte Eingriffe in den natürlichen Lebenskreislauf langfristig das Ökosystem schädigen können. Seit 1970 werden deshalb zum Beispiel natürlich entstandene Feuer nicht mehr gelöscht, weil man herausgefunden hat, daß lokale Brände für die Erneuerung der Vegetation sogar wichtig sein können.

In den ausgedehnten Wäldern der tieferen Lagen herrschen Lodgepole-Kiefern, Rot- und Coloradotannen vor. Dichtes Buschwerk mit Flechten, Farnen und Moosen sowie Eichen, Gelbkiefern, Riesenlebensbäume und Douglasien vervollständigen die Waldflora. Die nächsthöhere Lage (um 1800 Meter) präsentiert die eigentlichen Schmuckstücke der Naturlandschaft: riesige Bergwiesen, die im Frühjahr und Sommer ihren ganzen Reichtum an Kräutern und Wildblumen ausbreiten – darunter Castilleja oder Indian paintbrush, Sumpfdot-

ter- und Gauklerblumen. Ein herrliches Beispiel dafür ist das Wiesenhochland der Tuolumne Meadows im Osten: Lichte Tannenwälder säumen die Ränder, im Hintergrund leuchten schneebedeckte Berggipfel. Die Artenvielfalt der Bergwiesen, deren Ausprägung je nach Höhenlage – niedere Lagen, subalpin, alpin – und Feuchtigkeitsgrad unterschiedlich sein kann, spiegelt sich eindrucksvoll in der Statistik wider: Obwohl die Bergwiesen nur zehn Prozent der gesamten Sierra Nevada und sogar nur vier Prozent der Parkfläche einnehmen, wachsen hier 40 Prozent aller Pflanzenarten der Region. In den Wäldern stehen Rottannen neben Wacholder, Jeffrey- und Bergkiefern. In der subalpinen Zone (über 1800 Meter) gedeihen Lodgepole- oder Dreh-Kiefern, Berghemlocks und Weißborken-Kiefern. Im alpinen Bereich (über 3000 Meter) wird die Vegetation immer spärlicher, nur noch Zwergweiden und flache Kräuter, Gräser und Riedgras überleben dort.

**Ein Paradies für Wildtiere**

Auch wenn der Mensch im Yosemite-Nationalpark für reichlich Unruhe gesorgt hat, fühlen sich hier noch immer viele Wildtiere wohl. Einige Opfer hat die touristische Nut-

*Hier ist der Mensch nicht das Maß aller Dinge: Die ehrfurchtgebietenden Riesenmammutbäume im Mariposa Grove erinnern daran, daß der Homo sapiens nur ein kleiner Teil der Schöpfung ist.*

1

1 *Im klaren Wasser des Lake Tenaya spiegeln sich die glatten Felskuppen der umgebenden Berge.*

2 *Bei schönem Wetter pilgern die Besucher in Scharen zu einer der Hauptattraktionen des Nationalparks, den Yosemite Falls. Sie sind die zweithöchsten Wasserfälle der Erde.*

zung des Yosemite allerdings gefordert: Wölfe wurden bereits gegen Ende des 19. Jahrhunderts ausgerottet, der letzte Grizzly 1895 gesichtet. Das 1914 von der Bildfläche verschwundene kalifornische Dickhornschaf konnte 1986 erfolgreich wieder angesiedelt werden.
Schwarzbären hingegen sind nicht selten, so daß bereits spezielle »bärensichere« Mülltonnen aufgestellt werden mußten. Wenig scheu zeigen sich die Maultierhirsche mit ihren großen Ohren, die possierlichen Erd- und Backenhörnchen sowie in den alpinen Regionen Pfeifhasen und Gelbbauchmurmeltiere.
Die Berge und Wälder beherbergen noch eine ganze Reihe von nächtlichen Jägern, die der Besucher normalerweise kaum zu Gesicht bekommt. Dazu gehören der in Kalifornien seltene Sierra-Rotfuchs, der Fichten- und der Fischmarder, der ebenfalls zu den Mardern zählende, bis zu einem Meter lange und kräftige Vielfraß sowie der auch Berg- oder Silberlöwe genannte, erstaunlich anpassungsfähige Puma. Weißkopf-Seeadler und Wanderfalke nisten im Parkgebiet. Der stark gefährdete Bartkauz, eine fast uhugroße Eule, braucht zur Nahrungssuche freie Flächen mit reichem Nagerangebot wie die ausgedehnten Bergwiesen des Yosemite.

## *Drei Millionen Besucher pro Jahr*

*»Zur öffentlichen Benutzung, als Urlaubs- und Erholungsgebiet« (»for public use, resort and recreation«) war das Areal rund um Yosemite Valley und Mariposa Grove in der Kongreß-Akte von 1864 ausgewiesen worden. Damit wurde das Eigentum an diesem Naturparadies offiziell dem Bundesstaat Kalifornien übertragen. 1906 wurde diese Transaktion wieder rückgängig gemacht. Ökologische Gesichtspunkte standen im 19. Jahrhundert jedoch noch nicht im Mittelpunkt, denn kaum jemand konnte sich vorstellen, daß die ungeheuren Ressourcen an urwüchsiger Natur, über die Nordamerika verfügte, je knapp werden könnten. Die unvergleichliche Schönheit der Landschaft hatte man allerdings schon damals erkannt, und die lockte bereits in den fünfziger Jahren des letzten Jahrhunderts die ersten Touristen in das herrliche Tal mit den markanten Granitformationen. Wenig später eröffneten findige Geschäftsleute auch schon die ersten Hotels.*
*Heute sind 20 000 Besucher an einem schönen Sommerwochenende keine Seltenheit. Die Bevölkerungsdichte im Yosemite Valley ist dann höher als die einer mittleren Großstadt im amerikanischen Westen. Insgesamt besuchen rund drei Millionen Menschen jährlich den Sommer wie Winter geöffneten Park. Damit sie dabei auf nichts verzichten müssen, sorgen Pizzerias und Imbißbuden, Läden und Souvenirshops, Campingplätze und Hotels aller Kategorien, ja sogar ein Tierbetreuungsservice und ein Schönheitssalon rund um das Visitor Center im Tal für Bequemlichkeit. Die meisten, die im Privatfahrzeug oder im Bus hierher kommen, begnügen sich mit einem Spaziergang oder einer Fahrradtour durchs Yosemite Valley. Vielleicht steht noch ein Ausflug zu den nahen Wasserfällen oder zu den Granitmonolithen Half Dome und El Capitán auf dem Programm. Für Kletterer ist dies ein Muß, denn hier wurde die Technik des »free climbing« entwickelt – an zwei der schwierigsten Felsen der Welt. Nur wenige jedoch nutzen die insgesamt 1120 Kilometer Wanderwege ins Hinterland. So hat lediglich ein Prozent der Nationalparkfläche 90 Prozent aller Besucher zu verkraften. Von Rangern hört man Klagen über die Rücksichtslosigkeit der Parkbesucher, die immer häufiger Wildblumen, geschützte Pflanzen und Granitblöcke mitnehmen. Ein 1980 verabschiedeter Managementplan sieht zwar vor, Besuchereinrichtungen und den Individualverkehr im Park drastisch zu reduzieren. Doch Patentrezepte, wie der drohenden Überfüllung und der zunehmenden Luftverschmutzung durch den Autoverkehr beizukommen ist, sind noch nicht gefunden – schließlich soll die Natur zwar geschützt, der Mensch aber auch nicht aus dem Park ausgeschlossen werden.*

2

# Nationalpark Grand Canyon

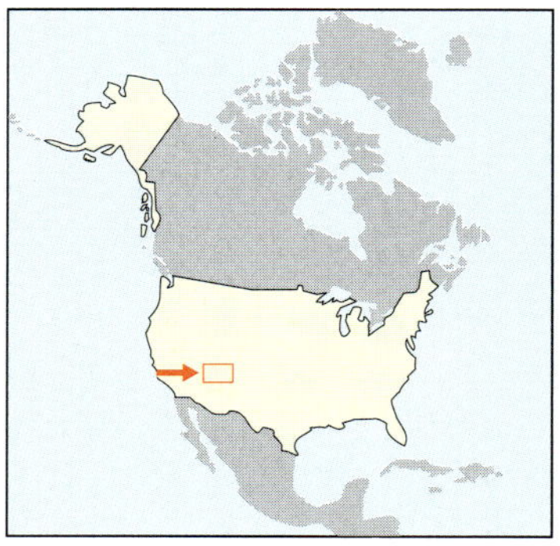

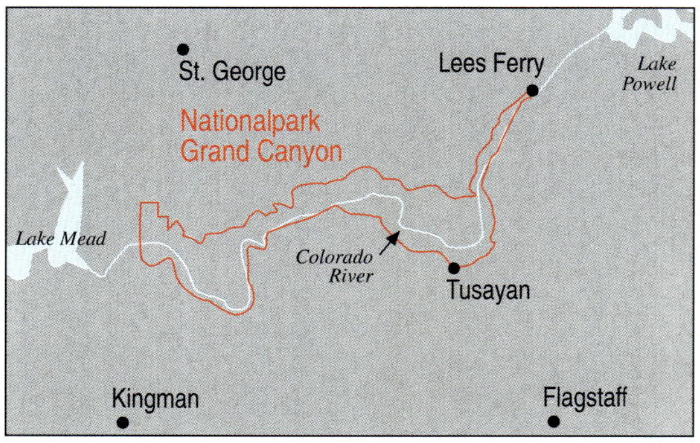


**LAGE:** im Nordwesten des Bundesstaates Arizona im Colorado Plateau
**WELTNATURERBE:** seit 1979
**FLÄCHE:** 4932 Quadratkilometer

*Geradezu überwältigend ist das Panorama des Grand Canyon im Nordwesten Arizonas, der gigantischen und sicher berühmtesten Schlucht der Welt. Bizarre Gesteinsformationen mit Schichten in allen Farbschattierungen, majestätische Tafelberge, Felswände und schwindelnde Abgründe so weit das Auge reicht – und tief unten der mal gelbbraun und träge dahinfließende, mal tosend aufschäumende Colorado River: eine Szenerie, die grandioser und atemberaubender nicht sein könnte. Der Grand Canyon ist nicht nur evolutionsgeschichtlich und geologisch von großer Bedeutung, er bietet auch seltenen und bedrohten Tierarten eine Heimat.*

*Das Panorama ist nicht zu überbieten: Vom Rand des Grand Canyon öffnen sich immer wieder neue, faszinierende Blicke auf die grandiose Szenerie.*

»Wir waren die ersten Bleichgesichter hier und sind bestimmt auch die letzten gewesen, die in diese nutzlose Gegend gekommen sind. Vermutlich ist der Colorado River von Natur aus dazu bestimmt, seinen einsamen Weg durch diese unberührte und majestätische Landschaft ohne die Gesellschaft des Menschen fortzusetzen.« So hieß es im Bericht von Leutnant Joseph Ives, der 1858 bei dem Versuch scheiterte, vom Unterlauf des Flusses her in den Canyon einzudringen. Ähnlich erfolglos war bereits über 300 Jahre zuvor der als Entdecker des Grand Canyon geltende Spanier López de Cárdenas gewesen, ein Mitglied der Coronado-Expedition, die auf der Suche nach Gold gen Westen zog. Cárdenas stieß 1540 mit 12 Mann durch Zufall auf die Steilkante des Südrands; er fand jedoch keinen Weg hinunter und zog nach drei Tagen unverrichteter Dinge wieder ab.

Aus gänzlich anderen Beweggründen reiste 1776 der Franziskanerpater Tomás Garcés an. Ihm war daran gelegen, die am Colorado lebenden Havasupai-Indianer zu missionieren. Die Havasupai blieben freundlich, seinen Missionierungsversuchen gegenüber aber unzugänglich. Ihre Nachkommen sind heute die einzigen im Gebiet des Grand Canyon – aber außerhalb der Grenzen des Nationalparks – lebenden Indianer. Im Havasu Canyon, einem wegen seiner herrlichen Wasserfälle auch Cataract Canyon genannten Seitenarm, betreiben die rund 300 Mitglieder des kleinsten Stammes der USA bescheidenen Ackerbau.

Mit der systematischen Erforschung und Kartierung des Gebiets begann man 1858, doch es dauerte elf Jahre, bis sich der erste Bezwinger der wilden Schlucht feiern lassen konnte: Im August 1869 gelang es Major John Wesley Powell, mit acht Männern per Boot auf dem Colorado River in den Grand Canyon einzudringen. Nach Powell, der später als Mitbegründer und Leiter der U.S. Geological Survey, der Vermessungsbehörde, sowie des Bureau of American Ethnology bahnbrechende Arbeit bei der wissenschaftlichen Erforschung des amerikanischen Westens leistete, sind der künst-

*Der Grand Canyon, eine der imposantesten Erosionslandschaften der Erde, überrascht den Betrachter mit einer Fülle phantastischer Formationen, die Wasser, Wind und Wetter herausgebildet haben.*

*Bis zu 1800 Meter tief sind die Einschnitte in das Colorado Plateau. Die deutlich erkennbaren Schichten geben Auskunft über die Entstehung und die Zusammensetzung der Erdkruste.*

1

2

3

*1 Bei den Bäumen und Sträuchern am Canyon-Rand lassen die Höhenlage, extreme Temperaturen und der exponierte Standort meist nur Krüppelformen zu.*

*2/3 Trotz der schwierigen klimatischen Bedingungen sind am und im Grand Canyon rund 1000 verschiedene Pflanzenarten heimisch. Sukkulenten wie der Igelkaktus (2) und Mofucane blanchii (3) lieben es trocken und heiß.*

lich aufgestaute Lake Powell (der einstige Glen Canyon) am Ostende des Grand Canyon und das Powell Plateau auf der Nordseite benannt.

### Auf dem Weg zum Nationalpark

Das frisch erschlossene Naturwunder zog nicht nur Forscher, sondern auch Abenteurer an. So war der Canyon um 1900 fest in der Hand der sogenannten Prospectors, der Schürfer, denen sich auf der Suche nach Edelmetallen endlich wieder ein neues, noch unberührtes Terrain erschloß. Doch ihre Hoffnungen wurden enttäuscht: Ein rentabler Abbau war angesichts geringer Funde und des beschwerlichen Zugangs nicht möglich. So zogen die Schürfer schließlich weiter, aber nicht ohne dem Canyon eine problematische Hinterlassenschaft zu bescheren: Manche ließen ihre Packesel und Maultiere zurück, die in der Folgezeit verwilderten, sich prächtig vermehrten und noch heute eine ernsthafte Plage darstellen, da sie mit ihrem Nahrungsbedarf der ohnehin kargen Vegetation arg zusetzen.

Die Touristen und Naturliebhaber, die heute die Mehrzahl der Besucher stellen, waren schon frühzeitig von dieser Landschaft fasziniert. Bereits 1885 öffnete das erste Touristenhotel am Canyonrand seine Pforten. Zu dieser Zeit wurden erste Bemühungen unternommen, den Grand Canyon zum Nationalpark erklären zu lassen. Doch erst nachdem 1903 Präsident Theodore Roosevelt persönlich dem Canyon einen Besuch abgestattet hatte, fand das Anliegen die nötige Unterstützung. 1906 erfolgte die Gründung der Grand Canyon Game Reserve, 1908 die Ernennung zum Grand Canyon National Monument. Die offizielle Gründungsakte des Nationalparks unterzeichnete dann allerdings erst der übernächste Präsident, der Demokrat Woodrow Wilson, am 26. Februar 1919. In der Folgezeit wurde das Parkgelände noch mehrfach erweitert.

## Erosion im Schneckentempo

In welchem Zeitraum und warum in eben diesem Verlauf, den wir heute beobachten können, der Colorado River sich in das mächtige Felsplateau hineinzufressen begann, das sich im Laufe von Millionen von Jahren hier aufgeschoben hat, ist wissenschaftlich noch nicht gesichert. Man nimmt an, daß dieser Prozeß bei der tektonisch bedingten Hebung des Kaibab-Massivs vor rund zehn Millionen Jahren begann, als das abfließende Wasser die Erosion der weichen Kalk- und Sandsteinschichten an der Oberfläche einleitete. Setzt man diese Zahl zur heutigen Tiefe dieses Einschnitts in die Erdkruste von 1800 Metern in Beziehung, ergibt sich daraus eine Erosions-»Geschwindigkeit« von etwa 1,5 Zentimetern pro 100 Jahre! Daß bei einem derartigen Schneckentempo ein so imposanter, 350 Kilometer langer und bis zu 30 Kilometer breiter Abgrund entstehen konnte, macht die ungeheure Zeitdimension der Erdgeschichte anschaulich.

Wem bei solchen Rechnungen der Kopf schwindelt, dem geht es wie jenen, die zum ersten Mal an den Rand der Schlucht treten. Wie auf einer geologischen Schautafel tut sich vor den Augen des Betrachters ein Querschnitt durch Gesteinsschichten auf und erlaubt einen Einblick in die Erdgeschichte. Der harte Vishnu-Schiefer in schwarzen, weißen oder rosa Farbtönen ganz unten über der Sohle entstand vor etwa zwei Milliarden Jahren und gehört zu den ältesten freigelegten Gesteinen der Erde. Andere Schieferarten, wie der rotleuchtende Hakatai-Schiefer oder der graugrüne Bright-Angel-Schiefer, wechseln sich mit weißen, grauen, braunen oder rötlichen Kalksteinen, mit roten und gelben Sandsteinschichten ab; dazwischen schimmern schwarzblaue Quarze oder leuchten rote Eisenoxid-Verbindungen.

4

*4 Im schattigen Havasu Canyon, einem südlichen Seitenarm des Grand Canyon, sorgen unterhalb des Indianerdorfes Supai die Wasserfälle des Havasu Creek für Abkühlung.*

*Nächste Doppelseite: Zwei Milliarden Jahre sind die ältesten und tiefsten der Gesteinsschichten alt, die der Colorado River im Laufe von Millionen Jahren freigelegt hat.*

*Zu den beliebtesten Aussichtspunkten am Südrand zählt Mather Point. Von hier aus eröffnen sich herrliche Ausblicke in die bizarre Urlandschaft des Grand Canyon.*

Die in den verschiedenen Schichten gefundenen pflanzlichen wie tierischen Fossilien aus dem frühen und späten Präkambrium bis hin zur Erdneuzeit – von Schnecken und Farnen bis zu primitiven Reptilien – gewähren Fachleuten einzigartige Einblicke in die Flora und Fauna vergangener Erdzeitalter. Daß neben der wissenschaftlich-nüchternen Betrachtungsweise auch Mythen und Legenden entstanden sind, kann angesichts dieser überwältigenden Urlandschaft kaum verwundern. Eine besonders phantasievolle Entstehungsgeschichte wird bei den Navajo-Indianern überliefert: Zur Errettung vor einer Sintflut taten die Götter den Grand Canyon auf, damit das Wasser abfließen konnte. Einige der Stammesbrüder und -schwestern verwandelten sich damals vorübergehend in Fische, um nicht zu ertrinken. Viele Navajos verzichten angeblich deshalb bis heute auf den Verzehr von Fisch.

### Vom Hochwald in die Wüste

Schweift der Blick über die schier endlosen Felswände hinab zum bis zu 1800 Meter tiefen, wüstenartigen Grund mit den sich trübe dahinwälzenden Wassermassen des Colorado River, möchte man kaum glauben, daß der Nationalpark Grand Canyon eine artenreiche Tier- und Pflanzenwelt zu bieten hat. Doch dieser erste Eindruck trügt gewaltig, denn die großen Höhen- und Temperaturunterschiede sorgen für ganz unterschiedliche, nach Höhenstufen gegliederte Vegetationszonen.

Auf dem regenreichen, knapp 2500 Meter hoch gelegenen Nordrand (North Rim) – das entspricht immerhin in etwa der Paßhöhe der Großglockner-Hochalpenstraße – herrschen »kanadische« Verhältnisse. Die ausgedehnten Wälder des Kaibab National Forest mit ihren Blau- und Gelbkiefern,

Colorado-Tannen und Douglasien haben strenge, schneereiche Winter zu überstehen, die hier von Oktober bis Mai dauern. Im Herbst taucht das Laub von Pappeln, Eichen und amerikanischen Espen den Nordrand in prächtig leuchtende Farben. Zu den hier häufig anzutreffenden Großsäugetieren gehört der rehgroße, rudelweise auftretende Schwarzwedelhirsch, auch Maultierhirsch genannt. Naturgemäß viel scheuer sind Schwarzbär, Luchs und Puma. Stinktier (Skunk) und Waschbär erweisen sich dagegen als zutraulicher, ihnen kann man auch unten am Fluß begegnen.
Der Südrand (South Rim) liegt etwa 300 Meter tiefer und verzeichnet viel geringere Niederschlagsmengen. Typisch sind deshalb hier die genügsamen Hartlaubgewächse wie Krüppel- und Zwergkiefern, die den sogenannten Zwergwald (Pygmy Forest) bilden, sowie Yucca und Wacholder, Salbei und Agaven. Dazwischen tummeln sich Erd-, Baum- und Streifenhörnchen, Kaninchen und Eidechsen. Auf Beutejagd gehen Graufüchse und Steinadler, Habichte und die selten gewordenen Wanderfalken, die hier die größte Population innerhalb der Vereinigten Staaten bilden.
Auf der noch immer 700 bis 800 Meter hoch gelegenen Talsohle der Schlucht bestimmt trocken-heißes Wüstenklima, vergleichbar dem Mexikos, die Vegetation. Da die Temperaturen im Sommer bis auf 50 °C im Schatten ansteigen können, sind dort die Überlebenskünstler des Pflanzen- und Tierreichs gefordert, und das sind zumeist recht ungemütliche und wehrhafte Arten. So behauptet sich hier neben Kakteen und anderen Sukkulenten die »Katzenkralle« (Catclaw), ein strauchartiges Gewächs mit scharfen, gekrümmten Dornen. Den meisten Respekt genießt – etwas zu Unrecht vielleicht – die Colorado-Klapperschlange, die sehr scheu ist und von sich aus nur höchst selten Menschen angreift. Als weit gefährlicher, weil unscheinbar und hochgiftig, hat sich der kleine Gemeine Skorpion erwiesen. Nicht ganz so gefährlich, freilich noch immer unangenehm genug, sind Bisse der Schwarzen Witwe, einer nur etwa einen Zentimeter großen Spinne.
An den Ufern des Colorado River lebt aber auch eine ganze Reihe harmloser Tiere wie die zahlreichen Kröten, Frösche und Salamander, die leuchtend bunten Halsbandleguane und der Chuckawalla, ein kleiner Wüstenleguan. Hin und wieder läßt sich ein Kojote blicken. An einigen Stellen leben sogar Biber und Otter, denn im gelbbraunen Wasser des Flusses, das gerne mit dem Spruch »Zum Pflügen zu dünn, zum Trinken zu dick« beschrieben wird, läßt sich tatsächlich noch der eine oder andere Fisch fangen. Eine exotische Note bringen die Kolibris ins Bild, die man hier eigentlich nicht vermuten würde.

*Der Abstieg in den Grand Canyon ist sehr mühsam. Auch wer nicht zu Fuß geht, sondern sich von einem Maultier tragen läßt, sollte schwindelfrei und bei guter Kondition sein.*

Zum Glück für Flora und Fauna führt keine Straße in den Canyon hinab. Der steile und mühsame Abstieg ist nur zu Fuß oder auf dem Rücken eines Maultiers möglich, was die Zahl der Besucher, die sich bis in die Talsohle vorwagen, in Grenzen hält. Die Mehrzahl der Touristen, denen der Abstieg zu anstrengend und zeitaufwendig, Rafting zu abenteuerlich und Besichtigungsflüge zu teuer sind, bleibt vor allem auf dem South Rim. Dort sorgen Helfer der Parkverwaltung dafür, daß der Andrang und die oft verstopften Straßen nicht zu einem Problem für den Nationalpark werden. Die meisten touristischen Einrichtungen wie Hotels, Restaurants, Geschäfte und Visitor Center sind in Grand Canyon Village zu finden, dem Ausgangsort für Fahrten zu verschiedenen Aussichtspunkten am Südrand der Schlucht. Der Nordrand ist touristisch weniger stark erschlossen.

## *Ein Strom wird gebändigt*

*Vermag man beim Anblick der urzeitlichen Felsmassen nur schwer Zeugnisse menschlichen Handelns zu entdecken, so hat es doch massive Eingriffe in das Naturparadies des Grand Canyon mit schwerwiegenden Folgen gegeben. Nicht der Canyon selbst weckte die Begehrlichkeiten, sondern der Colorado River, dessen Wasser und Energien man sich zunutze machen wollte. Der mächtige Strom, der von seinem Ursprung in den Rocky Mountains bis zur Mündung im Golf von Kalifornien 2334 Kilometer – davon 350 im Grand Canyon – zurücklegt, muß zwischen seiner Quelle und seiner Mündung ein Gesamtgefälle von 3148 Metern überwinden.*
*Mit dem Aufstauen dieser Wassermassen verband man zunächst zwei Ziele: die Bewässerung bis dahin unfruchtbarer Wüstengegenden und die Energiegewinnung durch Wasserkraft. 1930 begannen die Bauarbeiten, und sechs Jahre später waren unterhalb des Grand Canyon der Boulder Dam fertiggestellt, der 1947 in Hoover Dam umbenannt wurde, und der Lake Mead aufgestaut worden. Als weit folgenschwerer für den Grand Canyon erwies sich jedoch das zweite Großprojekt, die Flutung des flußaufwärts gelegenen Glen Canyon. Am 1956 vollbrachten technischen Wunderwerk dieses Großstaudamms, der den Lake Powell entstehen ließ, scheiden sich noch immer die Geister. Während die einen den ökonomischen Nutzeffekt und den touristischen Wert des flächenmäßig größten Stausees der USA in den Vordergrund stellen, beklagen die anderen die unwiederbringliche Zerstörung des Glen Canyon.*
*Unbestreitbar sind die Konsequenzen für den Colorado River. Das Wasser ist seitdem kälter, und es führt weniger Sedimente mit sich. Die Fließgeschwindigkeit hat abgenommen, und die Wassermenge bleibt immer etwa gleich: Sorgte einst das Frühjahrshochwasser für regelmäßige Überschwemmungen, so regelt heute der menschliche Energiebedarf den Wasserausstoß. Die Folge ist eine veränderte Vegetation am Flußufer. Dort wachsen an manchen Stellen inzwischen Schilfgras, Rohr, Reet, Weiden und Tamarisken, wo früher nur Schwemmland war. Um eine Schädigung des Ökosystems zu verhindern, hat man 1996 ein ungewöhnliches Experiment gewagt: Eine Woche lang wurden die Schleusen des Glen-Canyon-Staudamms geöffnet, um so das natürliche Frühjahrshochwasser zu simulieren. Das Ergebnis war verblüffend: Überschwemmungen, Sedimentablagerungen und Erwärmung des Wassers brachten den Colorado River seinem alten Zustand wieder ein Stück näher, ohne jedoch die neuangesiedelte Vegetation zu zerstören – ein Erfolg, der für den angeschlagenen Giganten langfristig bessere Aussichten verheißen könnte.*

*Im Winter, wenn die einzelnen Schichtstufen der Canyon-Wände von der Schneedecke noch betont werden, besitzt der Nationalpark im Norden Arizonas eine besondere Faszination.*

# Nationalpark Mesa Verde

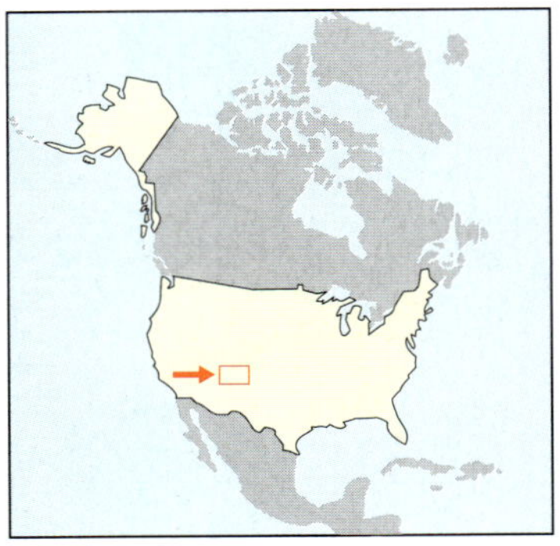

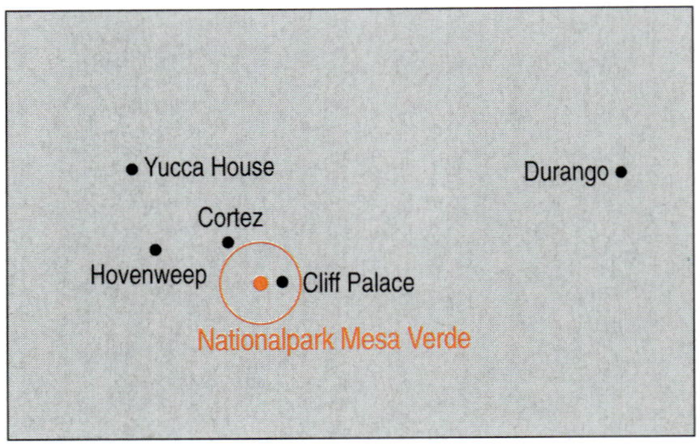


**Lage:** im äußersten Südwesten des Bundesstaates Colorado

**Weltkulturerbe:** seit 1978

*Wie Schwalbennester kleben die Felsenhäuser der Anasazi-Indianer in Nischen und Höhlen an den steilen Felswänden der Canyons, die im Südwesten Colorados zur Mesa Verde gehören. Auf engstem Raum und unter widrigen Bedingungen schufen die präkolumbischen Baumeister mehrstöckige, kunstvoll terrassierte Wohnanlagen und Kultstätten, die zu den ungewöhnlichsten Baudenkmälern der indianischen Kulturgeschichte zählen. 600 Jahre dauerte der Dornröschenschlaf dieser geheimnisvollen Cliff Dwellings, die von ihren Bewohnern Ende des 13. Jahrhunderts aus ungeklärten Gründen verlassen worden sind.*

*Unter dem Schutz überhängender Felsen bauten die Anasazi-Indianer ihre berühmten Häuser. Das größte und eindrucksvollste im Nationalpark Mesa Verde ist der Cliff Palace.*

Nur wenige Meilen nordöstlich von Four Corners, dem einzigen Punkt in den Vereinigten Staaten von Amerika, an dem die Grenzen von vier Bundesstaaten zusammentreffen (Colorado, Utah, Arizona und New Mexico), machte der Rancher Richard Wetherill im Dezember 1888 eine sensationelle Entdeckung. Auf der Suche nach verirrten Rindern seiner Herde war er in eine Gegend geraten, wo er zuvor noch nie gewesen war. Unvermutet stand Wetherill

*In der ersten Hälfte des 13. Jahrhunderts entstanden die zum Teil weitverzweigten Felsenhäuser, die kunstvoll aus Lehmziegeln errichtet wurden.*

am Rand eines Sandstein-Canyons, an dessen Steilwänden er Felsnischen mit geheimnisvollen Steinhäusern erblickte. »Cliff Palace« taufte er die Geisterstadt, die er sogleich zu erkunden begann. Richard Wetherill war nicht der erste, der die Ruinen aus indianischer Vorzeit zu sehen bekam – vor ihm waren sie schon 1874 von einer Delegation der amerikanischen Vermessungsbehörde (Geological Geographic Survey of the Territories) beschrieben worden –, doch seiner Neugier und seiner Initiative ist die archäologische Erschließung zu verdanken. Zusammen mit seinen Brüdern fand und erforschte er noch 180 weitere Felsenhäuser in der Umgebung. Auch die ersten Ausgrabungen der Groß-Pueblos im Chaco Canyon in New Mexico sind der Initiative von Wetherill zu verdanken.

Mit der wissenschaftlichen Untersuchung begannen 1891 der Archäologe Jesse Walter Fewkes und der schwedische Geologe Gustav Nordenskjöld. Bereits 1906 wurde das Gebiet zum Nationalpark erklärt. Heute weiß man, daß die Cliff Dwellings (Felsenwohnungen) zum Zeitpunkt ihrer Entdeckung schon seit rund 600 Jahren verlassen waren und daß sie zu den bedeutendsten architektonischen Zeugnissen der Kultur der Anasazi-Indianer gehören.

## Der »grüne Tisch« wird besiedelt

Die Spanier nannten die immergrüne Hochebene in der Südwestecke des Bundesstaates Colorado Mesa Verde (»grüner Tisch«). Sie erhebt sich auf einer Fläche von etwa 24 x 13 Kilometern um bis zu 530 Meter über das umliegende Bodenniveau. Der höchste Punkt des mit Kiefern und Wacholderbüschen bewachsenen Tafelbergmassivs liegt 2614 Meter über dem Meeresspiegel. 20 große und zahlreiche kleine Canyons haben sich bis zu 300 Meter tief in das weiche Sandsteinplateau eingeschnitten und eine grandiose Landschaft mit steilen Abstürzen, ausgewaschenen Felsnischen und Höhlen entstehen lassen.

Obwohl die Höhenlage, unregelmäßige Niederschläge und die extremen Unterschiede zwischen Tages- und Nachttemperaturen nicht gerade ideale Lebensbedingungen bieten, wurde das Plateau vermutlich schon in den ersten Jahrhunderten nach der Zeitenwende von den Anasazi besiedelt. Das seßhafte, Landwirtschaft betreibende Volk der Anasazi – der Name bedeutet in der Navajo-Sprache »die Alten« – bevölkerte zwischen 600 n. Chr. und Ende des 13. Jahrhunderts weite Teile im Südwesten der heutigen USA. Nach ihren Siedlungsgebieten unterscheidet man heute drei Untergruppen: die Mesa-Verde-Kultur in Colorado, die Chaco-Kultur im Nordwesten New Mexicos und die Kayenta-Kultur rund um den Vier-Staaten-Kreuzungspunkt Four Corners.

In der von den Wissenschaftlern als Korbmacher-Phase (Basketmaker) bezeichneten älteren Stufe lebten die Anasazi auf der Mesa Verde zunächst in Höhlen und Reisig-

hütten, ehe in dorfartigen Zusammenschlüssen halbversenkte Grubenhäuser (pit houses) angelegt wurden. Die Bezeichnung Korbmacher geht auf die hauptsächlich aus Flechtwerk bestehenden Fundstücke (Sandalen, Behälter u.a.) aus dieser Zeit zurück. Bei den anspruchsvollen Töpferarbeiten wurden geometrische Muster in Schwarzweiß oder verschiedenen Rottönen bevorzugt. Ursprünglich Jäger und Sammler, begannen die Anasazi Mais, Kürbis und Bohnen anzubauen, später kam – vermutlich aus Mexiko importiert – Baumwolle hinzu. Maultierhirsche und Kleinwild bejagten sie zunächst mit Speer und Fangnetz, dann auch mit Pfeil und Bogen. Etwa ab dem 8. Jahrhundert wurde die Korbmacher-Phase von den Pueblo-Phasen abgelöst, es entstanden flache Pueblos aus Pfählen, Ästen und Lehm. Während man zum Wohnen nun oberirdische Bauten bevorzugte, entwickelte sich aus dem Grubenhaus der meist runde oder ovale unterirdische Kultraum, Kiva genannt, mit einem Einstiegsloch in der Mitte der Decke.

Zur Blüte der Pueblo-Zeit zwischen 1100 und 1300 erreichte die Besiedlung auf der Mesa Verde auch ihre größte Dichte. Ein ausgeklügeltes Bewässerungssystem nutzte mit Hilfe künstlicher Rinnen das natürliche Gefälle des Plateaus Richtung Süden für das Sammeln von Regenwasser und sorgte so für gute Erträge im Feldbau. Stattliche, mehrstöckige Pueblos, deren Räume über

*Typische Landschaft der Mesa Verde in Colorado: Das Sandsteinplateau ist von zahlreichen steilen Canyon-Einschnitten durchzogen.*

*Nächste Doppelseite: Beim Cliff Palace ist die charakteristische Anlage der Felsenhäuser mit rechteckigen Wohnräumen und den runden, Kivas genannten Kultkammern besonders gut zu erkennen.*

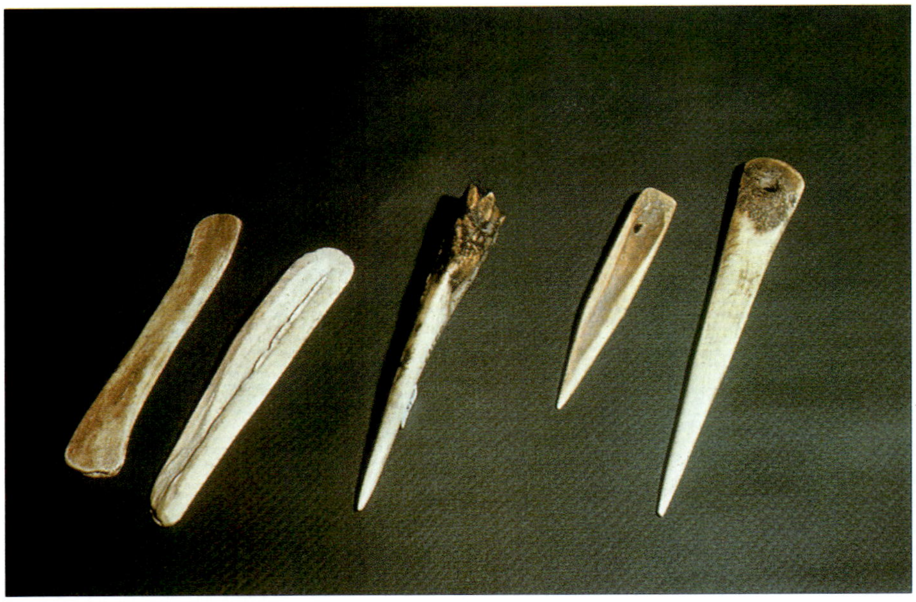

1

2

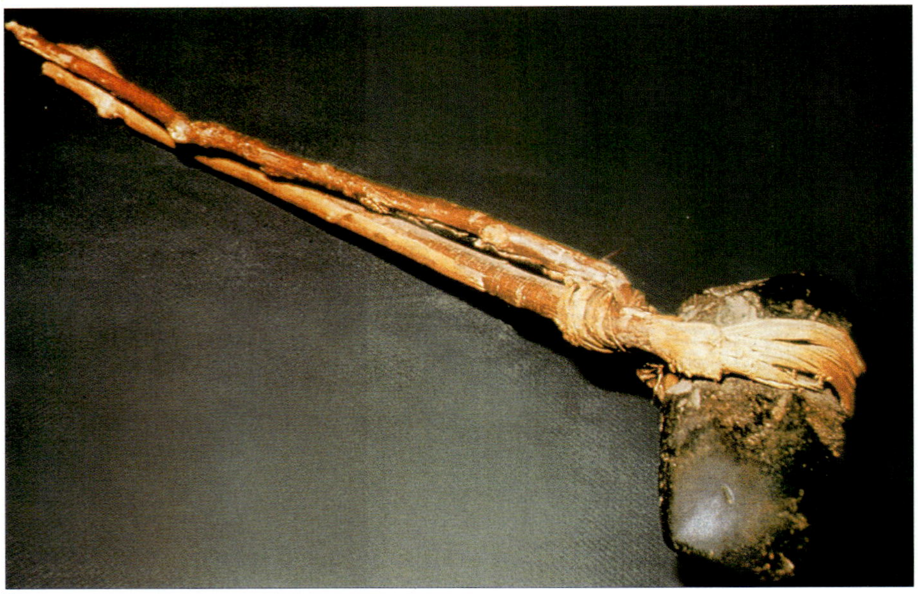

3

4

*1 Weitreichende Einblicke in Kultur und Alltagsleben der Anasazi verdanken die Forscher den zahlreichen archäologischen Funden. Bei den kleinen, aus Knochen gefertigten Werkzeugen handelt es sich um Ahlen und Nadeln, die zum Nähen von Häuten und Fellen verwendet wurden.*

*2 Als Materialien für die Herstellung von Werkzeugen dienten nur verschiedene Steine, Hirschhorn von Geweihstangen und Knochen.*

transportable Leitern oder Strickleitern zu erreichen waren, sowie kunstvolle Gebrauchsgegenstände bezeugen den hohen Entwicklungsstand der Anasazi-Kultur in dieser Epoche. Vor allem die Untersuchung von Vorratskammern und Abfallsammelstellen brachte wertvolle Erkenntnisse über verwendete Materialien und die Ernährungsweise der Mesa-Verde-Bewohner.

### Der Abstieg in die Canyons

Warum sich die Mitglieder dieser blühenden Siedlungen bereits Ende des 12. Jahrhunderts in die unzugänglichen Canyons zurückzogen, weiß man bis heute nicht. Offenbar suchten sie jedoch Schutz, weil sie als Standorte für ihre neuen Behausungen nur mühsam erreichbare, halboffene Höhlen und Stellen unter Felsüberhängen an den steilen Canyonwänden auswählten. Wie geschickt der knappe Raum genutzt und mit welch technischer Meisterschaft unter diesen widrigen Umständen dort gebaut wurde, wird heute allenthalben bewundert. Zum Teil atemberaubend schmal und steil sind die Pfade und Treppen, die den Zugang zu den in ihrer Art einmaligen Felsenhäusern ermöglichen. Für Schwindel und Höhenangst waren die Bewohner der Cliff Dwellings – wie die meisten Indianer – offenbar nicht anfällig.

5

Da die extreme Lage dieser Wohnburgen nicht nur die Bewohner vor ungebetenen Gästen und Unwettern, sondern auch die später verlassenen Bauten vor der Zerstörung durch Erosion schützte, zählen die Cliff Dwellings im Gegensatz zu den Pueblos auf der Hochebene zu den am besten erhaltenen der insgesamt über 3500 Ruinenstätten der Mesa Verde. Manche der kleineren Anlagen sind so halsbrecherisch schwer zu erreichen, daß sie bislang noch nicht eingehend untersucht werden konnten. Der beeindruckend gute gegenwärtige Zustand der meisten großen Felsenhäuser ist nicht zuletzt der jahrzehntelangen Arbeit der Wissenschaftler und Nationalpark-Betreuer zu verdanken, die vieles vor dem Verfall bewahrt oder sorgfältig restauriert haben.

**Mehrstöckige Wohnanlagen**

Die drei größten der in der klassischen Adobe-Bauweise errichteten Felsensiedlungen – Adobe werden die an der Sonne getrockneten Ziegel aus Lehm und Stroh genannt – sind Cliff Palace, Long House und Spruce Tree House. Der Cliff Palace, der von ca. 1200 bis 1300 erbaut und von 200 bis 250 Menschen bewohnt wurde, schmiegt sich unterhalb der Chapin Mesa in eine sichelförmig ausgewaschene Höhlung in der Wand des Cliff Canyon. Dieses größte und meistfotografierte Felsenhaus der Mesa Verde umfaßt etwa 220 Räume auf vier Etagen und 23 Kivas. Der zweitgrößte Komplex ist mit 181 Räumen und 15 Kivas das Long House im Rock Canyon an der Wetherill Mesa, gefolgt vom Spruce Tree House im gleichnamigen Canyon unterhalb der Chapin Mesa mit 114 Räumen und acht Kivas für ca. 100 bis 125 Bewohner. Ein stattlicher Nadelbaum, an dem angeblich der Entdecker dieser Anlage hinabgeklettert ist, gab dem Spruce Tree House seinen Namen – obwohl es sich bei dem Baum um eine Douglastanne, nicht um eine Fichte (Spruce), handelt.
Ende des 13. Jahrhunderts wurden auch die Felsenhäuser wieder verlassen; die Bewohner der Mesa Verde zogen in Richtung Süden ab. Auch für diesen Exodus hat man keine stichhaltige Erklärung gefunden. Ein Grund könnte die große Dürre gewesen sein, die in dieser Zeit den gesamten Südwesten der heutigen USA heimsuchte. Die einzigartigen Zeugnisse der Anasazi-Kultur gerieten dann für Jahrhunderte in Vergessenheit. Dank des Engagements des Richard Wetherill, des späteren Einsatzes der Denkmalschützer und schließlich auch durch die Ernennung zum Weltkulturerbe kann man heute noch im Nationalpark Mesa Verde sehen, welch große Leistungen die Ureinwohner Nordamerikas vollbracht haben.
Der einzige Parkeingang befindet sich an der Nordseite, ein Visitor Center und ein Museum bieten den Besuchern nähere Informationen über die Ruinenstätten.

*3 Die nahezu unversehrt aufgefundene Steinaxt mit Holzgriff läßt erahnen, wie mühselig damit etwa das Fällen eines Baumes gewesen sein muß.*

*4 Den Hammer- oder Axtstein fand man an einer Stelle, an der eine ausgeschlagene Mulde im Fels darauf hindeutet, daß hier Steinäxte geschärft wurden.*

*5 In diesen Mulden im Cliff Palace zerrieben die Anasazi Mais zu Mehl, das ihnen als Grundstoff zur Fladenherstellung diente.*

# Historischer Nationalpark Chaco

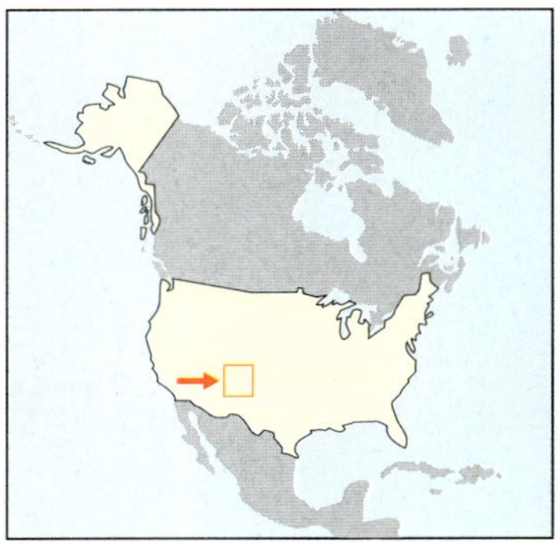

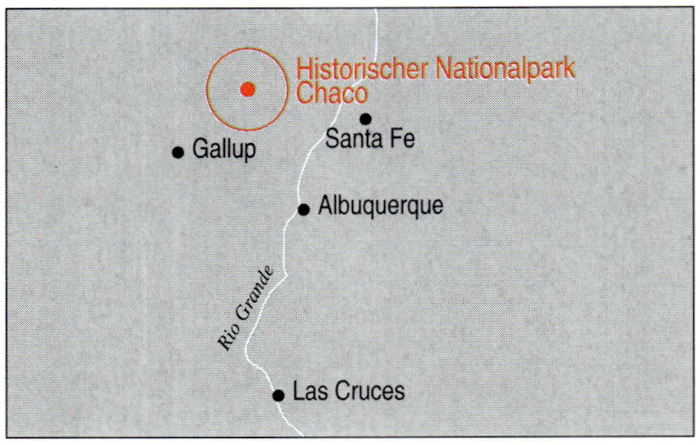


**Lage:** im Chaco Canyon im Nordwesten des Bundesstaates New Mexico

**Weltkulturerbe:** seit 1987

*Mit dem landläufigen Klischee von spitzen Zelten aus Büffelhaut haben diese Unterkünfte der Indianer nichts gemeinsam. Vielmehr erinnern die mächtigen, mehrstöckigen Stein-Pueblos im kargen Chaco Canyon an moderne Wohnanlagen. Mit einfachsten Mitteln schufen indianische Baumeister vor rund 1000 Jahren diese Siedlungen, die mit ihrer souveränen Statik und architektonischen Eleganz den Betrachter in Staunen versetzen. Zu Recht zählt die Ausgrabungsstätte im Nordwesten New Mexicos zu den bedeutendsten archäologischen Zeugnissen der hochentwickelten Kultur der Anasazi, die hier ein wirtschaftliches und religiöses Zentrum errichtet hatten.*

*Ein großer Halbkreis bildet die Grundfläche des Pueblo Bonito, einer kombinierten Wohn- und Kultstätte, die einst das Zentrum einer blühenden Kultur war.*

Der Finanzierung durch zwei reiche Erben einer New Yorker Seifenfabrik ist es zu verdanken, daß Ende des 19. Jahrhunderts die ersten archäologischen Grabungen im Chaco Canyon durchgeführt werden konnten. Dem Hobbyforscher Richard Wetherill, der schon in den Felsenhäusern auf der Mesa Verde eine archäologische Sensation erkannt hatte, war es gelungen, die Brüder Hyde für die geheimnisvollen Groß-Pueblos in dem unwirtlichen Canyon im Nordwesten New Mexicos zu interessieren. Entdeckt hatte die einmaligen Zeugnisse der untergegangenen Anasazi-Kultur der Armee-Topograph James H. Simpson im Rahmen einer Militärexpedition im Jahr 1849. Von 1896 bis 1899 dauerte die erste, von den Hyde-Brüdern finanzierte Grabungsphase, in der das Pueblo Bonito (»Hübsches Dorf«) freigelegt wurde, der größte Gebäudekomplex im Chaco Canyon.

## Ein weitverzweigtes Gemeinwesen

Das Volk der Anasazi, das der feindlichen Natur in dieser nahezu wüstenartigen Region zu trotzen verstand, bevölkerte einst weite Teile im Südwesten der heutigen USA. Die als eigenständige Untergruppe eingestufte, hochentwickelte Chaco-Kultur konnte zwischen 900 und ca. 1150 n. Chr. nachgewiesen werden – als ihre Blütezeit gilt das 11. Jahrhundert. Der Chaco Canyon bildete mit seinen Groß-Pueblos und Ritualstätten das Zentrum dieser Gemeinschaft, die in zahllosen verstreut liegenden Dörfern lebte. Ihr Einzugsgebiet umfaßte mit rund 67 000 Quadratkilometern ein Areal etwa von der Größe Belgiens und der Niederlande zusammen.

Ein sternförmiges Straßennetz verband den Hauptort mit den übrigen Siedlungen, die zum Großteil noch als Ruinen zu erkennen sind. Bis heute sind in alle Himmelsrichtungen führende Streckenabschnitte mit einer Gesamtlänge von über 600 Kilometern entdeckt worden. Die in der Regel etwa vier bis sechs Meter breiten, meist schnurgerade angelegten Wege wurden für die An- und Abreise zum religiösen Zentrum, für den Transport von Baustoffen sowie für einen offenbar regen Handelsverkehr genutzt. So bezeugen Funde wie Keramikarbeiten, Türkise, Muscheln sowie Knochen und Federn tropischer Vögel die Einfuhr von Rohstoffen und »Luxusgütern« aus erstaunlich weit entfernten Regionen. Als im 13. Jahrhundert eine Jahrzehnte anhaltende, verheerende Dürreperiode einsetzte, war die Chaco-Kultur bereits erloschen. Warum jedoch zu Beginn des 12. Jahrhunderts der rasche Niedergang einsetzte und der Chaco Canyon im Lauf der folgenden Jahrzehnte verlassen wurde, bleibt – ähn-

1

*1 Jagdszenen aus früher Zeit: Die bei Una Vida im Chaco Canyon entdeckten präkolumbischen Felszeichnungen stellen vermutlich den Jäger und das Wild dar.*

*2 Neben zwölf Groß-Pueblos haben die Archäologen im unwirtlichen Chaco Canyon rund 400 kleinere Siedlungen entdeckt.*

2

lich wie bei vielen der mittelamerikanischen Hochkulturen – ungeklärt. Immerhin lassen einige Vorrichtungen zum Schutz, die offensichtlich nachträglich angebracht worden sind, darauf schließen, daß auch äußere Feinde oder Aufstände von Gemeinschaften mehr an der Peripherie gegen die Zentralmacht eine Rolle gespielt haben könnten. Nach jüngeren Theorien könnten sich die Chaco-Indianer durch das systematische Abholzen der Wälder zur Bau- und Brennholzgewinnung aber auch selbst ihrer Lebensgrundlagen beraubt haben. Erst im 17. Jahrhundert siedelten sich im Chaco Canyon wieder einige Navajo-Stämme an.

## Wohnanlagen und Kultkammern

Kernstück des Historischen Nationalparks ist der 16 Kilometer lange und zwei bis drei Kilometer breite, relativ flache Chaco Canyon. Nur seine Nordkante weist steile Felsabstürze von bis zu 50 Metern Tiefe auf. In deren Schutz und damit auch an der Sonnenseite errichteten die ideenreichen Baumeister vor rund 1000 Jahren insgesamt zwölf gemauerte Groß-Pueblos. Die einzelnen Baukomplexe enthalten auf bis zu fünf Stockwerken mehrere hundert Wohn- und Vorratsräume. Rechnet man außerdem die etwa 400 kleinen und weniger prächtig ausgeführten Siedlungen am schattigen Südrand hinzu, dann war im Chaco Canyon Wohnraum für etwa 10 000 Menschen vorhanden. Allerdings haben vermutlich nur 2000 Bewohner ständig hier gelebt; die übrigen Unterkünfte dienten möglicherweise Stammesbrüdern, die aus dem Umland zu bestimmten rituellen Anlässen anreisten, als Übernachtungsmöglichkeiten. Man nimmt an, daß die Trabantensiedlungen die Pueblos auch mit Nahrungsmitteln belieferten. Zur besseren Wasserversorgung im Canyon wurde ein System von Rinnen in den Fels geschlagen, durch das Regenwasser gesammelt und in Zisternen geleitet werden konnte.

Aus einer frühen Bauphase stammen die »pit houses«, halb in die Erde versenkte runde oder ovale Grubenhäuser, die hauptsächlich im südöstlichen Teil des Canyons zu finden sind. Nach ähnlichem Muster wurden die »Kivas« angelegt, völlig unterirdische, runde Kammern, die kultischen Zwecken dienten. Die kleineren Klan-Kivas mit 3,5 bis 6,5 Metern Durchmesser sind meist in die Pueblos integriert, die Groß-Kivas besitzen Durchmesser von bis zu 22 Metern. Eine kleine Öffnung in der Mitte der Abdeckung mußte als Einstieg und Rauchabzug ausreichen. Ein gutes Beispiel für eine Groß-Kiva ist im Chaco Canyon die Casa Rinconada (»verwinkeltes Haus«). Vier Baumstämme trugen das leider nicht mehr erhaltene Flachdach; eine unterirdische Verbindung ermöglichte einen unbemerkten Zugang.

*Ein prächtiges Zeugnis für die hochentwickelte Baukunst der Chaco-Kultur liefert der Rundbau der Casa Rinconada genannten Groß-Kiva.*

Prototyp für Bauten aus der Bonito-Phase (ab 920), zu der die Groß-Pueblos an der Nordseite gezählt werden, ist das meisterhaft aus Sandstein gemauerte Pueblo Bonito. Auf halbkreisförmigem Grundriß und einer Fläche von 12 000 Quadratmetern erbaut, gruppierten sich auf vier Stockwerken etwa 800, für unsere Verhältnisse allerdings kleine Räume um einen zweigeteilten großen Hof. Allein 36 unterschiedlich große, teilweise auch oberirdische Kivas gehörten zu dieser terrassierten Wohnanlage, die sich nach Süden hin öffnet.

Charakteristisch für die Pueblos der sogenannten McElmo-Zeit, der letzten Bauphase, sind das Fehlen von Innenhöfen und eine kompaktere Bauweise auf rechteckigem Grundriß. Die Pueblos Kin Kletso, Casa Chiquita und New Alto entstanden in dieser Periode, die vermutlich bereits von Zuwanderern beeinflußt war. Im 12. Jahrhundert endete dann aus unbekannten Ursachen diese hochentwickelte indianische Kultur. In einem Visitor Center und einem Museum können sich Besucher über die Anlage informieren.

# Taos Pueblo

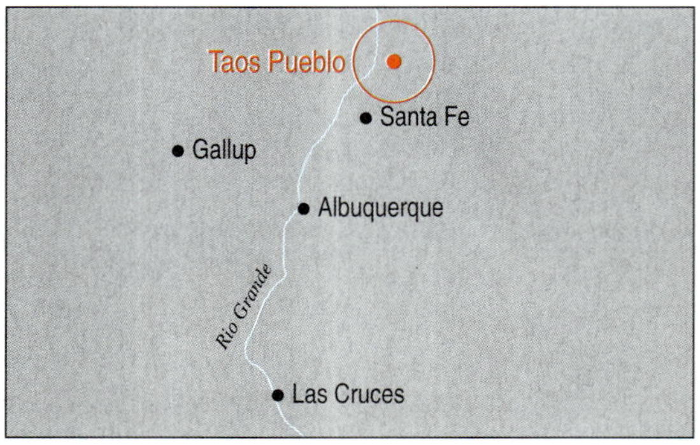


**Lage:** im Norden des Bundesstaates New Mexico, etwa 120 Kilometer nordöstlich von Santa Fe

**Weltkulturerbe:** seit 1992

---

*Die braunen Lehmziegelbauten von Taos Pueblo im Norden New Mexicos präsentieren sich dem heutigen Besucher fast in gleicher Gestalt wie schon vor Hunderten von Jahren. Die letzten Taos-Indianer bewahren stolz ihre Traditionen und können auf eine bewegte Geschichte zurückblicken. Erfolgreich verteidigten sie ihre Kultur gegen nomadisierende Flachland-Indianer, gegen die spanischen Kolonisatoren und die angloamerikanische Zivilisation. Heute fürchtet man durch den Erweiterungsbau des Flughafens von Taos-City Auswirkungen auf das Leben des indianischen Dorfes. Taos Pueblo zählt zu den ältesten und prächtigsten architektonischen Zeugnissen der Pueblo-Kultur im Südwesten der Vereinigten Staaten.*

*Nur Fenster und Türen sind Zugeständnisse an die moderne Zeit: Taos Pueblo ist seit über 600 Jahren ohne Unterbrechung bewohnt.*

FRESH FRY BREAD

1

Im Norden New Mexicos, nur vier Kilometer entfernt vom kleinen Fremdenverkehrsort Taos am Fuße des Bergmassivs Sangre de Cristo (Blut Christi), versucht ein kleiner Indianerstamm trotz aller Verlockungen durch die amerikanische Zivilisation beharrlich, seine Traditionen zu bewahren. Ein schwieriger Drahtseilakt, denn die heutigen Bewohner von Taos Pueblo leben fast ausschließlich von den Einnahmen aus dem Tourismus. So verlangen sie Eintrittsgeld und erheben Gebühren für Foto- und Filmaufnahmen, aber gleichzeitig achten sie darauf, daß kein Fremder die Kultkammern (Kivas) fotografiert oder gar betritt. Im Pueblo reihen sich die Souvenirläden aneinander, und rituelle Tänze werden farbenprächtig als Touristenspektakel inszeniert, doch nur mühsam konnten sich die Stammesältesten dazu durchringen, die Zufahrtsstraße asphaltieren und einen Stromanschluß zum Pueblo legen zu lassen.
Mit diesen Widersprüchen zurechtzukommen, fällt vielen Mitgliedern der Klan-Gemeinschaft zunehmend schwer. So leben von den über 1000 zur Tiwa-Sprachgruppe gehörenden Taos-Indianern nur noch wenige ständig im Pueblo. Die meisten ziehen es inzwischen vor, außerhalb zu wohnen und nur zu Festen oder religiösen Feierlichkeiten ins »Dorf« zurückzukehren.

## Ein großartiges Bauensemble

Das Pueblo der Taos-Indianer zählt zu den ältesten, schönsten und besterhaltenen der gesamten Pueblo-Kultur im Südwesten der USA. Beiderseits der zentralen Plaza, die von dem Pueblo Creek oder auch Taos River genannten Flüßchen durchquert wird, erheben sich die beiden Haupt-Gebäudekomplexe, das Nordhaus (Hluauuma) und das Südhaus (Hlaukwina). Als Baumaterial wurden die traditionellen, an der Sonne getrockneten Ziegel aus Lehm und Stroh (Adobe) verwendet, die Decken sind aus tragenden Holzbalken, Flechtwerk und gestampftem Lehm konstruiert. Die einzelnen, quaderförmigen Wohneinheiten sind auf fünf bzw. vier als Terrassen angelegten Etagen ineinandergeschachtelt und waren ursprünglich nur von außen über Treppen oder Leitern zu erreichen. Als einziges äußerlich sichtbares Zugeständnis an die mo-

2

1 *Am Dorfrand erinnern der Friedhof und die Ruine einer der ersten, mit einfachsten Mitteln erbauten Missionskirchen an die spanischen Christianisierungsbemühungen im 17. Jahrhundert.*

2 *Nur gut verhüllt läßt sich die Hitze ertragen. Die letzten noch im Pueblo wohnenden Indianer leben vom Tourismus und lassen sich nur mit Erlaubnis und gegen Gebühr fotografieren.*

derne Zeit wurden nachträglich einige Türen und Fenster eingebaut.
Zu den beiden Hauptgebäuden gehören je drei unterirdische Kivas. Jeder dieser Zeremonienräume ist wiederum einem Klan zugeordnet, dessen bildhaften Namen er trägt. So gibt es beispielsweise die Messer- und die Federleute, die Rote-Augen und die Große-Ohrring-Leute. Die Holzgestelle auf der Plaza dienten einstmals zum Trocknen von Früchten und zur Lagerung von Bau- und Brennholz. Eine Kunst für sich ist das Backen in den frei stehenden, igluförmigen Lehmöfen, den Hornos (horno bedeutet im Spanischen »Ofen«). Im Ofenloch wird ein Feuer abgebrannt, dessen Rückstände anschließend entfernt werden. Die dabei von den Lehmziegeln im Innern des Ofens gespeicherte Hitze reicht aus, um die Backwaren zu garen – ein Verfahren, das viel Erfahrung und Gefühl für die richtige Temperatur erfordert.

## Bewahrte Traditionen

Die ältesten Gebäudeteile von Taos Pueblo stammen nachweislich aus der Zeit um 1350 n. Chr.; seitdem ist die Anlage ohne Unterbrechung bewohnt. Besiedelt wurde dieses Gebiet an einem Nebenfluß des Rio Grande aber wohl schon im 13. Jahrhundert, vermutlich von Anasazi-Indianern, die aus den Dürregebieten im Westen fortgezogen waren.
Die Gemeinschaft von Taos Pueblo hat es über die Jahrhunderte hinweg verstanden, das Bewahren eigener Traditionen mit der Übernahme bestimmter Merkmale aus anderen Kulturen zu vereinen. Solche sogenannten Akkulturationsprozesse, durch die viele Kulturen oft vollständig verändert wurden, haben bei den Kontakten der Taos-Indianer mit den nomadisierenden Flachland-Indianern ebenso stattgefunden wie beim Aufeinandertreffen mit der spanisch-

mexikanischen und später der angloamerikanischen Zivilisation.
Als die Spanier in der ersten Hälfte des 16. Jahrhunderts von Mexiko, dem damaligen Neu-Spanien, aus bis hierher vordrangen, begegneten ihnen mit den Pueblo-Indianern – nicht nur in Taos – hochentwickelte Völker, die es in der Baukunst und im Kunsthandwerk bereits zu beachtlicher Meisterschaft gebracht hatten. Das hinderte die Spanier nicht daran, im Jahr 1609 die Provinz Nuevo Mexico zur königlichen Kolonie zu erklären. Franziskanermönche begannen nun flächendeckend mit ihren Christianisierungsbemühungen und errichteten auch am Rande von Taos Pueblo eine kleine Missionskirche aus Lehmziegeln. Daß diese Begegnung nicht ohne Einfluß blieb, zeigt die Tatsache, daß heute hier nicht nur indianische Feste gefeiert, sondern auch Weihnachtsprozessionen veranstaltet werden.

## Revolte gegen die Spanier

Die Kolonialherren zwangen den Indianern das Encomienda-System auf, das sie bereits in Mexiko praktizierten: Ehemaligen Soldaten und anderen Siedlern wurde Land zugesprochen, und die Indianer mußten ihnen hohen Tribut zahlen. Die zunehmenden Spannungen aus diesem Ausbeutungsverhältnis entluden sich schließlich 1680 in der sogenannten Pueblo-Revolte, die ihren Ursprung in Taos Pueblo hatte. Viele Stämme schlossen sich damals zusammen und vertrieben zum Teil mit Gewalt die Eindringlinge. Alle Kirchen, auch die von Taos, wurden niedergebrannt. Doch schon zwölf Jahre später kehrten die Spanier zurück und bauten auch die Kirche in Taos Pueblo an anderer Stelle wieder auf.
1821 wurde Mexiko von Spanien unabhängig; Nuevo Mexico wurde damit eine mexikanische Provinz. Erst 1848, nach dem mexikanisch-amerikanischen Krieg, fiel das Gebiet an die Vereinigten Staaten von Amerika. Für die Kirche von Taos bedeutete dies das erneute Aus: Sie wurde von den anrükkenden Amerikanern geschleift. Inzwischen hat der christliche Glaube in Taos Pueblo Fuß fassen können, gleichwohl ist die indianische Vergangenheit hier bis heute lebendig geblieben.

*In den igluförmigen Hornos, den frei stehenden Lehmöfen, wird noch heute nach alter Tradition gebacken.*

# Carlsbad Caverns

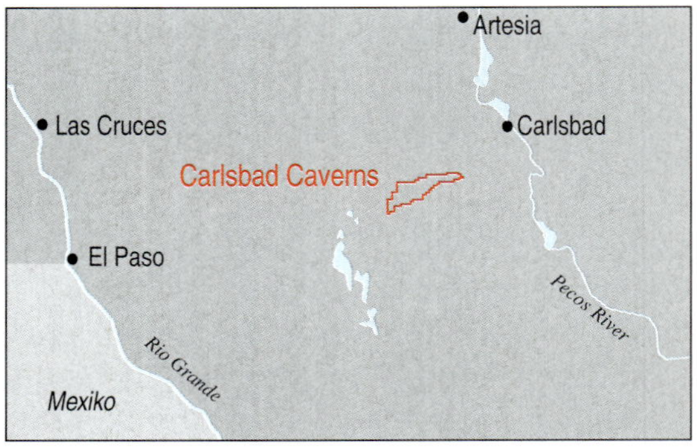


**Lage:** im Südosten des Bundesstaates New Mexico, 25 Kilometer südwestlich des Kurortes Carlsbad

**Weltnaturerbe:** seit 1995

**Fläche:** 189 Quadratkilometer

*Auch wenn in Carlsbad im Bundesstaat New Mexico Mineralquellen sprudeln, fällt es doch schwer, eine Verbindung zu dem berühmten Kurort in Böhmen herzustellen: statt Kaiserwald und Kurkonzert nur Wüstenvegetation und Wildnis. Doch die karge Umgebung der Stadt am Pecos River hat auch ihre reizvollen Seiten. Am Ostrand der Guadalupe Mountains erstreckt sich eine grandiose, im Lauf von Millionen Jahren entstandene Höhlenlandschaft. Das unterirdische Labyrinth der Carlsbad Caverns bildet die Hauptattraktion des gleichnamigen Nationalparks.*

*In einem der großen Höhlenräume der Carlsbad Caverns, dem King's Palace, hängen Stalaktiten wie Eiszapfen von der Decke herab.*

*Das Sonnenlicht durchbricht die Wolkendecke. Wie von einem riesigen Scheinwerfer angestrahlt erscheint der Hunter Peak in der sonst überschatteten Landschaft der Guadalupe Mountains.*

Mit einem oberirdischen Landschaftsbild, das von der Wüste in der Ebene bis zum Nadelholzwald in den Bergregionen der Guadalupe Mountains reicht, präsentiert sich der Carlsbad Caverns National Park auf den ersten Blick wenig spektakulär. Um so faszinierender sind dagegen die ausgedehnten Höhlensysteme unter den Guadalupe Mountains. Von den 81 bisher entdeckten Höhlen im Nationalpark sind jedoch nur die Carlsbad Caverns und zum Teil die New Cave für Besucher zugänglich.

### Ein bizarres Höhlenlabyrinth

Als Höhlenwanderer hat man in den Carlsbad Caverns die Wahl zwischen zwei Routen: Die einstündige »Red Tour«, zu der man mit einem Aufzug 230 Meter in die Tiefe befördert wird, bietet einen recht bequemen Rundkurs von zwei Kilometer Länge; die fünf Kilometer lange »Blue Tour« mit beträchtlichen Höhenunterschieden erfordert hingegen durchaus sportlichen Einsatz. Für welche der beiden Touren man sich auch entscheidet, ein Besuch in dieser unterirdischen Welt ist auf jeden Fall ein außergewöhnliches Erlebnis. Man durchschreitet riesige Hallen mit bizarren Kalksteinformationen, die so eindrucksvolle Namen erhielten wie Giant Dome, King's Palace, Queen's Chamber, Crystal Spring Dome und Chinese Temple. Kurios klingen dagegen Appetite Hill oder Frustrated Lovers – der »Appetit-Hügel« und die »Enttäuschten Liebenden«.

Mit einer konstanten Temperatur von 13 °C ist es in den Carlsbad Caverns recht kühl. Doch darüber trösten die überwältigenden Tropfsteingebilde hinweg. Stalagmiten wachsen wie Rankenwerk in die Höhe, Stalaktiten bilden feine »Nadelkissen« oder hängen als girlandenartige Zapfen herab; Tropfsteinsäulen mit fünf Meter Durchmesser ragen bis zu 30 Meter empor, glasklare Seen scheinen einen Blick ins Bodenlose

*Ein schmaler Serpentinenweg führt die Besucher hinunter in die Höhlenwelt der Carlsbad Caverns.*

zu gewähren. Der Big Room, mit 550 Meter Länge, 100 Meter mittlerer Breite und 80 Meter Höhe ist der größte Raum der Carlsbad Caverns – so hoch wie der Campanile des Florentiner Doms und um einiges höher als der Schiefe Turm von Pisa.
Seit Millionen Jahren arbeitet die Natur nach demselben Prinzip an der Ausgestaltung dieser faszinierenden unterirdischen Kathedrale. Tritt Wasser aus dem Gestein in einen luftgefüllten Hohlraum, so wird durch den Druck- und Temperaturwechsel das Gleichgewicht von gelöstem Kalk und Kohlendioxid im Wasser gestört, dabei wird Kalkspat abgeschieden. Diese einfache chemische Reaktion bewirkt einen nahezu verschwenderischen Reichtum an Tropfsteinen. Der Kalkspat bildet an der Decke Stalaktiten und am Boden Stalagmiten. Hauchzarte Formen wechseln mit barock anmutenden monumentalen Gebilden in tausenderlei Variationen. Ein großzügiges Beleuchtungssystem läßt die Höhlendome der Carlsbad Caverns erstrahlen. Daß hier in über 200 Meter Tiefe auch ein Restaurant eingerichtet werden würde, hätte man freilich nicht unbedingt erwartet.
Wem die »Red Tour« und die »Blue Tour« in den Carlsbad Caverns allzusehr auf die Bedürfnisse des Tourismus zugeschnitten sind, der kann auf die New Cave im Südwesten des Nationalparks ausweichen. Gleich hinter dem Höhleneingang muß der Besucher einen Höhenunterschied von 152 Metern überwinden. Da die erst 1937 entdeckte New Cave nicht für den Massentourismus hergerichtet wurde, können die oft steilen und rutschigen Wege durch die Tropfsteinhöhle nur in geführten Touren und mit Taschenlampen begangen werden.

### Ein »Fliegender Teppich«

Den natürlichen Eingang der Carlsbad Caverns, den »Natural Entrance« bei der Bat Cave, zieren Höhlenmalereien, die wohl

schon in vorkolumbischer Zeit von Indianern geschaffen worden sind, denen der obere Höhlenbereich vermutlich Schutz bot. Archäologischen Untersuchungen zufolge lebten in den Guadalupe Mountains bereits vor 12 000 Jahren Menschen. Vier prähistorische Indianersiedlungen konnten im Gebiet des heutigen Nationalparks Carlsbad Caverns nachgewiesen werden.
Die Bat Cave erhielt ihren Namen wegen der Hunderttausende von Fledermäusen, die an Sommerabenden ein atemberaubendes Schauspiel bieten. Wenn sie ihre Höhle verlassen und zur Insektenjagd ausschwärmen, bilden sie einen dichten »Fliegenden Teppich«, der den Himmel verdunkelt. Noch vor wenigen Jahrzehnten schwärmten hier sogar Millionen von Fledermäusen, doch inzwischen hat sich durch den Einsatz von Insektiziden die Population deutlich verringert.

1883 drangen die ersten Weißen in die Bat Cave vor. Sie waren jedoch weniger an der Erforschung der Höhle als an der wirtschaftlichen Nutzung des Fledermaus-Kots interessiert, der in einer dicken Schicht den Boden bedeckte. Von 1903 bis in die zwanziger Jahre wurden hier 100 000 Tonnen dieses phosphatreichen Düngers abgebaut. Steigende Transportkosten schmälerten dann den Gewinn immer mehr, so daß der Betrieb 1940 schließlich eingestellt wurde. Zu dieser Zeit existierte der Nationalpark Carlsbad Caverns bereits seit zehn Jahren. Die ersten maßgeblichen Impulse gingen Anfang des Jahrhunderts von James Larkin White aus, der sich nicht damit zufriedengab, den Dünger abzubauen, sondern die Höhle genauer zu untersuchen begann. Er stieß in eine faszinierende Unterwelt vor, die sein Interesse fesseln und ihn zu einem

*Im Höhlensystem der Carlsbad Caverns findet sich eine große Zahl saalartiger Räume, die das Wasser aus dem Kalkstein herausgewaschen hat.*

Pionier der Höhlenforschung machen sollte. Seiner Initiative war es zu verdanken, daß sich seit den zwanziger Jahren auch Behörden und Wissenschaftler mit den Höhlen befaßten. Aus den geologischen Untersuchungen konnte man wichtige Erkenntnisse über die Ursachen der Höhlenbildungen im Südosten des Bundesstaates New Mexico gewinnen.
Allein in den USA gibt es über 30 000 Höhlen. Was die Carlsbad Caverns jedoch von vielen anderen unterscheidet, sind die einzigartig variantenreiche Struktur der Tropfsteine sowie die gigantischen Ausmaße dieser Unterwelt. Während sie als Besucherattraktion hergerichtet ist, sind andere Höhlensysteme des Parks noch nicht einmal vollständig erforscht. Die Arbeit der Wissenschaftler konzentriert sich vor allem auf die Lechuguilla Cave, die als eine Art unterirdisches Laboratorium gilt, in dem die geologischen Abläufe besonders gut untersucht werden können.

## Vom Riff zum Gebirge

Die Entstehungsgeschichte der Carlsbad Caverns läßt sich bis in die Zeit des Perm vor 286 bis 248 Millionen Jahren zurückverfolgen. Damals dehnte sich in der Region um das heutige Texas, Oklahoma und Kansas ein flaches Schelfmeer aus, die Mittelkontinentale Meeresstraße. Ein Seitenarm reichte bis zu den Guadalupe Mountains. In einer Lagune hinter einem 700 Kilometer langen Barriereriff lagerten sich Riffkalke und andere Sedimente ab. Als der Meeresspiegel im Oberperm vor rund 250 Millionen Jahren sank, fiel das Becken langsam trocken, und übrig blieb ein Sedi-

*Bis solche riesigen Stalagmiten wie der Giant Dome und die Twin Domes entstehen, vergehen viele Tausende von Jahren.*

1

*1 An einigen Stellen der Carlsbad Caverns – hier im Slaughter Canyon – haben sich Höhlenmalereien erhalten. Die symbolhaften Darstellungen stammen vermutlich aus dem 10. oder 11. Jahrhundert n. Chr.*

mentgestein aus Kalken, Gips und Salzen. Als sich vor 65 Millionen Jahren die Rocky Mountains auszuformen begannen, wurde das Riffgestein mit seinen Sedimentschichten durch tektonische Bewegungen erschüttert. Dabei bildeten sich Risse, durch die kohlensaures Regenwasser einsickern, den Kalkstein lösen und das Riff aushöhlen konnte – ein geradezu mustergültiges Beispiel für das Sprichwort »Steter Tropfen höhlt den Stein«. Durch weitere tektonische Bewegungen vor etwa 17 Millionen Jahren wurde das sedimentreiche Riff dann um 2000 Meter angehoben. So entstanden die Guadalupe Mountains und ihre faszinierende Unterwelt.

## Wildblumen und Klapperschlangen

Mehr als 600 Pflanzenarten wurden im Nationalpark Carlsbad Caverns registriert, vor allem an den Berghängen und in den Tälern, während in der unwirtlichen Ebene Wüstenpflanzen gedeihen, darunter verschiedene Kakteenarten wie die vom Aussterben bedrohten Nadelkissen- und Stachelschweinkakteen. Rotrindige Texasmadronen, Douglastannen, Kiefern und Wacholder wachsen in den höheren Bergregionen, Agaven und Yuccas im mittleren Bereich und Eichen, Weiden, Schwarznuß und Nesselgewächse in den Tälern.

Unter den zwölf Fledermausarten, die sich im Sommer im Gebiet des Nationalparks aufhalten, überwiegt die Mexikanische Freischwanzfledermaus. Insgesamt wurden hier 331 Vogelarten gezählt, darunter Finken, Zaunkönige, Spechte und Kolibris, aber auch Truthahngeier, Regenpfeifer, Schopfwachteln und Häher. Maultierhirsche, Füchse, Erdhörnchen, Waschbären und Hasen gehören zu den 64 Säugetierspezies, die vorwiegend im Gebirge anzutreffen sind, während viele der 44 Kriechtierarten, so etwa die Klapperschlange, die Wüste des Nationalparks bevorzugen.

2

3

4

*2 Das tropfende Wasser lagert winzige Materialmengen auf den fingerförmigen Zapfen ab und sorgt so für deren Wachstum.*

*3 Je nach der Zusammensetzung der im Wasser gelösten Mineralien variieren die Formen und Farben der bizarren Gesteinsformationen.*

*4 Fast wie Eiskristalle sehen die weißen, zierlichen Kalzitnadeln aus.*

# Cahokia Mounds

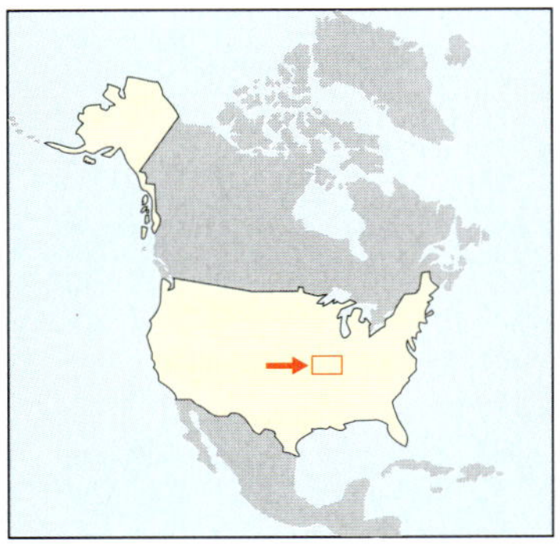

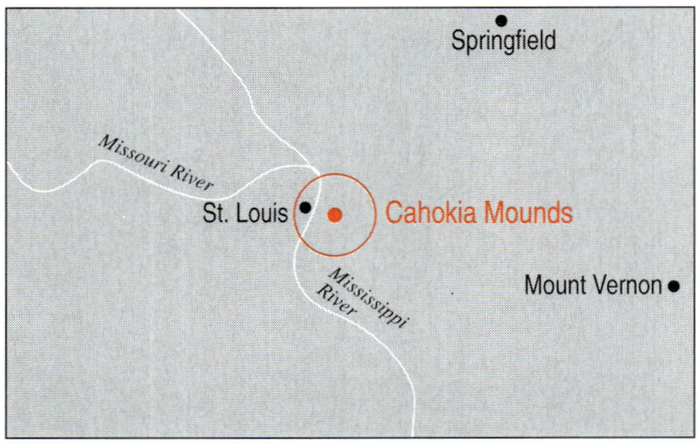


**Lage:** nahe East St. Louis im Südwesten des Bundesstaates Illinois

**Weltkulturerbe:** seit 1982

*Die ersten Europäer beschrieben die Ureinwohner der Neuen Welt gern als primitiv. Gegen ein solches Pauschalurteil stehen neben anderen Beispielen die Cahokia Mounds in den Schwemmland-Niederungen östlich des oberen Mississippi. Archäologen gruben hier eine mit Wällen und Palisaden befestigte Erdhügel-Siedlung aus, die von einer hochentwickelten Kultur zeugt. Man weiß nicht, wer dort vor 1000 Jahren gelebt hat, aber die Landwirtschafts- und Bautechniken der Bewohner waren trotz einfacher Mittel bereits erstaunlich ausgereift; wertvolle Grabbeigaben belegen überdies den Wohlstand eines seßhaften und bis in weit entfernte Gebiete Handel treibenden Volkes.*

*Eine Fläche von neun Fußballfeldern nimmt allein Monks Mound, der größte der 120 Erdhügel von Cahokia, ein. Die Hügel boten Schutz vor Angriffen und Überschwemmungen.*

1

1 *Überraschende Angriffe auf die Siedlung waren kaum möglich: Von den bis zu 30 Meter hohen Erdhügeln aus ist das Flachland in den Flußniederungen von Missouri und Mississippi weithin überschaubar.*

An der Mündung des Missouri in den Mississippi liegt Saint Louis, eine mittlere Großstadt mit einigen Industriebetrieben und respektablen Bildungs- und Kultureinrichtungen. 1764 wurde sie von Frankokanadiern gegründet. Doch schon vor rund 1000 Jahren gab es nur 15 Kilometer östlich dieser Stadt, im heutigen Bundesstaat Illinois, ein bedeutendes städtisches Gemeinwesen, das lange Zeit in Vergessenheit geraten war.

## Eine Stadt auf Erdhügeln

Die Hinterlassenschaften dieser unbekannten präkolumbischen Kultur, die Archäologen in dem Schwemmland fanden, sind spektakulär. Etwa zwischen 900 und 1600 n. Chr. ist die Cahokia getaufte stadtähnliche Siedlung von vermutlich bis zu 10 000 Menschen bewohnt gewesen. Rund 120 teilweise künstlich aufgeschüttete Erdhügel dienten entweder als Unterbau für Wohnbehausungen oder als Grabhügel. Als Baustoffe wurden ausschließlich Holz und Erde verwendet. Zu den einzelnen Wohneinheiten gehörte jeweils ein kleiner Garten; größere Flächen kultivierten Landes lagen außerhalb des Siedlungskerns.
Eine Besonderheit dieser präkolumbischen Stadtanlage, die in Wohn-, Arbeits- und Gemeinschaftsbereiche aufgeteilt war, stellte ein alles umschließender Befestigungsring aus Erdwällen dar. Palisaden schützten zusätzlich einen inneren Bezirk, vermutlich das Machtzentrum der Gemeinschaft. In Aufbau und Anlage erinnert Cahokia auffällig an die europäischen Oppida, wie die stadtähnlichen Siedlungen in der altitalischen Vorzeit und später (im 2. und 1. Jahrhundert v. Chr.) auch die großen keltischen Stadtanlagen genannt werden.

## Größer als Ägyptens Pyramiden

Die enorme Größe einiger der Erdhügel, deren Errichtung ein hohes Maß an Arbeitsorganisation erfordert haben muß, legt den Schluß nahe, daß es sich dabei um Gemeinschaftsstätten mit sakraler oder sozialer Bedeutung gehandelt haben könnte. Neben dem konisch zulaufenden Erdhügel Roundtop Mound und dem abgeflachten Fox Mound beherrscht der monumentale Monks Mound die Anlage. Mit einer Grundfläche von 304 x 213 Metern und einer Höhe von über 30 Metern ist er an der Basis größer als die ägyptischen Pyramiden und gilt als die größte prähistorische Erdkonstruktion der Neuen Welt.
Schriftliche Zeugnisse dieser geheimnisvollen Zivilisation sind nicht erhalten. Dennoch haben die Archäologen mit Hilfe der Siedlungsstruktur und anhand von Grabbeigaben und anderen Funden einiges über die handwerklichen Fähigkeiten, über den Lebensstil und die Beerdigungsriten sowie über die soziale und politische Organisation dieses hochentwickelten Gemeinwesens herausgefunden. Neben einer ertragreichen Landwirtschaft hat dieses seßhafte Volk einen schwunghaften Handel, auch über große Entfernungen hinweg, betrieben. Der Einflußbereich dieses prähistorischen Zentrums, das seine Blütezeit im 12. Jahrhundert hatte, war vermutlich auf die gesamte Mississippi-Region ausgedehnt.

2

3

*2 So könnte das Leben hier vor 1000 Jahren ausgesehen haben: Die Existenz der Palisadenzäune wurde nachgewiesen, die Darstellung der Menschen und ihrer Kleidung beruht dagegen nur auf Vermutungen.*

*3 Dieses in Cahokia gefundene Steintäfelchen mit der Abbildung eines Vogelmenschen auf der Vorderseite (links) und einem Rautenmuster auf der Rückseite (rechts) diente möglicherweise als eine Art Metermaß.*

# Mammoth Cave

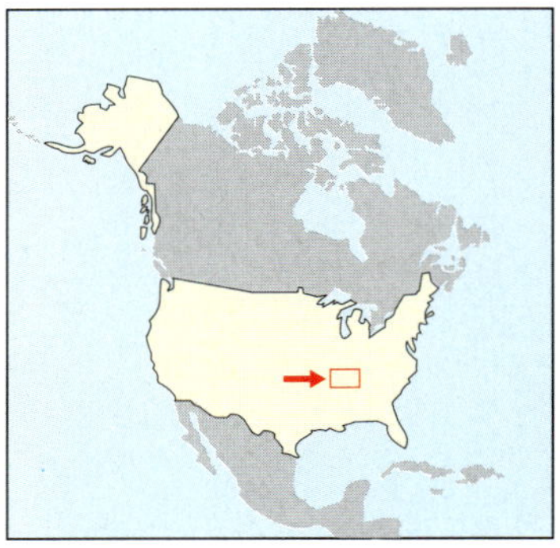

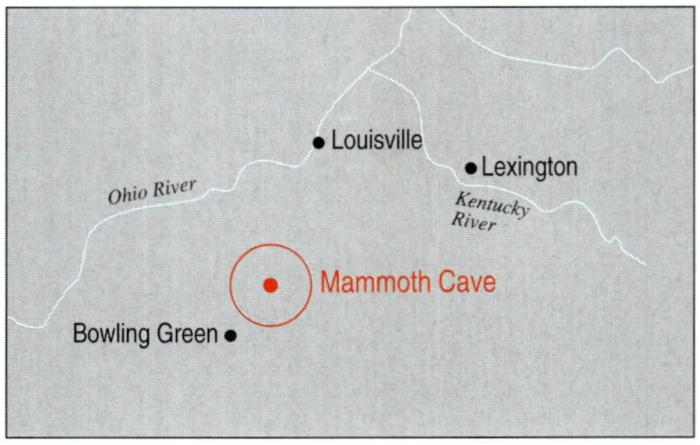


**Lage:** im Westen des Bundesstaates Kentucky, 140 Kilometer südwestlich von Louisville
**Weltnaturerbe:** seit 1981
**Fläche:** 212 Quadratkilometer

*In der reizvollen Landschaft Kentuckys mit ihren sanften Hügeln und herrlichen Wäldern deutet nichts auf die faszinierende Unterwelt hin, die sich am Green River wie ein Labyrinth durch das Karstgebiet zieht: Die weitverzweigten Gänge von Mammoth Cave bilden mit einer Gesamtlänge von weit über 500 Kilometern nicht nur das größte, sondern mit ihren bizarren Strukturen auch das aufregendste Höhlensystem der Welt. Tiefe Schächte und beeindruckende Tropfsteinformationen hat das Wasser im Laufe von Jahrmillionen aus der porösen Kalksteinschicht herausmodelliert. Unterirdische Seen und Flüsse dienen manch seltenem Tier als Lebensraum.*

*Für Besucher ein grandioses Erlebnis: Die künstliche Beleuchtung taucht die bizarren Formationen der »Frozen Niagara« genannten Tropfsteingebilde in geradezu dämonisches Licht.*

Einmal über den Broadway schlendern und das Amphitheater und die Methodistenkirche besichtigen, dann Mittagessen im Snowball Dining Room und anschließend ein Spaziergang auf der Kentucky Avenue oder am Ufer des Echo River... Das klingt wie die Empfehlung für einen netten Stadtbummel – doch hinter den klangvollen Namen verbergen sich nicht die Straßen und

1

*1 Mächtige Tropfsteinkomplexe wie der »Frozen Niagara« bieten einen eindrucksvollen Einblick in die verschiedenen Entwicklungsstufen der Höhlen.*

*2 Crystal Lake, der »Kristallsee«, gehört zu den spektakulärsten Erscheinungen, die das weitverzweigte Höhlensystem der Mammoth Cave zu bieten hat.*

Plätze einer geschäftigen Großstadt, sondern die Gänge und Gewölbe des mit Abstand größten zusammenhängenden Höhlensystems der Welt, der Mammoth Cave im Westen des Bundesstaates Kentucky.

**Ausflug in die Unterwelt**

Über der Erde umfaßt der Nationalpark in der Nähe der Kleinstadt Bowling Green ein über 200 Quadratkilometer großes Karstgebiet mit bewaldeten Hügeln und Senken beiderseits des Green River, die von Wildtieren bevölkert sind.

Doch die eigentliche Attraktion liegt unter der Erde. Über 530 Höhlenkilometer wurden im Komplex von Mammoth Cave bis heute erforscht und registriert – das entspricht der Entfernung von Berlin nach Essen. Und man geht davon aus, daß es in den folgenden Jahren noch einiges mehr zu entdecken gibt. 60 bis 100 Meter unter der Erdoberfläche öffnet sich eine Welt der Finsternis, die in ihren ungeheuren Dimensionen und bizarren Reizen ihresgleichen sucht: endlos lange Gänge, riesige Kuppelsäle wie der 59 Meter hohe Mammoth Dome, senkrecht ins Bodenlose stürzende Schächte wie Bottomless Pit – und das Ganze verziert mit Stalagmiten und Stalaktiten, mit auskristallisierten »Gipsblumen« und »Gipsnadeln«.

Schneeballartigen Formationen aus Gips an der Decke verdankt der Snowball Room seinen Namen. Allein die mächtige, Main Cave genannte Röhre ist fünf Kilometer lang, im Schnitt 20 Meter breit und 12 Meter hoch. Der Fat Man's Misery – frei übersetzt mit »Dickerchens Verderben« – getaufte Verbindungsgang dagegen ist so eng, daß ein Mensch nur flach auf dem Bauch kriechend hindurchschlüpfen kann.

Geologisch zu erklären ist die Entstehung dieses weltweit einzigartigen Höhlensystems als Folge der Überlagerung einer relativ weichen Kalksteinschicht mit einer wasserdurchlässigen, rund 15 Meter dicken Sandsteinschicht im Erdzeitalter des Karbon. Das durch den Sandstein sickernde Wasser und chemische Lösungsprozesse bewirkten im Laufe von Millionen von Jahren die Entstehung von riesigen Hohlräumen im Kalkstein. Mit dem sich immer tiefer in das Mammoth Cave Plateau hineinschneidenden Green River sank auch das Grundwasserniveau kontinuierlich ab, und die Hohlräume trockneten aus. Nun konnten durch herabtropfendes, von Kalziumsalzen und anderen Mineralien angereichertes Wasser die Tropfsteinformationen wie der imposante »versteinerte Wasserfall« Frozen Niagara entstehen. Die Tropfsteingebilde wachsen mit einer Geschwindigkeit von nur etwa einem Zentimeter in 100 Jahren. Einige Gänge führen noch immer Wasser. Als Namenspaten, passend zum Ort, dienten Styx und Lethe, die mythischen Flüsse der Unterwelt.

2

## Leben in der Finsternis

Eine ganze Reihe von Tieren hat sich mit einer erstaunlichen Anpassungsfähigkeit diese dunkle, feuchte Welt als Lebensraum erobert. Mehr als 200 Arten – von Süßwassermuscheln und Fischen bis zu Insekten und Fledermäusen – sind als angestammte Bewohner der Höhle bekannt. Bunt und schillernd kommt hier allerdings niemand daher, denn Licht und Farben spielen in der Unterwelt keine Rolle: Schwarz oder farblos ist das vorrangige »Outfit«. Zu den seltensten und merkwürdigsten Tieren dieser Erde zählt die Gruppe der Troglodyten, wie die Zoologen jene Tiere nennen, die nur in

1

1 Gut angepaßt an das Leben in den lichtlosen Höhlen sind Fledermäuse, die sich mit einer Art Ultraschallortung orientieren. Sie reagieren aber auch besonders empfindlich auf Störungen ihres Lebensraumes.

Höhlen existieren können. Der augenlose, durchscheinende Höhlenblindfisch und die farblose Kentucky-Höhlenkrabbe gehören zu diesen seltsamen Vertretern der Tierwelt, die kaum je ein Mensch zu Gesicht bekommt. Die sogenannten Troglophilen, die »Höhlenliebenden«, wagen dagegen auch schon mal Ausflüge nach draußen, etwa zur Nahrungssuche. Die Höhlengrille mit ihren langen Fühlern oder verschiedene Fledermausarten vertreten in Mammoth Cave diese Gruppe. Künstliches Licht und der Besucherandrang machen allerdings manchen zu schaffen, die lieber im Dunkeln bleiben würden. Besonders empfindlich reagieren die scheuen Fledermäuse. Da jedoch nur ein kleiner Teil des bisher bekannten Höhlensystems zur Besichtigung freigegeben ist, sind zumindest noch Rückzugsmöglichkeiten vorhanden.

## Menschen im Labyrinth

Ob die Höhle in der Vergangenheit auch schon einmal Menschen als dauerhafte Wohnstatt gedient hat, weiß man nicht. Als sicher gilt, daß sie bei den Indianern schon mehrere hundert Jahre vor Beginn unserer Zeitrechnung bekannt war – das haben Archäologen anhand von Funden feststellen können. Die konstanten klimatischen Bedingungen unter der Erde mit einer Dauertemperatur um 12 °C haben viele Spuren vergangener Kulturen erstaunlich gut konserviert. Feuerstellen und Reste von Schilffackeln, von Sandalen und geflochtenen Taschen, ja sogar Mumien und Fußabdrücke im Schlamm haben sich über Jahrhunderte hinweg erhalten.

Die ersten Weißen entdeckten den versteckten Eingang am Ufer des Green River erst 1798. Vor allem während des zweiten Unabhängigkeitskrieges mit Großbritannien (1812 bis 1814), der um Territorialansprüche im heutigen Kanada entbrannte, beuteten die Amerikaner die Salpetervorkommen der Mammoth Cave aus.

Nach diesem Krieg begann die Karriere der Höhle als Touristenattraktion. Die heute rund zwei Millionen Besucher pro Jahr bringen der Region im Westen Kentuckys zwar willkommene Einnahmen, für die Erhaltung der Höhle aber auch einige Probleme mit sich. Schäden durch Graffiti an den Wänden sowie durch Verrußung aufgrund von offenen Feuern und Fackeln waren bereits vor der 1941 erfolgten Einrichtung des Nationalparks zu verzeichnen. Das für Führungen installierte elektrische Licht begünstigt die Ansiedlung und Entwicklung von Moosen, Pilzen und Algen.

Eine Bedrohung für die Grundwasserreinheit geht von zahlreichen Öl- und Gasquellen aus, die innerhalb des Parks zwar stillgelegt, aber zum Teil nur unzureichend verschlossen wurden. Ein wirksamer Schutz vor Bodenverunreinigung durch Landwirtschaft und Industrie ist vor allem deshalb so schwierig, weil mehr als die Hälfte des Höhlensystems nicht mehr innerhalb der Parkgrenzen liegt.

2 Immer wieder werden die auf verschiedenen Ebenen angeordneten horizontalen Gänge des unterirdischen Labyrinths durch senkrechte Kamine, die sogenannten Pits, verbunden.

2

# Nationalpark Great Smoky Mountains

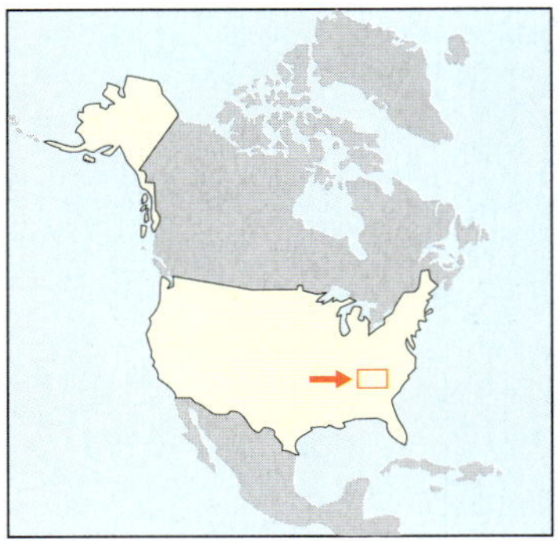

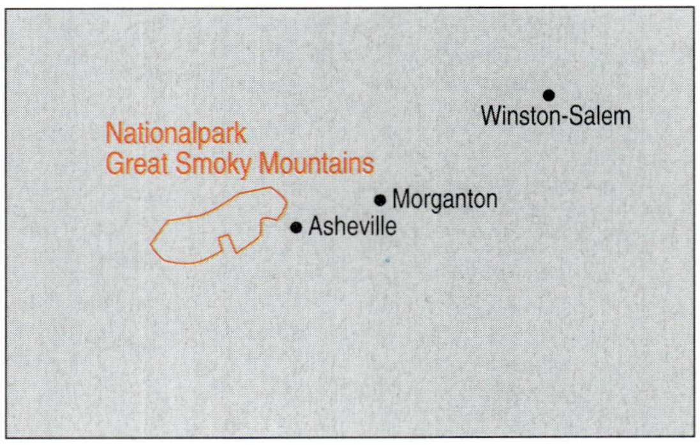


**LAGE:** im Grenzgebiet zwischen den Bundesstaaten North Carolina und Tennessee
**WELTNATURERBE:** seit 1983
**FLÄCHE:** 2091 Quadratkilometer

*Hochwälder so weit das Auge reicht, dazwischen gras- und heidebewachsene Hügelkuppen, im Hintergrund stolze Berggipfel mit ehrfurchtgebietenden Felsabstürzen und Wasserfällen: so präsentieren sich die Great Smoky Mountains in den südlichen Appalachen. Ob im Frühsommer, wenn die Wildblumen blühen, oder im Herbst, wenn die Laubwälder ihre bunte Pracht entfalten – der urwüchsige Nationalpark im Grenzgebiet zwischen Tennessee und North Carolina begeistert zu jeder Jahreszeit. Im einstigen Reich der Holzfäller und Pelzjäger tummeln sich heute wieder Schwarz- und Waschbär, Rotwild und Nerz, Otter und Biber.*

*Im Herbst entfaltet der artenreiche Mischwald der Great Smoky Mountains, wie hier an den malerischen Laurel Falls, einen zauberhaften Farbenreichtum.*

*Von atemberaubender Schönheit ist der Blick von der Newfound Gap Road über die nebelverhangene Talsenke des Deep Creek auf den Höhenzug der Great Smoky Mountains.*

Sieben Tage lang lag der Rauch der Friedenspfeifen nun schon in der Luft, und noch immer waren die verfeindeten Stämme zu keinem Ergebnis gekommen – da wurde es dem großen Manitou zu bunt: Erbost verwandelte er die erfolglosen Unterhändler in Pflanzen mit weißgrauen Blütenkelchen. Den Rauch der Pfeifen ließ er zur Mahnung für die Menschen, sich ernsthaft um den Frieden zu bemühen, als Dunstschwaden die Berge umwallen. So sind – einer Legende der Cherokee-Indianer zufolge – die Great Smoky Mountains entstanden, und seitdem wachsen und blühen hier auch die sogenannten Indianerpfeifen. Naturwissenschaftler haben für die oft nebelverhangenen Bergwälder natürlich eine nüchterne Erklärung: die hohe Luftfeuchtigkeit und den intensiven Stoffwechsel der Pflanzen.

## Das Land der Berge und Wälder

Der in Ost-West-Richtung verlaufende Höhenzug in den südlichen Appalachen, der 1926 zum National Monument und 1934 zum Nationalpark erklärt wurde, ist das größte zusammenhängende Naturgebiet im

Osten der USA. In der zentralen Gebirgskette erreichen neben Clingmans Dome, dem mit 2025 Metern höchsten Berg, noch weitere 16 Gipfel Höhen von über 1800 Metern. Kleinere Seitenkämme und tiefeingeschnittene Täler sind charakteristisch für den Park an der Grenze von Tennessee zu North Carolina. Geographen haben dort 45 Wasserscheiden gezählt und die Gesamtlänge der kristallklaren Bergflüsse, Bäche und Wasserfälle mit über 3000 Kilometern errechnet.
Feuchtwarme Sommer und relativ milde Winter bewirken ein sehr angenehmes Klima. Wegen der großen Höhenunterschiede – der tiefste Punkt liegt 259 Meter über dem Meeresspiegel – gibt es auch unterschiedliche Vegetationszonen.
Nahezu unberührter Hochwald bedeckt fast ein Drittel des Parkgeländes. Gras- und Heidelichtungen wechseln mit steilen Felswänden und Wasserläufen. Allein 130 verschiedene Arten von Laub und Nadelhölzern konnten in den schier endlos erscheinenden Wäldern nachgewiesen werden – ein Artenreichtum, der dem ganz Europas kaum nachsteht. Sommergrüne Laub- und Mischwälder mit einem Baum-

*Die wild schäumenden Bergflüsse im Nationalpark haben ihre Ursprünglichkeit bewahrt, weil Menschen wegen des unzugänglichen Geländes kaum bis zu ihren Ufern vordringen konnten.*

bestand vorwiegend aus Eichen, Buchen, rotem Ahorn, Hickory und Lorbeer gehen in den höheren Lagen, wo die Feuchtigkeit immer weiter abnimmt, in Nadelwälder mit Kiefern und Fichten über.
An den steilen Berghängen blühen üppig Rhododendren. Der Waldboden weist die größte Artenvielfalt an Moosen, Flechten, Pilzen und Kräutern der gesamten nördlichen Hemisphäre auf. Da zahlreiche Pflanzen gemäßigter und arktischer Klimazonen während der Eiszeiten im Pleistozän in diesem Gebiet am Gletscherrand »überwintern« konnten, präsentiert sich die Flora hier in einer überwältigenden Fülle.

1

*1 Die ersten weißen Siedler in den Great Smoky Mountains, die »Mountain People«, zimmerten vor mehr als 100 Jahren solche Bewässerungskanäle aus Holz. Sie sind mit einer Vorrichtung versehen, mit deren Hilfe sich die Durchflußmenge des Wassers regulieren läßt.*

## Ein Pelztier-Paradies

Die größten Tiere, die die ausgedehnten Hoch- und Bergwälder bevölkern, sind der Weißwedelhirsch und der amerikanische Schwarzbär oder Baribal, ein nicht sehr wählerischer Allesfresser, von dem wieder mehrere hundert Exemplare innerhalb der Parkgrenzen leben. Ausgesprochen vielfältig ist die Gruppe der mittleren und kleinen Pelztiere. Dazu gehören der Rotfuchs und der hochbeinige Graufuchs, ein geschickter Kletterer, der anpassungsfähige Waschbär, das katzengroße Opossum, das Waldmurmeltier (oder Woodchuck) und der Luchs. An einigen Wasserläufen baut inzwischen der früher hier weitverbreitete kanadische Biber wieder seine Dämme; auch Otter wurden erfolgreich neu angesiedelt. Verschiedene Eichhörnchen und Flughörnchen, Wiesel, Nerz, Bisamratte und Skunk gesellen sich dazu – da verwundert es nicht, daß die Wälder und Berge südlich von Knoxville bei Pelzjägern einst so beliebt gewesen sind. Neben zahlreichen Arten umherziehender Singvögel sind das Kragenhuhn und der Wildtruthahn das ganze Jahr über zu beobachten. Dutzende verschiedener Eidechsen-, Salamander-, Frosch- und Schlangenarten tummeln sich in dem feuchten, gewässerreichen Biotop. Die klaren Flüsse und Bäche sind der Lebensraum von über 40 einheimischen Fischarten, darunter Döbel und Bachforelle.

## Von Wilderern und Wildschweinen

Die Naturlandschaft hat sich heute von den Wunden, die ihr Holzfäller und Pelzjäger geschlagen haben, weitgehend erholt. Ehemaliges Farmgelände und gerodete Flächen wurden seit der Einrichtung des Nationalparks zum Großteil renaturiert, auch die für den Holztransport gebauten Bahngleise sind wieder abgebaut worden.
Obwohl heute jährlich rund neun Millionen Touristen in den Great Smoky Mountains die Begegnung mit der Natur suchen – das ist ungefähr das Dreifache dessen, was die Nationalparks Yellowstone, Yosemite und Grand Canyon jeweils verkraften müssen –, haben sich die Bestände vieler bedrohter Tier- und Pflanzenarten wieder erholt. Doch nicht alle Besucher begegnen der geschützten Natur mit dem gebotenen Respekt: Vandalismus, Waldfrevel und Wilderei sind leider an der Tagesordnung. Außer den vielen Besuchern stören auch einige Pflanzen und Tierarten, die ursprünglich nicht hier heimisch waren, das biologische Gleichgewicht empfindlich. So wurde ein Schädlingskäfer, der die Fraser-Föhre in den höheren Lagen des Nationalparks in Mitleidenschaft zieht, vermutlich aus Europa eingeschleppt. Ebenfalls aus Europa stammt das früher gern als Jagdwild ausgesetzte Gemeine Wildschwein, das in den Great Smoky Mountains so prächtig gedieh, daß es heute systematisch bejagt werden muß. Den Nationalpark trotz all dieser Widrigkeiten für die Nachwelt zu erhalten, ist eine der großen Herausforderungen für den Naturschutz in den USA.

2

3

4

5

## »Mountain People«

Das Leben der ersten weißen Siedler in den Smoky Mountains war hart und entbehrungsreich. Die steilen Berghänge ließen keine großflächige Felderwirtschaft zu; die kleinen Farmen mit wenigen Stück Vieh reichten gerade zur Selbsterhaltung der meist vielköpfigen Methodisten- oder Baptistenfamilien aus. Mühsam mußten die benötigten Flächen gerodet, Häuser, Einrichtungsgegenstände und Kleidung eigenhändig hergestellt werden. Jagd und Fischfang brachten ein wenig Abwechslung in den Speiseplan. Mit dem Holzeinschlag in den Wäldern konnten in der zweiten Hälfte des 19. Jahrhunderts erst im Zuge der technischen Entwicklung, die den Abtransport der Baumstämme erleichterte, Gewinne erwirtschaftet werden.
Lange Zeit bildeten die südlichen Appalachen die Siedlungsgrenze für den weißen Mann. Doch nach der Unabhängigkeitserklärung und weiteren Einwanderungswellen war der Drang der Siedler ins Landesinnere Richtung Westen nicht mehr aufzuhalten. 1796 wurde jenseits der Appalachen der neue Staat Tennessee gegründet, und rund 30 Jahre später waren die meisten der Cherokee-Indianer aus diesem Gebiet vertrieben. Die Nachfahren der wenigen, die in der Region geblieben waren, leben heute am Rand des Nationalparks Great Smoky Mountains.
Nachdem die ersten Siedler, in der Mehrzahl aus North Carolina und Virginia, die wenigen fruchtbaren Talflächen besetzt hatten, mußten die Nachfolgenden in die kargen Bergregionen ausweichen und hier als »Mountain People« um das nackte Überleben kämpfen. Viele von ihnen gaben bald wieder auf und zogen weiter, um ihr Glück anderswo zu suchen.
Im Tal von Cades Cove im Westen des Nationalparks wurde zur Erinnerung an die Pionierzeiten ein interessantes kleines Freilichtmuseum mit beeindruckend konstruierten Blockhäusern und Scheunen, einem Sägewerk und einer Kornmühle aufgebaut. Ausführlicher und sehr anschaulich informiert das Museum of Appalachia in Norris bei Knoxville über die Siedlungsgeschichte, die Wohn- und Arbeitsbedingungen, den Alltag und das Kunsthandwerk der frühen Siedler.

2–5 Die Tierwelt in den Bergwäldern der südlichen Appalachen läßt erahnen, warum die Gegend bei Pelzjägern einst so beliebt war: Das Graue Eichhörnchen (2), der Fischotter (3), die Bisamratte (4) und der Rotfuchs (5) sind nur einige der Pelztiere, die in den Great Smoky Mountains wieder zahlreich anzutreffen sind.

# Monticello und Universität von Virginia in Charlottesville

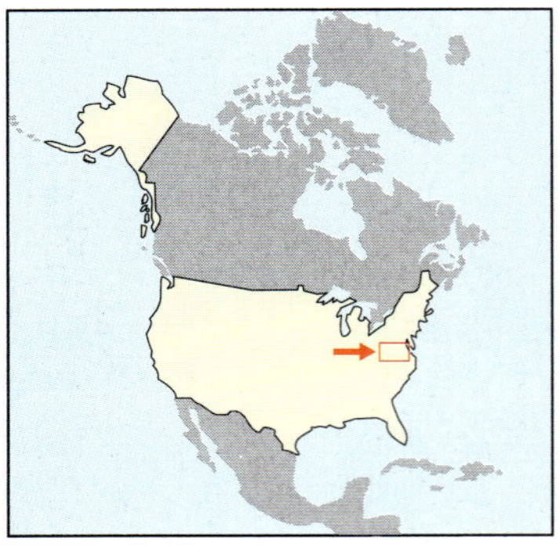

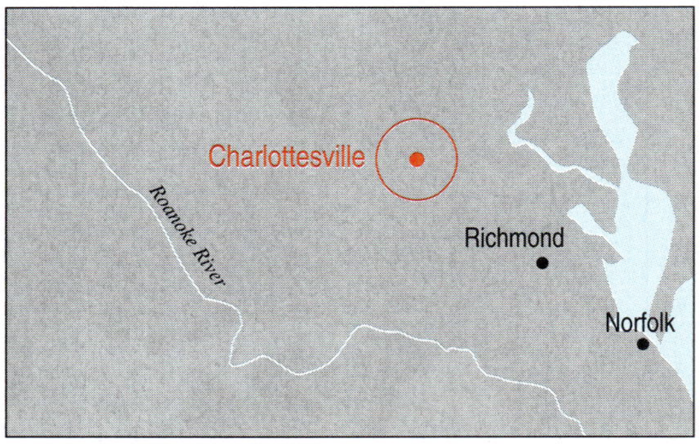


**Lage:** in Charlottesville im Bundesstaat Virginia im Osten der USA
**Weltkulturerbe:** seit 1987

*Er verfaßte in nur 17 Tagen die Unabhängigkeitserklärung der USA, verankerte die Religionsfreiheit in der Verfassung von Virginia, gründete in seiner Heimatstadt eine Reformuniversität und war auch noch acht Jahre lang Präsident der Vereinigten Staaten von Amerika: Thomas Jefferson. Monticello, sein privates Anwesen etwas außerhalb der beschaulichen, gut 165 Kilometer südwestlich von Washington D. C. gelegenen Stadt Charlottesville, zeugt vom Erfindungsreichtum seines Besitzers und wird als National Shrine, als »Heiligtum der Nation«, verehrt.*

*Mit dem von ihm selbst entworfenen Landsitz Monticello gelang dem vielseitigen Thomas Jefferson die glückliche Verbindung von italienischem Klassizismus und britischem Landhausstil.*

Am 4. Juli 1826, auf den Tag genau 50 Jahre nach der Unabhängigkeitserklärung, starb deren Verfasser Thomas Jefferson in seinem Landhaus Monticello bei Charlottesville, in dessen Garten er auch begraben liegt. Er war nicht nur Jurist, sondern auch Pflanzer, Architekt, Erfinder, Bildungsreformer – und der dritte Präsident der Vereinigten Staaten von Amerika. Ohne Jefferson, sein unermüdliches Wirken und die von ihm entworfenen öffentlichen wie privaten Gebäude wäre der kleinen Stadt im idyllischen, grünen Hügelland von Virginia wohl nie das Ansehen zuteil geworden, das sie heute allenthalben genießt.

*1*

*1 Sein Bett hatte der unermüdliche und kreative Denker und Lenker im offenen Alkoven zwischen Arbeitszimmer und Ankleideraum aufgestellt.*

*2 In der Rotunde der University of Virginia in Charlottesville ist die Bibliothek untergebracht. Das Standbild davor ehrt Thomas Jefferson, den Gründer, Architekten und ersten Rektor der Universität.*

Der 1743 geborene Sohn wohlhabender Grundbesitzer studierte Rechtswissenschaften und wurde bereits mit 26 Jahren in die Volksvertretung von Virginia gewählt: Mit 33 Jahren wurde ihm die Ehre zuteil, die Unabhängigkeitserklärung der USA formulieren zu dürfen. Danach ging es mit der Karriere des Thomas Jefferson steil bergauf: Er wurde Gouverneur von Virginia (1779 bis 1781), Gesandter der USA in Frankreich (1785–89), Außenminister unter George Washington (1789–93), Vizepräsident von John Adams (1797–1801) und schließlich von 1801 bis 1809 selbst Präsident der Vereinigten Staaten von Amerika.

**Impulse für die Architektur**

Doch die große politische Bühne allein konnte Jeffersons Schöpferdrang nicht befriedigen. Von der Kreativiät dieses rastlosen Erneuerers, Tüftlers und Vordenkers zeugen eindrucksvoll seine Heimatstadt Charlottesville und sein privates Wohnhaus. 1768 wurde mit dem Bau des von ihm selbst entworfenen Landhauses Monticello (»kleiner Hügel«) südöstlich der Stadt begonnen. Auf einer Italienreise hatte es ihm die Villa Capra (»La Rotonda«) in Vicenza, eines der Hauptwerke des berühmten Baumeisters Andrea Palladio (1508–88), besonders angetan, und so importierte Thomas Jefferson den palladianischen Klassizismus italienischer Villen-Architektur nach Virginia.

In einem weiten Bogen führt die Zufahrt auf den rotbraunen Ziegelbau mit weißem Säulenportikus zu, der von einer achteckigen Kuppel gekrönt wird. Im Inneren zeigt sich Jeffersons ganze Liebe zum technischen Detail: automatische Schwing- und Schiebetüren, versteckte Schränke und schmale Treppen, die den kleinsten Winkel des Hauses nutzen, und als Prunkstück in der Eingangshalle die mechanische Uhr mit Anzeige der Wochentage. Für deren Gewichte mußten eigens Löcher in den Fußboden gestemmt werden. Hinter dem Haus führen überdachte Gänge zu den Wirtschaftsgebäuden.

Seine Reformideen zur Bildungspolitik begann Jefferson 1819 mit der Gründung der University of Virginia in die Tat umzusetzen. Ihm schwebte das Ideal einer guten Allgemeinbildung sowie des fruchtbaren Zusammenwirkens von Natur- und Geisteswissenschaften vor. Die nötigen Räumlichkeiten entwarf er auch wieder selbst: Um eine dem römischen Pantheon nachempfundene Rotunde gruppieren sich auf dem Campus, harmonisch in die Landschaft eingepaßt, die Lehrsäle und die langgestreckten, einstöckigen Gebäude mit Wohnungen für Lehrer und Studenten. 1825, ein Jahr vor seinem Tod, war es Thomas Jefferson noch vergönnt, »seine« Universität als deren erster Rektor zu eröffnen. Mit seinen Bauten, zu denen auch das Kapitol in Virginias Hauptstadt Richmond zählt, gab er der amerikanischen Architektur wichtige Impulse.

*2*

# Nationalpark Everglades

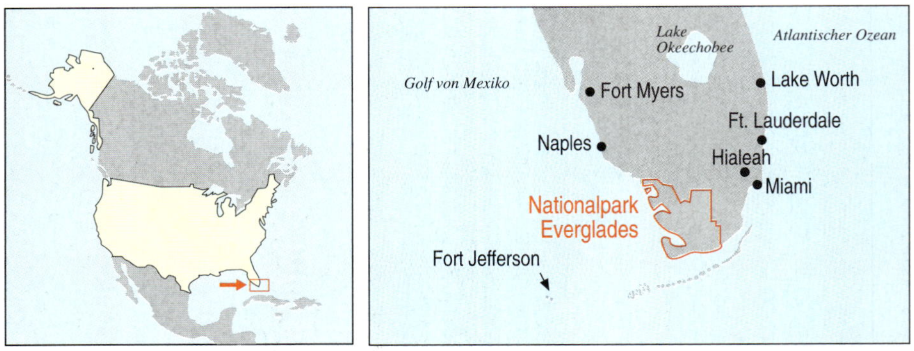


**LAGE:** an der Südspitze des Bundesstaates Florida, südwestlich von Miami

**WELTNATURERBE:** seit 1979

**FLÄCHE:** 5929 Quadratkilometer

*Der Nationalpark Everglades ist unheimlich und faszinierend zugleich: In schier endlosen Sumpfgrasflächen, auf verwunschenen Bauminseln und in undurchdringlichen Mangrovenwäldern leben Schlangen und Alligatoren, Reiher, Pelikane und Adler, Otter und Schildkröten. Doch das weltweit einzigartige Sumpfparadies vor den Toren von Miami ist stark bedroht. Intensive Landwirtschaft und fortschreitende Urbanisierung haben den Wasserstand dramatisch absinken lassen; Rückstände der Agrarchemie, Hurrikanes, Feuer und die Verbreitung nicht heimischer Pflanzen tragen ebenfalls dazu bei, das empfindliche Ökosystem aus dem Gleichgewicht zu bringen.*

*Sonnenuntergang über Floridas bedrohtem Sumpfparadies der Everglades: Vom Rot des Abendhimmels hebt sich die elegante Silhouette eines Silberreihers ab.*

Das »Mauerblümchen« unter den strahlenden Schönheiten der amerikanischen Nationalparks hat ein Beobachter die Everglades einmal genannt – und in der Tat: Auf den ersten Blick offenbart die riesige Sumpflandschaft im Süden Floridas ihre Reize nicht. Aber selbst wer von den bunten Attraktionen des Sunshine State, von

*Die »Hammocks« genannten Inseln im Überschwemmungsgebiet können aus nur zwei, drei Bäumen bestehen, aber auch Platz für einen ganzen Wald bieten.*

Disney World, Kennedy Space Center und der Glitzerwelt Miamis noch geblendet ist, wird sich der eigentümlichen Faszination dieses einzigartigen, heute in seiner Existenz ernstlich bedrohten Ökosystems nicht entziehen können, wenn er sich erst einmal auf diese urige Sumpfwildnis eingelassen hat. In den Besucherzahlen spiegelt sich das allerdings nicht: Obwohl der Park mit einer Fläche von fast 6000 Quadratkilometern der zweitgrößte und im Blick auf seine artenreiche Flora und Fauna vielleicht sogar der bedeutendste der Vereinigten Staaten ist, rangiert er in der Gunst des Publikums nur an zehnter Stelle.

**Eine endlose Wassersteppe**

Zum Nationalpark wurde 1947 nur ein kleiner Teil der Everglades, etwa ein Fünftel des ursprünglichen Gebiets, erklärt. Im riesigen, aber nur rund 30 Zentimeter tiefen Lake Okeechobee, einem der größten Süßwasserseen der USA, und im porösen Kalkstein Südfloridas sammeln sich die Wassermassen der sommerlichen Niederschläge, um dann, der leichten Neigung der Kalksteinformation folgend, ganz langsam auf breiter Front nach Süden in Richtung Florida Bay abzufließen. Im oberen Teil ist der »River of Grass«, wie die Einheimischen das Überschwemmungsland nennen, geprägt von endlosen Riedgras-Savannen, die nur von dschungelartig bewachsenen Bauminseln, den »Hammocks«, unterbrochen werden. Jede dieser ganz unterschiedlich großen, oft nur wenige Zentimeter über dem Schwemmlandniveau liegenden Inseln bildet ein eigenständiges Biotop mit einer häufig unverwechselbaren Vegetation. So weist zum Beispiel der Mahogany Hammock im Shark River Slough, dem breiten Hauptstrom der Everglades, den größten Bestand von Mahagoni-Bäumen in Nordamerika auf. Eine der ungewöhnlichsten Pflanzen ist wiederum die hier typische Sumpfzypresse, die eine direkte Verwandte von Riesenmammutbaum und Küstensequoia ist; sie ist blattwerfend, obwohl sie zu den Nadelbäumen gehört.

Zypressen und Pinienwälder säumen die trockeneren Randgebiete. Zur Küste hin, wo sich das abfließende Süßwasser mit dem Salzwasser des Golfs von Mexiko zu vermischen beginnt, geht die Sumpfgraslandschaft in ausgedehnte Mangrovenwälder über. Das Labyrinth der Stelzwurzeln bietet einen idealen Lebensraum für zahllose Mikroorganismen, Schnecken, Frösche und Fische und wird damit zum reich gedeckten Tisch für Otter und Alligatoren, für Wat- und Stelzvögel aller Art. Diese finden zudem in den Kronen der Mangroven ideale Nistplätze. Den Abschluß bilden die durch die vorgelagerten Keys, die flachen Inseln, geschützten warmen Gewässer des Golfs von Mexiko mit einer bunt-exotischen Unterwasserwelt.

Gut 110 Kilometer vor Key West liegt die aus sieben Korallenriffen bestehende Inselgruppe der Dry Tortugas. Hier wurde zwischen 1846 und 1876 das mächtige Fort Jefferson mit zweieinhalb Meter dicken Außenmauern errichtet. Die größte Steinfestung der USA, die für 400 Kanonen und 1500 Mann Besatzung ausgelegt war, wur-

de jedoch nie in Kampfhandlungen verwikkelt und diente lange als Gefängnis, ehe man sie 1935 zum National Monument erklärte. Eine wichtige Rolle spielen die abgeschiedenen Dry Tortugas als Nistplatz für Fregattvögel und Seeschwalben sowie als Raststätte für zahlreiche Zugvögel.

### Hirsche und Alligatoren

So ungewöhnlich wie die teilweise tropische und in dieser Form für die gesamten USA einzigartige Vegetation ist auch die in den Everglades beheimatete Tierwelt. Vertreter gemäßigter Klimazonen wie Kleinhirsche und Otter leben mehr oder weniger einträchtig mit tropen- und subtropentauglichen Lebewesen vom Alligator bis zum Bahama-Schwalbenschwanz zusammen. Noch immer beherbergen die Everglades an die 1000 zum Teil endemische Pflanzen- und über 700 Tierarten, Würmer, Schnecken und Insekten nicht einmal eingerechnet (so wurden allein 60 verschiedene Mückenarten nachgewiesen) – und das, obwohl hier 90 Prozent der Vogelarten und 80 Prozent aller Fischarten in den letzten 50 Jahren ausgestorben sind.
Für die meisten der jährlich rund 1,4 Millionen Besucher ist der Ausflug erst dann ein voller Erfolg, wenn sie einen der bis zu sechs Meter langen Mississippi-Alligatoren zu Gesicht bekommen haben. Die Chancen dafür stehen nicht einmal schlecht: Die Population dieser Riesenechse, die weitaus friedlicher ist als ihr Ruf, hat sich in den letzten Jahren deutlich erholt. Auch der Braune Pelikan und der Weißkopf-Seeadler, das Wappentier der Vereinigten Staaten, ziehen wieder majestätisch ihre Runden über dem Pay-Hay-Okee, dem »gräsernen Wasser«, wie die Indianer die Everglades nannten. Dagegen gehören das kleine Spitzkrokodil, Fischadler und Rosalöffler,

*Farne, Epiphyten und Sumpfpflanzen bilden zwischen den hoch aufragenden Sumpfzypressen ein dichtes und trügerisches Unterholz über dem morastigen Boden.*

*Nächste Doppelseite: Für Stelz- und Watvögel aller Art sind die Sümpfe der Everglades mit ihrem reichen Nahrungsangebot ein idealer Lebensraum.) In großen Kolonien brüten häufig Silber- und Seidenreiher, Amerikanische Graureiher und Kormorane gemeinsam.*

Schneckenweihe und der rehgroße Weißwedelhirsch zu den insgesamt rund 50 Tierarten der Everglades, die als »stark gefährdet« auf der Roten Liste geführt werden. Die Zahl der Manatis beispielsweise, jener behäbigen Seekühe, die an Floridas südlichen Küsten die Meereswiesen abweiden und fast nur noch im Golf von Mexiko vorkommen, ist inzwischen auf 1500 gesunken. Das sind lediglich etwa fünf Prozent der noch Mitte der achtziger Jahre registrierten Bestände. Der Kampf um den Florida-Panther, eine Unterart des Pumas, scheint bereits verloren zu sein: Eines der letzten Weibchen verendete 1994 nach dem Zusammenprall mit einem Auto.

1

*1 Der Amerikanische Graureiher bevorzugt als Jagdgebiet Mangrovensümpfe, die es an der Süd- und Westküste Floridas reichlich gibt.*

## Bedrohtes Paradies

Die Vorhersagen über den bevorstehenden Kollaps des komplizierten Ökosystems sind so alt wie der Nationalpark selbst. Bereits Marjory Stoneman Douglas, die Grande Dame der Everglades-Schützer, versah den Schluß ihres 1947 erschienenen und inzwischen zum Klassiker avancierten Werks »The Everglades: River of Grass« mit der Kapitelüberschrift »Fünf vor zwölf«.
Durch einen Flugzeugabsturz im Jahr 1996 hat sich der Zustand der Gewässer weiter verschlechtert. Schon immer haben es die Ökologen schwer gehabt, die Öffentlichkeit vom Wert dieses auf der Welt einzigartigen Feuchtbiotops zu überzeugen. Spektakuläre Bergwelten mit tosenden Wasserfällen und furchterregenden Grizzlybären lassen sich nun einmal besser ins rechte Medienlicht rücken als endlose Sumpfgraswiesen. »Die Leute dazu zu bringen, einen Sumpf zu lieben«, stöhnte eine Naturschützerin, »ist eine nahezu aussichtslose Herausforderung.« Und selbst Präsident Clintons Innenminister Bruce Babbitt räumte ein: »Wir haben ziemlich lange gebraucht, um in unsere Vorstellung von einem Nationalpark auch weniger spektakuläre, aber ebenso bedeutende Ökosysteme einzubeziehen«. Noch 1971 gab das Army Corps of Engineers stolz die Erfolgsmeldung heraus, dem »nutzlosen Sumpf« im Laufe der letzten 23 Jahre fast 30 000 Quadratkilometer Farmland abgerungen zu haben – natürlich außerhalb der Nationalparkgrenzen.
Was die Verantwortlichen im Staate Florida 1947 dazu bewogen haben mag, den südlichen Teil der Everglades zum Nationalpark zu erklären, gleichzeitig aber weite Teile, vor allem an der Nordwestgrenze des Parks, im Hinterland der Metropole Miami, zur landwirtschaftlichen Erschließung freizugeben, ist aus heutiger Sicht ein Rätsel. Tatsache bleibt, daß man mit der Anlage von Pumpstationen und Tausenden Kilometern von Kanälen und Deichen nicht nur bestes Ackerland gewonnen, sondern auch den geschützten Zonen des Nationalparks buchstäblich das Wasser abgegraben hat. Der enorme Trinkwasserverbrauch der touristisch überlaufenen Ostküste Floridas mit ihren Großstädten Palm Beach, Fort Lauderdale und Miami tat ein übriges. Spät, vielleicht zu spät, wie manche fürchten, hat jetzt ein Umdenkungsprozeß bei den Behörden eingesetzt. Selbst die Wasserwerksbetreiber mußten inzwischen einsehen, daß bei einem weiteren Absinken des Wasserspiegels das Vordringen des Meerwassers zu einer Versalzung des Grundwassers führen würde.

## Rasches Handeln ist erforderlich

Schon lange sind Fahrten mit den beliebten, aber ohrenbetäubend lauten Propellerbooten, den »airboats«, im Nationalpark nicht mehr zugelassen, da von ihnen eine

2

3

*2 Noch sind die Alligatoren in den Everglades keine Seltenheit. Ein weiteres Absinken des Wasserspiegels könnte jedoch für sie und viele andere Tierarten gefährlich werden.*

*3 Zu den im Nationalpark vertretenen Reihern zählt auch der zierliche Florida-Blaureiher, ein geschickter Pirschjäger, dessen Hals harpunenartig vorschnellt, wenn er ein Beutetier entdeckt hat.*

Störung der Tierwelt und unter der Wasseroberfläche auch eine Schädigung der Pflanzenwelt ausging. Die heute fast ausschließlich vom Tourismus lebenden Nachfahren der Seminolen- und Miccosukee-Indianer, die sich im 19. Jahrhundert durch Flucht in die unwegsamen Sümpfe ihrer Zwangsumsiedlung in Indianerreservate entzogen, dürfen deshalb ihre Dienste als Bootsführer nur an der Nordgrenze des Nationalparks, entlang dem Tamiami Trail (Route 41), anbieten. Seit 1985 ist im Park auch der kommerzielle Fischfang aus Artenschutzgründen verboten – eine Entscheidung, die Ortschaften wie das einst blühende Fischerdorf Everglades City an der Westküste hart getroffen hat. Wenn jährlich im Dezember die großen Schwärme der begehrten Meeräsche vom Golf von Mexiko zum Laichen in die Uferzonen der Ten Thousand Islands kommen, haben die Ranger aber immer noch alle Hände voll zu tun, das Verbot auch durchzusetzen. Das ist keine leichte Aufgabe in dem unübersichtlichen Inselgewirr, das Floridas Polizei schon bei der Bekämpfung des Drogenschmuggels an den Rand der Verzweiflung gebracht hat.

Nach den alarmierenden Ergebnissen einer vom amerikanischen Innenministerium in Auftrag gegebenen Studie soll nun versucht werden, die Fehlentwicklungen der letzten Jahrzehnte wieder rückgängig zu machen. Dazu gehört auch die »biologische Reinigung« des Parks von Pflanzen, die hier eigentlich nicht heimisch sind und die das empfindliche Gleichgewicht des Biotops gefährden. Eine besonders aggressive Spezies ist Melaleuca quinquenervia, ein dem Eukalyptus verwandter Baum, der um die Jahrhundertwende wegen seiner enormen Saugkraft zur Trockenlegung der Sümpfe aus Australien importiert wurde. Melaleuca, die sich aussät wie Unkraut und in Florida prächtig gedeiht, wird heute von Insidern »Everglades Terminator« genannt und nach Kräften abgeholzt. Denn wenn das Gleichgewicht erst einmal zerstört ist, können sich auch Naturkatastrophen verheerend auswirken. So richtete der Hurrikan »Andrew«, der 1992 über Süd-Florida hinwegfegte, vor allem in den Mangrovenwäldern Schäden an, von denen sich die Everglades nicht so schnell erholen werden.

Das Hauptproblem bildet jedoch die intensive Landwirtschaft in der Region: Mehr als 80 000 Hektar Ackerland sollen in den nächsten 20 Jahren von den Farmern zurückgekauft und wieder überflutet werden – ein Projekt, das nach vorsichtigen Schätzungen etwa fünf bis sechs Milliarden Mark

1

2

*1 Die Chancen, das Überleben des Florida-Panthers in den Everglades zu sichern, sind minimal. 1994 starb eines der letzten Weibchen nach dem Zusammenprall mit einem Auto.*

*2 Der stattliche Streifenkauz, die nordamerikanische Variante des Waldkauzes, hat sein Verbreitungsgebiet entlang der Atlantikküste vom St.-Lorenz-Strom bis nach Guatemala.*

verschlingen wird. Aber ehe sich dort, wo heute endlose Reihen von Tomaten- und Bohnenpflanzen, von Orangenbäumchen und Erdbeeren ein eher eintöniges Bild abgeben, wieder Alligatoren und Waschbären, Schlangen und Pelikane tummeln, wird wohl noch viel Wasser den Shark River Slough hinabfließen. Der Widerstand formiert sich inzwischen, denn die Farmer sollen nicht nur fruchtbares Land zurückgeben, sondern für die Umweltschäden, die durch die künstliche Düngung der Gemüsefelder entstanden sind, sogar noch zur Kasse gebeten werden. 320 Millionen Dollar, die Hälfte der errechneten Schadenssumme, will der Staat in den nächsten zwei Jahrzehnten von den verbitterten Landwirten wieder eintreiben.
Ob die erkannten Fehler überhaupt wieder rückgängig gemacht werden können, ist fraglich. Es bleibt jedoch zu hoffen, daß den Plänen der Verantwortlichen auch entsprechende Taten folgen, damit diese weltweit einzigartige Sumpflandschaft eine reelle Chance zum Überleben hat. Seit 1993 ist der Nationalpark von der UNESCO auf der Liste des Welterbes als »besonders gefährdet« eingestuft.
Wer die Everglades näher kennenlernen will, findet im Nationalpark viele befestigte Wege und Beobachtungsplattformen entlang der Straße nach Flamingo. Visitor Centers versorgen die Besucher mit Karten- und Informationsmaterial.

3

4

*3 Mehr als zwanzig Schlangenarten hat man im Nationalpark bisher registriert – darunter auch einige giftige wie diese Wassermokassinschlange, die beim Schwimmen mit dem Kopf über Wasser bleibt.*

*4 Die Jagd nach dem begehrten Schildpatt und die eingeschränkten Möglichkeiten zur Eiablage an unberührten Stränden haben die Bestände der Echten Karettschildkröte inzwischen stark dezimiert.*

# Vulkane auf Hawaii

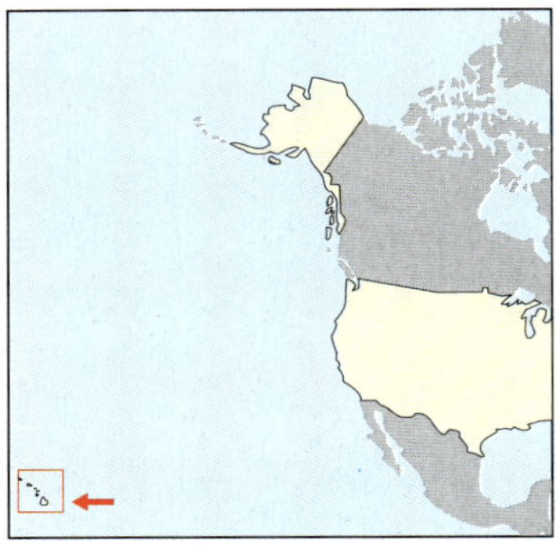

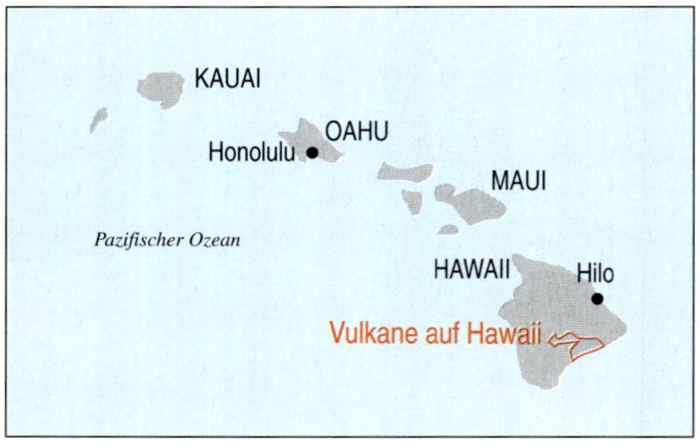


**LAGE:** an der Südostküste der Insel Hawaii im Pazifischen Ozean

**WELTNATURERBE:** seit 1987

**FLÄCHE:** 929 Quadratkilometer

*Surfer-Paradies und Heimat blumenbekränzter Hula-Mädchen – das sind die gängigen Hawaii-Klischees vieler Reisekataloge. Doch die wahren Attraktionen des Archipels im Pazifischen Ozean finden sich im Südosten der Hauptinsel: zwei der größten und aktivsten Vulkane der Erde in einer bizarren Landschaft mit karger Vegetation. Der über 4000 Meter hohe Mauna Loa und der flachere Kilauea spucken immer wieder ihre rotglühende Lava aus, die auf der Insel oder im Meer zu phantastischen Formen erstarrt. Manche Hawaiianer sehen darin das Wirken der Feuergöttin Pele – Geologen haben dafür freilich andere Erklärungen parat.*

*Ein faszinierendes Schauspiel bieten die Vulkane in der Dunkelheit, wenn glühende Lava den nächtlichen Himmel in ein Feuerspektakel verwandelt.*

1

2

*1 Überall im Nationalpark sind die Spuren jüngerer und älterer Vulkanausbrüche zu sehen – wie diese neueren Ströme mitten in der Landschaft aus erkalteter Lava.*

*2 Dampfend und rotglühend schiebt sich dünnflüssige Lava über eine Straße. Das sieht bedrohlich aus, doch waren die vulkanischen Aktivitäten auf Hawaii in der Vergangenheit relativ harmlos.*

»Der Vesuv ist im Vergleich zu diesem hier bloß ein Spielzeugvulkan, ein Suppenkessel«, meinte 1866 der Reporter Samuel Langhorne Clemens – besser bekannt als Mark Twain – in seinen Berichten aus Hawaii über den Vulkan Kilauea. »Hier war eine Grube, in der sich unten die gesamte russische Armee lagern könnte, und dennoch Platz übrig wäre«, notierte er beeindruckt. Das war im 19. Jahrhundert, doch die Faszination, die von der urtümlichen Vulkanlandschaft des Archipels im Pazifischen Ozean ausgeht, hat sich trotz mancher Veränderung bis heute erhalten.

## Am Puls der Erde

Der Nationalpark »Vulkane auf Hawaii« an der Südostküste der Hauptinsel besitzt mit dem Mauna Loa und dem Kilauea zwei der größten und aktivsten Vulkane der Erde. Mehr als 50 Ausbrüche während der letzten drei Jahrzehnte wurden allein beim Kilauea registriert: Seit 1969 haben ins Meer fließende Lavamassen die Insel um eine Fläche von 81 Hektar vergrößert. Nirgendwo sonst sind die urgewaltigen Aktivitäten der tieferen Erdschichten so hautnah zu erleben wie hier. Nirgendwo sonst sind allerdings auch die Auswirkungen der Eruptionen so vergleichsweise harmlos. Normalerweise entwickeln Vulkanausbrüche nur dann eine verheerende Explosivität, wenn das Magma einen hohen Anteil an Gasen enthält, die beim Austritt aus der Erdkruste freigesetzt werden. Das Magma der hawaiischen Vulkane dagegen ist gasarm und dünnflüssig; es tritt gewöhnlich eher wie sprudelndes Wasser aus und fließt dann als glühender Strom auf meist absehbaren Wegen bergab. So war das letzte Vulkanopfer auf Hawaii im Jahr 1924 zu beklagen – ein leichtsinniger Fotograf, der bei einer unterirdischen Meerwasserverpuffung im Halemaumaú-Kratersee von umherfliegenden Lavabrocken erschlagen wurde.
Da die beiden Vulkane auf der Big Island genannten Hauptinsel des 50. Bundesstaa-

3

tes der Vereinigten Staaten relativ harmlos sind, bieten sie sich für geologische Grundlagenforschung »am lebenden Objekt« geradezu an: Bereits im Jahr 1912 gründete Thomas Augustus Jagger, seinerzeit Dekan der Geologischen Fakultät des renommierten Massachusetts Institute of Technology, am leicht zugänglichen Kraterrand des Kilauea ein Observatorium. Mit Meßgeräten kamen Wissenschaftler dem Geheimnis des Vulkans auf die Spur. Modernste Seismographen und Laser-Apparaturen machen heute fast alle Aktivitäten des Kilauea vorhersehbar. Das Vulkan-Observatorium, an dem bahnbrechende neue Untersuchungstechniken entwickelt wurden, gilt als das bedeutendste der Welt. Nahezu alle Vulkanologen von Rang haben hier schon Forschungen durchgeführt.

**Wenn Pele zürnt**

Unbeeindruckt von derlei wissenschaftlichen Erkenntnissen haben vor allem die älteren Hawaiianer traditionell eine ganz andere Vorstellung von den geheimnisvollen Naturgewalten. Der alte Mythos von der Feuergöttin Pele, die mit Dampf und Schwefel ihre Launen austobt und unberechenbar jähzornig ist, lebt hier noch weiter. Mal streift sie als altes Weib, mal als verführerisches junges Mädchen über die Insel. Wird sie von einem Mann verschmäht oder geht sonst irgend etwas nicht nach ihrem Willen, wird sie furchtbar zornig. Dann läßt Ka Wahine O Kalua, die »Frau der Hölle«, wie sie von den Hawaiianern genannt wird, die Erde beben oder glühende Lava fließen. Besänftigen läßt sie sich nur mit ihren Lieblingsspeisen und -getränken: vorzugsweise mit Gin und Preiselbeeren. Deshalb wird beides gern als Opfergabe am Halemaúmaú deponiert, einem Krater des Kilauea mit 800 Metern Durchmesser. Er war von 1823 bis 1924 ständig mit glühender Lava gefüllt und gilt als Wohnsitz der Feuergöttin. Wenn starker Wind die aufschäumende Lava zu dünnen Fäden verzieht,

*3 Das tiefschwarze Gestein der Küste im Süden der Hauptinsel erinnert daran, daß der gesamte Archipel im Pazifik vulkanischen Ursprungs ist.*

*Nächste Doppelseite: Der mächtige, 120 Meter tiefe Kraterkessel des Vulkans Kilauea bildet mit einem Durchmesser von vier Kilometern das Kernstück des Hawaii Volcanoes National Park.*

dann wehen »Peles Haare« über die Insel; erstarrt ausgeschleuderte Lava in kühleren Luftschichten zu runden Kieseln, dann kullern »Peles Tränen« auf die Erde.

## Der Lange und der Vielspeier

Der Mauna Loa, der »lange Berg« im Zentrum der Hauptinsel Hawaii, ist ein massiver Kegelberg aus Lava, der sich Schicht um Schicht auf eine Höhe von zur Zeit rund 4100 Metern über dem Meeresspiegel aufgetürmt hat. Rechnet man die gut 6000 Meter von seinem Sockel am Meeresgrund bis zur Wasseroberfläche hinzu, dann wäre er über 1000 Meter höher als der Mount Everest – und damit der höchste Berg der Erde. Seine Masse würde ausreichen, um ganz Deutschland mit einer 120 Meter dikken Lavaschicht zu bedecken.

Wie in einem geologischen Lehrbuch sind auf dem Gelände des 1916 eingerichteten Nationalparks die verschiedenen Erstarrungsformen der Lava zu beobachten: Faltenwürfe wie von riesigen, drapierten Tüchern, die verdrehten Taue der Seillava, glatte Fladenlava oder die zähflüssige, scharfkantige Ah-Ah-Lava, die ihren Namen angeblich den Schmerzensschreien der barfüßigen Polynesier verdankt. Zu schroffen Abstürzen, an denen sich die Wellen brechen, erkaltet die Lava an der Küste, wo das Wasser für rasche Abkühlung sorgt. Zischend austretende Schwefeldämpfe, brodelnde Lavaseen und kuriose Formen tragen zu der unwirklich scheinenden Atmosphäre dieser bizarren Landschaft bei. Der Tunnel der Thurston Lava Tube zum Beispiel entstand dadurch, daß das Innere eines Lavastroms noch weiterfloß, während die äußere Hülle bereits erstarrt war. Der Wald am Devastation Trail verglühte 1959 in einem Ascheregen.

Aus der Südostflanke des Mauna Loa erhebt sich der viel flachere, nur 1227 Meter hohe Kilauea, was auf hawaiianisch »viel speiend, ausgedehnt« bedeutet. An seinen Hängen sind die unterschiedlichen Stadien vulkanischer Vegetation zu finden: vom tropischen Regenwald Olaá, dem mit 4000 Hektar größten Baumfarn- und Ohia-Wald des hawaiischen Archipels, bis zum Busch- und Grasland der Kau-Wüste. Für die enorme Bandbreite der Vegetationszonen sind

1

*1 Wie ein riesiger Teerklumpen liegt dieser Lavabrocken in der Landschaft. Nirgendwo sonst sind die verschiedenen Erscheinungsformen erkalteter Lava so anschaulich zu studieren wie im Vulkan-Nationalpark von Hawaii.*

*2 Bleich und kahl ragen die im Jahr 1959 bei einem Ascheregen verglühten Baumstümpfe am Devastation Trail in den Himmel. Nur langsam wächst hier neues Grün nach.*

2

1

1 *Zur Gattung der Ingwergewächse gehört die Gelbe Hedychie, die eigentlich in Nordindien und im Himalaya heimisch ist. Die Blütenschäfte können eine Höhe von mehr als 1,50 Meter erreichen.*

2 *Überleben in der schwarzen Wüste: Nach jedem Vulkanausbruch, der die Erde mit einer weiteren Lavaschicht bedeckt, muß sich das pflanzliche Leben wieder neu entwickeln.*

die großen Höhen- und die damit verbundenen Temperaturunterschiede sowie die stark abweichenden Niederschlagsmengen verantwortlich. Die an der Küste mit 22 °C noch relativ hohe Durchschnittstemperatur nimmt mit zunehmender Höhe rapide ab: Auf 3400 Metern am Mauna Loa beträgt sie nur noch 7 °C, auf seinem Gipfel noch weniger. Während die vorherrschenden Nordostwinde den ihnen zugewandten Hängen viel Feuchtigkeit bringen, müssen die Südostflanken der Vulkane mit einem Zehntel dieser Wassermenge auskommen.

Wie für viele Inseln typisch, ist auch auf Hawaii die Artenvielfalt der Pflanzen nicht besonders groß. Um so höher ist der durch die extreme Isolation bedingte Anteil der endemischen Pflanzen, jener Arten, die es ausschließlich auf Hawaii gibt; bei den blühenden Pflanzen beträgt er 95 Prozent. Noch weniger Artenvielfalt ist in der Tierwelt zu verzeichnen: Nur eine einzige Fledermausart gilt als einheimisches Säugetier. Etwas wohler scheinen sich auf den kargen Vulkaninseln die Vögel zu fühlen. Die Hawaii-Gans, die das Staatswappen schmückt, der Hawaii-Habicht, die Hawaii-Krähe und der Hawaii-Sturmvogel, die Kurzohreule sowie drei Baumläufer-Unterarten zählen neben anderen sowohl zu den endemischen wie zu den in ihrem Bestand stark bedrohten Arten. Eine ernsthafte Beeinträchtigung der einheimischen Flora und Fauna sind die zahlreichen eingeschleppten Tiere und Pflanzen, welche die ursprünglichen Ökosysteme bereits empfindlich gestört haben. Neben Hunden, Katzen und Mungos richten vor allem verwilderte Ziegen und Schweine große Schäden an. Mit Schutzzäunen und systematischer Bejagung versucht man dieser Bedrohung Herr zu werden. Auch die Abholzung von Waldflächen für Zuckerrohr- und Ananasplantagen hat in der Vergangenheit nicht gerade zur Stärkung der einheimischen Vegetation beigetragen.

**Mit dem Vulkan leben**

Auch wenn die Lavaströme vieles von Menschenhand Geschaffene im Laufe der Zeit wieder verschüttet haben, sind entlang der Küste doch erstaunlich viele Spuren historischer Besiedlung erhalten geblieben. Die Polynesier kamen in ihren großen Doppelrumpfbooten vermutlich in der Zeit zwischen 500 und 750 n. Chr. auf den Archipel, die ersten Weißen 1778 mit dem britischen Weltumsegler Captain James Cook, der auf den Inseln landete und ihnen den Namen »Sandwich Islands« gab. Überreste von Dörfern, die man zum Teil nur noch an den dort wachsenden Kokospalmen erkennen kann, von Tempeln, Gräbern, gepflasterten Wegen, Schutzhöhlen, Kanu-Anlegestellen und landwirtschaftlichen Nutzflächen zeugen von einst hier ansässigen Kulturen. Archäologisch bedeutsam sind die Ruinen von Wahaúla Heiau, einem 1275 errichteten Heiligtum, sowie die Puú Loa Petroglyphs, ein 2000 Quadratmeter großes Areal mit Felsgravuren aus der Frühzeit der hawaiischen Siedlungsgeschichte.

### *Driftende Platten und heiße Flecken*

*Die Geologen hatten lange an den Rätseln zu knacken, die ihnen der 2400 Kilometer lange Archipel im Pazifischen Ozean aufgab. Nicht erklären konnte man sich zum Beispiel die Beobachtung, daß die einzelnen Inseln des Hawaii-Rückens Richtung Nordwesten immer kleiner und vor allem älter werden: Während die Hauptinsel Hawaii gerade mal 500 000 Jahre alt ist – in erdgeschichtlichen Dimensionen nur ein kurzer Moment –, sind das benachbarte Maui bereits 1,8 Millionen, Kauai 5,6 und die weit entfernten Midway Inseln schon 28 Millionen Jahre alt. Auch schien die geographische Lage der Inseln mit der Theorie der Plattentektonik nicht vereinbar.*

*Der deutsche Geophysiker Alfred Wegener, der Urheber der Theorie von der Kontinentalverschiebung, die in ihrer Weiterentwicklung zur Theorie der Plattentektonik führte, hatte bereits 1912 vermutet, was sich in den sechziger Jahren als Lehrmeinung durchsetzen sollte: Demnach ist die Erdkruste nicht starr und unbeweglich, sondern besteht aus sechs riesigen und zahlreichen kleinen Platten, die auf der flüssigen Magmaschicht schwimmen. An den Rändern dieser Platten kann an manchen Stellen das flüssige Magma aus dem Erdinneren nach oben dringen. Wenn diese Platten zusammentreffen, können sich auch Gebirge auffalten oder durch die Reibung Erdbeben verursacht werden.*

*Die Entstehung der Vulkaninseln von Hawaii ließ sich damit freilich nicht erklären, denn der Archipel liegt nicht am Rand, sondern in der Mitte der großen Pazifischen Platte. Der Amerikaner Tuzo Wilson entwickelte schließlich die Theorie des Hot Spots, die zur Lösung des Rätsels führte: Ein solcher »heißer Fleck« in der Magmaschicht kann die massive Platte wie ein riesiger Laserbrenner durchtrennen. An dieser Stelle kann dann das Magma an der Erdoberfläche austreten und einen Vulkan bilden. Da sich die Pazifische Platte mit einer Geschwindigkeit von acht Zentimetern pro Jahr nach Nordwesten bewegt, hat der ortsfeste Hot Spot im Laufe von Millionen von Jahren eine perforierte Naht hinterlassen. Die Inseln am Nordwestende der Kette, die langsam wieder im Meer versinken, sind schon lange über den Hot Spot hinweggedriftet, dessen Zentrum momentan unter der Insel Hawaii liegt. Deshalb sind der Mauna Loa und der Kilauea noch aktiv; in einigen tausend Jahren werden auch sie erlöschen. Statt dessen wird sich südöstlich der Hauptinsel ein neuer Vulkan aus dem Meer erheben. Gut 30 Kilometer vor der heutigen Küste hat man die Erhebung bereits entdeckt. Die Spitze des »Loihi Seamount« getauften submarinen Vulkans ist nur noch knapp tausend Meter von der Wasseroberfläche entfernt, doch es wird noch etwa 60 000 Jahre dauern, bis er sich über den Meeresspiegel erheben wird.*

*2*

# Grauwalreservat El Vizcaíno

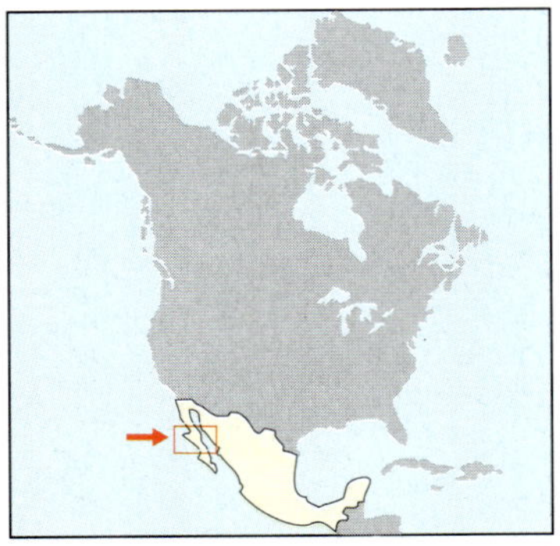

**Lage:** an der Halbinsel Baja California, zwischen dem Golf von Kalifornien und dem Pazifik
**Weltnaturerbe:** seit 1993
**Fläche:** 5548 Quadratkilometer

*Wenn es einmal regnet – und das kommt selten genug vor –, dann erwacht die Wüste im Zentrum der 1200 Kilometer langen Halbinsel Baja California zum Leben. Überall sprießt das Grün, Kakteen und Yucca bringen prächtige Blüten hervor. Das felsige Hochland und die Vizcaíno-Wüste zwischen dem Golf von Kalifornien und der Pazifikküste sind der Lebensraum einer überraschend artenreichen Tierwelt. Weltweit einzigartig aber ist die Bucht von Vizcaíno, in der sich jedes Jahr zu Hunderten mächtige Grauwale einfinden, um sich zu paaren und um ihre Kälber abzusetzen.*

*Als »Kinderstube der Grauwale« ist die Bucht von Vizcaíno weltberühmt: Paarung und Geburt der mächtigen Meeressäuger finden hier in ihrem warmen Winterquartier statt.*

1

*1 Auch Finnwale, die 18 bis 20 Meter lang werden, sind in den Küstengewässern der Halbinsel Baja California noch häufig zu beobachten.*

*2/3 Meist knorrig und stachelig, aber dennoch erstaunlich vielfältig präsentiert sich die Pflanzenwelt der Vizcaíno-Wüste auf dem felsigen Hochplateau der Baja California.*

*4 Kalifornische Seelöwen, die an ihrer langen, schmalen Schnauze zu erkennen sind, tummeln sich verspielt im warmen Wasser der Küstenlagunen. Ihr Verbreitungsgebiet reicht von Kanada bis Mexiko.*

Jedes Jahr zwischen Dezember und März kommen die Grauwale in die Bahia de Vizcaíno. Im warmen, seichten Wasser der Lagunen von Ojo de Liebre und San Ignacio bringen sie ihre Jungen zur Welt oder paaren sich. Rund 8000 Kilometer legen die behäbigen Meeressäuger auf ihrem Weg aus den arktischen Gewässern der Beringsee zurück, bevor sie sich vor der Halbinsel Baja California ihren Frühlingsgefühlen hingeben und sich in übermütig springende Akrobaten verwandeln. Die Hälfte aller Grauwalbabys der Erde wird in den Küstengewässern von El Vizcaíno geboren. Das Überleben der gesamten Spezies hängt deshalb entscheidend vom Erhalt dieses marinen Naturreservats ab.
Zu Beginn unseres Jahrhunderts stand es sehr schlecht um den Grauwal: Der britische Walfänger Charles M. Scammon hatte die Wallagunen 1857 entdeckt, und seine Schlächter hatten im seichten Wasser leichtes Spiel. Wenige Jahrzehnte später war die Walpopulation auf einige hundert Tiere dezimiert. Die Situation besserte sich erst wieder, nachdem der Grauwal 1947 unter Schutz gestellt worden war.

**Die Wüste lebt**

Die Wale sind nicht die einzige Attraktion der zentralen Baja California. Auch die Küstenstreifen, die Vizcaíno-Wüste und die bis auf knapp unter 2000 Meter Höhe ansteigenden Felsplateaus sind voller Leben – obwohl man es auf den ersten Blick kaum vermuten würde. In den Küstenzonen rund um die seichten, an der Pazifikküste auch von Mangroven gesäumten Lagunen finden sich alljährlich über 70 000 Ringelgänse ein, zwei Drittel aller in Mexiko überwinternden Gänse dieser Art.
Hier leben Seehunde, -löwen und -elefanten sowie mehrere Schildkrötenarten, darunter die sehr seltenen und vom Aussterben bedrohten Suppen- (»Greenturtle«), Leder-, Bastard- und Echten Karettschildkröten. In der trockenen, felsigen Sierra bringen Kakteen und Yuccapalmen, Idriabüsche und Elefantenbäume bisweilen eine bezaubernde Blütenpracht hervor. Auch Maultierhirsche und Pronghorn-Antilopen, Dickhornschafe und Kitfüchse leben hier. Das Niederkalifornische Felsenhörnchen sowie Unterarten der Mausohrfledermaus und der

Wüstenspringmaus kommen nur hier im Süden der Halbinsel Baja California vor und nirgendwo sonst auf der Erde.
Das durch die enge Verbindung von warmen Gewässern, Lagunenzonen, Wüsten und felsigem Hochland einzigartige und außerdem in seiner Pflanzen- und Tierwelt artenreiche Ökosystem blieb jahrhundertelang relativ unbehelligt, weil die Region mit ihrem unwirtlichen Wüstenklima für den Menschen in der Vergangenheit relativ uninteressant war. Dies gilt auch für die extrem salzhaltigen Lagunen mit den dichten Blaualgenmatten.
Heute wird hier Fischerei, Land- und Viehwirtschaft betrieben; am Golf von Kalifornien spielt mittlerweile auch der Tourismus eine bedeutende Rolle. In der Umgebung des Ortes Guerrero Negro gewinnt man Salz in Salinenbecken, die zu den größten der Welt gehören. Das Gleichgewicht der Natur in diesem ausgedehnten Biosphärenreservat ist noch weitgehend intakt, doch der geplante Bau einer riesigen Salzgewinnungsanlage in der Lagune San Ignacio könnte zu einer ernsthaften Gefahr für die Wale werden.

*2*

*3*

*4*

# Felszeichnungen in der Sierra de San Francisco

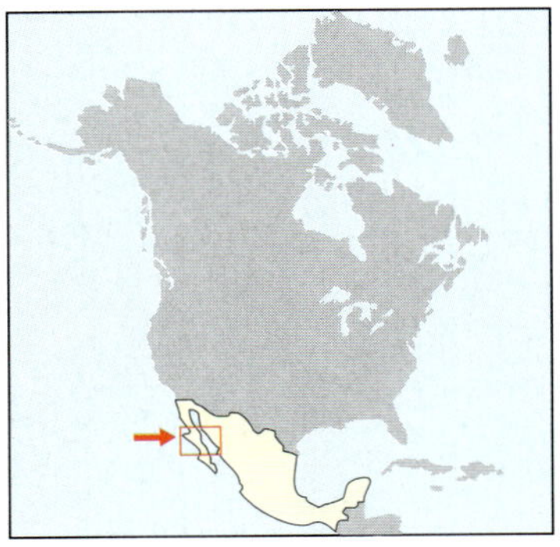

**Lage:** im Zentrum der Halbinsel Baja California, in der Wüste El Vizcaíno

**Weltkulturerbe:** seit 1993

*Niemand weiß, von wem und wann genau sie geschaffen wurden, sicher ist aber, daß sie zu den großartigsten Zeugnissen präkolumbischer Kunst gehören: die Felszeichnungen in den Höhlen der menschenleeren Sierra de San Francisco. Die monumentalen Darstellungen von Menschen und Tieren beeindrucken durch ihre Farbenpracht und die Feinheit der Ausführung. Das trocken-heiße Wüstenklima der Halbinsel Baja California zwischen dem Golf von Kalifornien und der Pazifikküste hat die Wandmalereien in versteckten Grotten und Felsnischen wunderbar konserviert.*

*Die monumentalen menschlichen Figuren und mächtigen Hirsche, die auf diesem Wandbild in der Cueva de la Pintada dargestellt sind, sollten vermutlich das Jagdglück beschwören.*

1 Um die Farbwirkung zu erhöhen, haben die unbekannten Künstler den Fels häufig weiß grundiert, bevor sie ihre Malereien auftrugen – hier zwei nicht näher identifizierbare Vögel.

Wenn nicht gerade einer der seltenen sturzbachartigen Regenfälle die ausgetrockneten Flußbetten in reißende Ströme verwandelt, ist es hier trocken, staubig und heiß – eine unwirtliche Gegend. Deshalb ist es kein Zufall, daß der Süden der rund 1200 Kilometer langen Halbinsel Baja California zu den am dünnsten besiedelten Regionen Mexikos zählt. Dennoch hat die felsige Sierra de San Francisco, ein Teil der Wüste von El Vizcaíno im Zentrum der Halbinsel, ein Kulturdenkmal ersten Ranges zu bieten: präkolumbische Höhlenmalereien, die an Größe und Anzahl, vor allem aber im Blick auf ihren hervorragenden Erhaltungszustand, weltweit ihresgleichen suchen. 250 der inzwischen rund 400 bekannten Stätten – darunter die schönsten und bedeutendsten – liegen in der Sierra de San Francisco in der Nähe der beiden Ortschaften San Francisco und Mulege.

2 Diese Felsmalerei in der Cueva del Enjambre del Hipólito zeigt die Darstellung eines Fisches. Manche der abgebildeten Tiere sind schon lange nicht mehr im Gebiet der Baja California heimisch.

## Präkolumbische »Alte Meister«

Die Felsmalereien, die man in den abgelegenen, schwer zugänglichen Höhlen an Wänden und Decken gefunden hat, stammen vermutlich aus der Zeit zwischen 1100 v. Chr. und 1300 n. Chr. Das trockene Klima hat die einzigartigen Kunstwerke über die Jahrhunderte hinweg konserviert, und die Tatsache, daß die Malereien so versteckt sind, trug ebenfalls zu ihrer Erhaltung bei. Abgebildet sind Menschen und Tiere, zum Teil in Lebensgröße, häufig in Verbindung mit Waffen, was darauf schließen läßt, daß es sich um Jagd- und Kriegsszenen handelt. Die Höhlen selbst sind vermutlich nicht als Wohnplätze, sondern als Kultstätten oder als Jagdfallen für Beutetiere genutzt worden. Von den eindeutig identifizierten Tieren an den Felswänden – darunter Puma, Luchs, Rotwild, Dickhornschafe, Wale, Schildkröten, Adler, Pelikane sowie verschiedene Fische – sind einige im Gebiet der Baja California schon lange ausgestorben. Das Klima und damit auch die Pflanzen- und Tierwelt auf der Halbinsel müssen sich im Laufe der Zeit entscheidend verändert haben.

Die bei den Malereien angewandten Techniken sind bereits erstaunlich entwickelt: Farbgrundierungen, Umrißzeichnungen und Schattierungen erzeugen eine überaus plastische Bildwirkung. Die aus gemahlenem Vulkangestein hergestellten Farben umfassen die gesamte Palette – wenn auch Schwarz, Weiß und Rot bevorzugt verwendet wurden. Da einige der Felsbilder in größerer Höhe angebracht wurden, müssen die Künstler auf Leitern oder Gerüsten gearbeitet haben. Über die Urheber dieser prähistorischen Kunstwerke weiß man freilich wenig. Das kulturell am weitesten entwickelte Volk auf der Baja California waren die Guachimis, die etwa in dem Gebiet zwischen La Purísima und dem Nordende der Halbinsel gelebt haben. Als Entdecker der Malereien gilt der Jesuit Francisco Javier Clavijero. In seinem 1789 erschienenen Bericht über eine Reise durch die Baja California schreibt er von sagenhaften Riesen, die Indio-Legenden zufolge die monumentalen Wandbilder gemalt haben sollen.

3

*3 In der kargen, abgelegenen Felslandschaft der Sierra de San Francisco liegen die nur schwer zugänglichen Höhlen, in denen zwischen 1100 v. Chr. und 1300 n. Chr. die geheimnisvollen Felsmalereien entstanden.*

# Altstadt von Zacatecas

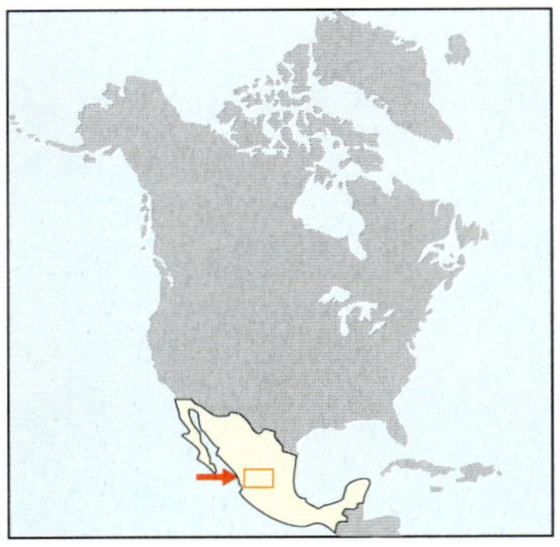

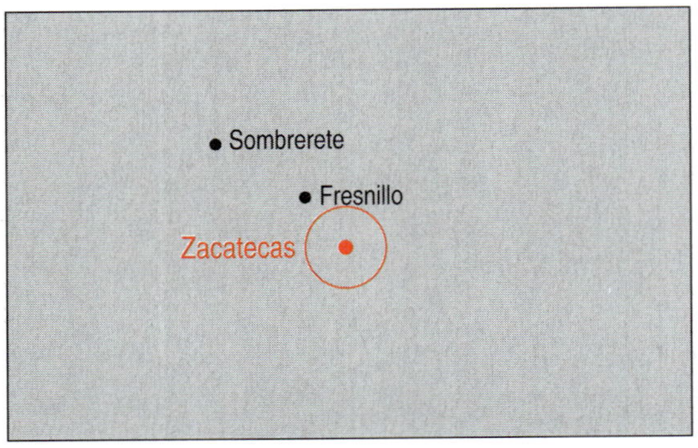


**Lage:** im gleichnamigen Bundesstaat, etwa 620 Kilometer nordwestlich von Mexiko-Stadt

**Weltkulturerbe:** seit 1993

*Auch wenn die ersten spanischen Glücksritter, die im 16. Jahrhundert in diese unwirtliche Gegend vorstießen, »nur« Silber entdeckten – der sprichwörtlichen Goldgräberstimmung tat dies keinen Abbruch. In kürzester Zeit wurde eine Mine nach der anderen in das Bergmassiv rund um den Cerro de la Bufa getrieben. So entstand Zacatecas, die schöne Kolonialstadt am Nordrand des zentralen mexikanischen Hochlands, und stieg rasch zur Wirtschaftsmetropole der Region auf. Reiche Silberbarone bauten stattliche Häuser, einflußreiche Orden errichteten Kirchen und nutzten die Silberminenstadt als Ausgangspunkt für die Christianisierung in Richtung Norden.*

*Wenn der rötliche Canterastein in der Abendsonne zu leuchten beginnt, zeigt sich die doppeltürmige Kathedrale von Zacatecas mit ihrer überreich dekorierten Barockfassade in ihrer ganzen Pracht.*

1 *Um die feingliedrige Ornamentik vor ätzendem Vogelkot zu schützen, wurde die Fassade der Kathedrale mit einem engmaschigen Netz verhängt.*

Die Bergbaustadt Zacatecas liegt auf knapp 2500 Meter Höhe am nördlichen Rand der Hochebene Meseta de Anáhuac an der Nahtstelle zwischen dem kargen Norden Mexikos und dem dichtbesiedelten zentralen Hochland. Ähnlich wie in der durch den Silberbergbau reich gewordenen Stadt Guanajuato in der Sierra de Madre Occidental ließ die Lage in einem engen Tal die für Kolonialstädte typische rechtwinklige Straßenanlage nicht zu. Da jedoch möglichst direkte Verbindungen zwischen den Minen und den erzverarbeitenden Stätten benötigt wurden, entstand jenseits der drei parallel verlaufenden Hauptstraßen ein Gewirr von engen, zum Teil steilen Gassen, kleinen Plätzen und Terrassen auf verschiedenen Ebenen. Mit Beginn des 20. Jahrhunderts setzte der wirtschaftliche Niedergang der Stadt ein. Doch diesem Umstand ist es auch zu verdanken, daß die herrliche, zumeist barocke historische Bausubstanz bis heute erhalten geblieben ist.

2 *Typisch für die Barockkirchen von Zacatecas ist der reizvolle Kontrast zwischen dem einfachen weißen Gewölbe und einem überladen verzierten Altarraum, wie hier in der Kirche Capilla de los Remedios.*

**Silberboom am Cerro de la Bufa**

Über die Ureinwohner der trockenen Hochlandregion des heutigen Bundesstaates Zacatecas – der Name bedeutet in der indianischen Sprache Náhuatl das »Land, wo Zacate-Gras wächst« – ist nur wenig bekannt. Jene Indianer-Kultur, der die rund 50 Kilometer südlich von Zacatecas gelegene Ruinenstätte La Quemada zugeschrieben wird, ging nach wissenschaftlichen Erkenntnissen schon im 13. Jahrhundert zugrunde. Vermutlich werden also die ersten Spanier, die unter der Führung des Konquistadoren Juan de Tolosa auf der Suche nach Gold und Silber den Berg Cerro de la Bufa (2700 Meter) erreichten, der die Silhoutte von Zacatecas beherrscht, nur wenigen Menschen begegnet sein. Dennoch gründeten sie hier 1546 eine Stadt und bewiesen damit ihr gutes Gespür für das begehrte Edelmetall; nur zwei Jahre später wurde die erste Silberader entdeckt. Dieser San Bernabé genannten Mine folgten im selben Bergmassiv bald jene von Veta Grande, Panuco und Albarrada. Die Stadt wuchs mit jeder Mine weiter Richtung Süden. Welche Ausmaße der »Silberrausch« jener Tage annahm, läßt die Zahl von 34 Bergwerken erahnen, die um 1550, also nur zwei Jahre nach der Entdeckung der Silbervorkommen, bereits in Betrieb waren.
Auf der berühmten »Silberstraße«, die Zacatecas und das rund 300 Kilometer südöstlich gelegene Guanajuato mit Mexiko-Stadt verband, wurden in der ersten Hälfte

2

*Vollständig mit Blattgold überzogen ist das prächtige Retabel-Schnitzwerk in der Kirche Santo Domingo. Die ehemalige Jesuitenkirche wurde um die Mitte des 18. Jahrhunderts errichtet.*

des 17. Jahrhunderts rund zwei Drittel des gesamten aus den spanischen Kolonien ausgeführten Silbers transportiert. Einen guten Eindruck von den damaligen menschenunwürdigen Arbeitsbedingungen unter Tage vermittelt noch heute die Mine El Edén, die für die Öffentlichkeit zur Besichtigung freigegeben ist.

## Prächtige Klöster und Kirchen

Mit dem Silberboom kam die Stadt zu Reichtum und entwickelte sich rasch zum Wirtschaftszentrum der Region, das auch die Kirche als Stützpunkt für die Christianisierung gen Norden für sich zu nutzen wußte. Missionsstationen bis hinauf nach Texas und Kalifornien wurden von Zacatecas aus unterhalten. Dem Selbstverständnis entsprechend standesgemäß wurde auch gebaut, was die prächtigen Sakral- und Profanbauten bezeugen.

Das berühmteste und kunsthistorisch bedeutendste Gebäude der Stadt ist die im wesentlichen zwischen 1730 und 1760 errichtete Kathedrale, ein Meisterwerk des Churriguerismus, wie der überladene spanische Barock nach dem Madrider Baumeister und Bildhauer José Benito Churriguera (1665–1725) genannt wird. Die herrliche, reich verzierte Fassade stellt ein wunderbares Beispiel für die typisch mexikanische Mischung von christlichen und indianischen Elementen in der Ornamentik dar. Die einstmals prunkvolle Ausstattung der im Inneren neoklassizistisch ausgestalteten Kirche ist im Laufe der verschiedenen Revolutionen und Bürgerkriege weitgehend abhanden gekommen. Anders verhält es sich mit der äußerlich eher unscheinbaren Barockkirche Santo Domingo, die in ihrem Inneren acht geschnitzte churriguereske Retabel und kostbare Gemälde aus dem 18. Jahrhundert birgt.

*Einst standesgemäßer Palast eines reichen Minenbesitzers, heute Regierungssitz: der Palacio del Gobierno. Sein Innenhof ist von doppelstöckigen Bogenarkaden eingefaßt.*

Verschiedene Gebäudekomplexe der einst mächtigen Klöster der Stadt sind in jüngerer Zeit Ziel ehrgeiziger Restaurierungsprojekte gewesen: so zum Beispiel die Kirche San Agustín mit dem berühmten Relief am Seitenportal, das die Bekehrung des heiligen Augustinus zeigt, sowie die Konvente von San Luis Gonzaga und San Francisco, in deren Räumen heute die Museen für Moderne Kunst beziehungsweise für Archäologie und Ethnologie untergebracht sind.

Der Convento Nuestra Señora de Guadalupe, die bedeutendste Klosteranlage des 18. Jahrhunderts, liegt etwas außerhalb des Stadtzentrums. Auch in den Räumlichkeiten dieses 1707 von Franziskanern gegründeten Klosters findet sich heute ein Museum, das wertvolle Gemälde aus der Kolonialzeit zeigt. Die säulengeschmückte Barockfassade der 1721 geweihten Kirche besticht durch ihre reichhaltige Ornamentik. Ein neoklassizistisches Kleinod ist die mit Blattgold verzierte Capilla de la Purísima im Inneren der Kirche. Ihr Parkettboden, gefertigt aus dem Holz des Mesquitebaumes, stellt eine kunsthandwerkliche Meisterleistung dar.

Der vielleicht schönste Profanbau der Stadt ist an der Plaza Hidalgo zu sehen. Den heutigen Regierungspalast ließ sich im 18. Jahrhundert ein wohlhabender Minenbesitzer als Privatpalais errichten. Schmiedeeiserne Balkone zieren die Schauseite des zweigeschossigen Baus. Zwei interessante Zeugnisse der Industriegeschichte sind der gegen Ende des 18. Jahrhunderts aufgestellte Aquädukt, der noch bis 1921 Trinkwasser vom Schacht El Cubo zur heutigen Plaza de la Independencia führte, sowie die ungewöhnliche, 1888 errichtete Eisenkonstruktion der Markthalle des Mercado González Ortega.

Die unverkennbare Atmosphäre einer einst mit Wohlstand gesegneten Kolonialstadt hat sich Zacatecas bis heute bewahrt.

# Historisches Zentrum und Bergwerksanlagen von Guanajuato

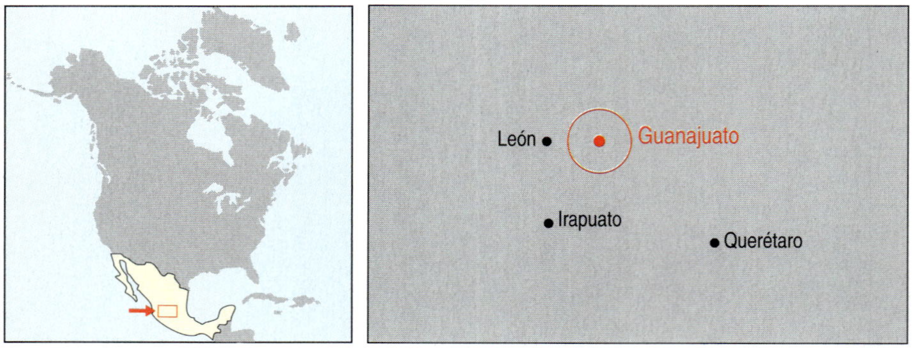


**Lage:** im gleichnamigen Bundesstaat, etwa 370 Kilometer nordwestlich von Mexiko-Stadt
**Weltkulturerbe:** seit 1988

*Die ergiebigen Silberminen machten das pittoreske Städtchen Guanajuato im Zentrum Mexikos einst reich und berühmt. Im Stadtbild mit herrlichen Zeugnissen des mexikanischen Hochbarock wird die Atmosphäre vergangener Kolonialzeiten lebendig und die enge Verzahnung von Kultur- und Industriegeschichte sichtbar. Symbolträchtige Stätten des Unabhängigkeitskampfes erinnern an die zentrale Rolle, die der 1741 zur Stadt erhobene Ort und die gesamte Region in der Revolution gegen die spanische Kolonialmacht gespielt haben. Während des Reformkrieges von Benito Juárez war Guanajuato 1858 einen Monat lang sogar Hauptstadt der Republik.*

*Malerisch erstreckt sich die koloniale Altstadt von Guanajuato vor den kahlen Berghängen. Deren Silberadern brachten der Stadt einst ihren Reichtum.*

Guanajuato, die Hauptstadt des gleichnamigen Bundesstaates, liegt auf 2084 Meter Höhe in einem engen Talkessel. Die Entwicklung der Stadt ist untrennbar mit dem Silberbergbau verbunden. Im Jahr 1766 wurde die Mine La Valenciana eröffnet, die in kurzer Zeit zur ergiebigsten der Welt avancierte. Heute ist sie wieder in Betrieb, und ihr 500 Meter tiefer Stollen kann besichtigt werden. Die alte Silberstadt zählt mit ihren malerischen engen Gassen, romantischen Plätzen, prächtigen barocken und neoklassizistischen Bauten zu den schönsten Städten aus der Zeit der spanischen Kolonialherrschaft. Das Straßensystem ist nicht, wie für Kolonialstädte sonst üblich, rechtwinklig angelegt, sondern kurvenreich entlang eines seit langem trockengelegten Flusses. Dem Lauf des gewundenen Flußbetts folgt heute eine in weiten Teilen unterirdische Straße, die Avenida Miguel Hidalgo. Typisch für die verwinkelte Altstadt ist das romantische »Kußgäßchen« (Callejón del Beso), das so eng ist, daß sich ein Liebespaar, aus den Fenstern gegenüberliegender Häuser gelehnt, über die Gasse hinweg küssen kann.

1

2

*1 Ende des 17. Jahrhunderts entstand die Basilika Nuestra Señora de Guanajuato mit ihrer klar gegliederten, bereits neoklassizistisch gestalteten Fassade.*

*2 In ihrem Inneren befindet sich eine kostbare Marienstatue aus dem 7. Jahrhundert. Sie ist ein Geschenk König Philipps II. an die Stadt.*

## Silber für Spanien

Cuanaxhuata (Hügel der Frösche) nannten die indianischen Ureinwohner diesen Ort, zu dem die Spanier unter Führung des für seine Grausamkeit bekannten Nuño Beltrán de Guzmán 1526 erstmals vordrangen. Drei Jahre später war das Gebiet fest in der Hand der neuen Kolonialherren. Das fruchtbare Land wurde spanischen Siedlern zugeteilt. Zu wahrem Reichtum gelangte die Stadt nach der Entdeckung der ersten Silberadern im Jahr 1548, deren Ergiebigkeit sie zum Zentrum des mexikanischen Silberbergbaus werden ließ. Als Anerkennung verlieh ihr das zufriedene Mutterland Spanien den Ehrennamen Santa Fé y Real de Minas Guanajuato.

Der Wohlstand der Stadt begann sich im 17. Jahrhundert vor allem in prächtigen Sakralbauten widerzuspiegeln, die vom Stil des Churriguerismus, des überladen wirkenden spanisch-mexikanischen Barock, geprägt sind. Die ehemalige Pfarrkirche, die Basilika Nuestra Señora de Guanajuato, deren Fassade bereits neoklassizistisch gestaltet ist, birgt als größte Kostbarkeit eine holzgeschnitzte, mit Silber und Edelsteinen verzierte Madonna aus dem 7. Jahrhundert, die König Philipp II. von Spanien der Stadt 1557 als kleine Aufmerksamkeit für die immensen Silberlieferungen überbringen ließ. Herrliche churrigueresque Fassaden weisen die kleine Franziskanerkirche San Diego und der Templo de la Compañía auf. Letzterer wurde von 1747 bis 1767 von Jesuiten errichtet, die ausgerechnet im Jahr seiner Fertigstellung alle spanischen Kolonien ver-

3

*3 Ein Musterbeispiel des mexikanischen Churriguerismus in Guanajuato ist die pyramidenförmig aufgebaute Hauptfassade der ehemaligen Jesuitenkirche, des Templo de la Compañía.*

1

2

*1 Die kleinen Gäßchen und Plätze der historischen Altstadt haben sich – wie hier an der Plaza del Baratillo – den pittoresken Charme vergangener Tage erhalten.*

*2 Prächtige Stadtpaläste wie die Ende des 18. Jahrhunderts im neoklassizistischen Stil erbaute Casa Rul y Valenciana zeugen vom einstigen Reichtum der mächtigen Minenbesitzer.*

lassen mußten. Den großen Einfluß der unermeßlich reichen Minenbesitzer bezeugen repräsentative Bauten wie die Casa Rul y Valenciana, das neoklassizistische Palais des wohlhabenden Minenbesitzers Conde de Rul im Stadtzentrum, oder – besonders eindrucksvoll – die an der Straße nach Dolores liegende spätbarocke Kirche San Cayetano, die der Besitzer der berühmten Mine von La Valenciana in der Zeit von 1765 bis 1788 mit kostbarster Ausstattung errichten ließ.

## Aufschwung im »Porfiriat«

Nach den Wirren von Revolution, Unabhängigkeitskampf und Reformkrieg in der ersten Hälfte des 19. Jahrhunderts erlebte die Stadt während der 35jährigen Regierungszeit des mexikanischen Diktators Porfirio Díaz (1876–1911) eine zweite wirtschaftliche Blüte, als ausländisches Kapital den Minenbetrieb wieder aufleben ließ. Typisch für jene Epoche, die auch als »Porfiriat« bezeichnet wird, ist das 1903 von Díaz persönlich eingeweihte Teatro Juárez mit seiner plüschigen, dem europäischen Stil des Fin de siècle nachempfundenen Innenausstattung.

Ein gelungenes Beispiel für die Integration neuerer Bauten in das historische Stadtbild stellt das monumentale weiße Hauptgebäude der Universität von Guanajuato dar, das 1955 in einem Phantasie-Kolonialstil mit maurischen Elementen von Vicente Urquiaga gestaltet wurde.

### Aufstand gegen die Kolonialmacht

*»Es lebe Mexiko! Es lebe die Jungfrau von Guadalupe! Es lebe Ferdinand!« Mit diesem Schlachtruf, der als »Grito de Dolores« in die Geschichte einging, eröffnete Pater Miguel Hidalgo y Costilla am Morgen des 16. September 1810 die Revolution gegen die Kolonialmacht Spanien. Zusammen mit dem Hauptmann Ignacio Allende und Mitstreitern, die gleiches Recht für alle und eine Agrarreform forderten, hatte der Gemeindepfarrer aus dem 50 Kilometer nordöstlich von Guanajuato gelegenen Dorf Dolores den Widerstand der Kreolen (der in Mexiko geborenen Spanier) vorbereitet. Die schlecht bewaffnete, aber ständig anwachsende Rebellenschar zog bis Guadalajara, wo Hidalgo die erste Gegenregierung einsetzte.*

*Einem Minenarbeiter blieb es vorbehalten, in Guanajuato zum Helden des Unabhängigkeitskampfes zu werden. »El Pípila« (das Truthähnchen), wie der junge Mann genannt wurde, gelang es im Alleingang, das Tor des von den Spaniern zur Festung ausgebauten Getreidespeichers Alhóndiga de Granaditas zu sprengen und so Ignacio Allende und seinen Männern die Einnahme der Stadt zu ermöglichen. Freilich hielt der Erfolg nicht lange vor. Bald bekamen die Königstreuen wieder die Oberhand und nahmen blutig Rache: Die Köpfe der vier 1811 in Chihuahua hingerichteten Rädelsführer des Aufstands – Allende, Hidalgo, Jiménez und Aldama – wurden in Salz gelegt, nach Guanajuato geschickt und dort an den Ecken der Alhóndiga, wo heute das Staatsmuseum untergebracht ist, aufgehängt. Volle zehn Jahre lang, bis Spanien 1821 nach blutigen Kämpfen endgültig die Unabhängigkeit Mexikos anerkennen mußte, wurden der Bevölkerung diese grausamen Symbole des Triumphes vorgehalten.*

# Altstadt von Morelia

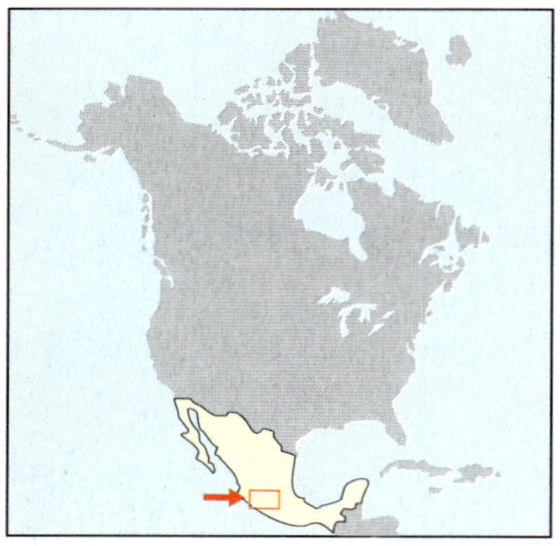

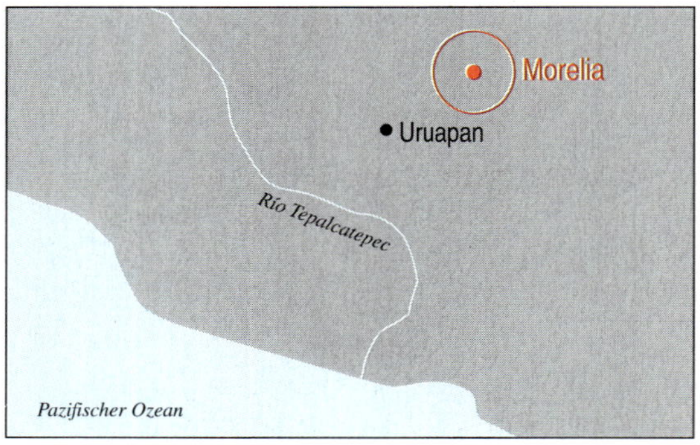


**Lage:** im Bundesstaat Michoacán, 310 Kilometer westlich von Mexiko-Stadt

**Weltkulturerbe:** seit 1991

*Sie ist eine stolze, spanisch geprägte Kolonialstadt, doch einem Kämpfer gegen die spanische Herrschaft, dem streitbaren Priester José María Morelos y Pavón, verdankt das einstige Valladolid seinen heutigen Namen. Morelia besitzt eine Altstadt wie aus dem Bilderbuch: Renaissancefassaden und üppige Barockbauten, ehrwürdige Kirchen und Bildungseinrichtungen, die zu den ältesten des Kontinents gehören – und alles im gleichen, rötlich schimmernden Stein. Nur allzu leicht verblaßt bei dieser städtebaulichen Harmonie die Erinnerung an die blutige Geschichte der Conquista und des Freiheitskampfes des mexikanischen Volkes.*

*Die verspielte Üppigkeit des Barock ist hier klassizistischer Strenge gewichen: Der weiträumige Innenhof des Palacio Clavijero, eines ehemaligen Jesuitenkollegs, ist an geometrischen Formen ausgerichtet.*

*Insgesamt rund 500 Quadratmeter Fläche nehmen die monumentalen Wandgemälde im prächtigen Innenhof des Palacio de Gobierno ein.*

Etwa auf halber Strecke zwischen Mexiko-Stadt und Guadalajara im Nordwesten liegt die stolze alte Kolonialstadt Morelia, Hauptstadt des Bundesstaates Michoacán. Ihren besonderen Reiz verdankt die historische, im Schachbrettmuster angelegte Altstadt rund um den Zócalo genannten Hauptplatz und entlang der von stattlichen Häusern gesäumten Calle Madero den einheitlich in einem bräunlich-rosa Farbton gehaltenen Bauten. Diese Farbe ist typisch für den hier traditionell verwendeten Baustoff Trachyt, ein poröses Ergußgestein. Der Bischofssitz Morelia zählt zu den ältesten spanischen Städten Mexikos und besitzt deshalb neben prächtigen Barockbauten auch architektonische Zeugnisse der Renaissance. Strenge Denkmalschutzbestimmungen haben zum Erhalt des vornehm wirkenden Stadtbildes beigetragen.

## Die erste Kirche der Stadt

Als die ersten Spanier unter Cristóbal de Olid die Region zwischen dem Cuitzeo-See im Norden und dem Pátzcuaro-See im Südwesten erreichten, siedelte hier eine Gruppe von Matlatzinca-Indianern, die ihrerseits erst rund 100 Jahre zuvor auf der Flucht vor den Azteken in dieses von Tarasken kontrollierte Gebiet gekommen waren. Die Tarasken waren bald unterworfen; im Jahr 1537 setzt die Chronik der spanischen Besiedelung mit der Einrichtung einer Missionsstation durch den Franziskanerpater Juan de San Miguel ein.
Sogleich begann man auch mit dem Bau einer Kirche, der Iglesia de San Francisco, die vermutlich 1546 fertiggestellt war – als erstes der heute 21 Gotteshäuser Morelias. Ein Glockenturm erhebt sich über der Re-

*Blaue Schmuckkacheln zieren die Turmkuppel der Iglesia de San Francisco, der ältesten Kirche Morelias. Das Gotteshaus der Franziskaner weist noch Stilmerkmale der Renaissance auf.*

*1 Das Innere der barocken Kathedrale wurde im 19. Jahrhundert neoklassizistisch ausgestaltet: ein Detail der kunstvoll bemalten Gewölbedecke.*

1

naissancefassade. Sie ist mit plateresken Elementen verziert, wie die kleinteilige, am Übergang von der Gotik zur Renaissance verwendete Ornamentik im Stil von Silberarbeiten genannt wird (abgeleitet von »platero«, dem spanischen Wort für Silberschmied). Das angeschlossene Kloster wurde Mitte des 19. Jahrhunderts säkularisiert und wird heute als Museum für handwerkliche Volkskunst genutzt. Ein weiteres schönes Beispiel für die profane Nutzung religiöser Gebäude ist der Palacio Clavijero. In dem ursprünglich als Jesuitenkolleg im 18. Jahrhundert errichteten Kolonialpalais sind gegenwärtig Behörden untergebracht. Die dazugehörige, 1660 bis 1681 erbaute Jesuitenkirche beherbergt jetzt eine öffentliche Bibliothek.

## Frühes Bildungszentrum

Der erste Vizekönig Neuspaniens, Antonio de Mendoza, gründete die 1890 Meter hoch gelegene Stadt offiziell im Jahr 1541 zu Ehren seines eigenen Geburtsorts in Kastilien unter dem Namen Valladolid. 1570 erfolgte die Ernennung zum Bischofssitz, 1582 die zur Hauptstadt des Staates Michoacán. Kirchliche wie weltliche Würden wurden von der nahe gelegenen Ortschaft Pátzcuaro übernommen, die nach dem Tod ihres als indianerfreundlich geltenden Bischofs Vasco de Quiroga immer mehr an Bedeutung verlor.

Aus dieser Zeit stammt das Colegio de San Nicolás mit einem herrlichen, von doppelstöckigen Arkadengängen gesäumten Innenhof. 1580 wurde die bereits 40 Jahre zuvor ebenfalls in Pátzcuaro gegründete Schule hierher verlegt. Sie ist nach Santa Cruz de Tlatelolco in Mexiko-Stadt die zweitälteste Schule des gesamten amerikanischen Kontinents. Der Ehre, die älteste Musikhochschule Amerikas zu sein, darf sich das Conservatorio de las Rosas rühmen, das der hübschen Kirche Santa Rosa de la Lima angeschlossen ist. Das Doppelportal des im wesentlichen barocken Gotteshauses weist noch deutlich Elemente der Renaissance auf.

Mit dem Bau des imposantesten Gebäudes der Stadt, der mächtigen Kathedrale an der Ostseite des Zócalo, der eigentlich Plaza de los Mártires heißt, wurde 1640 begon-

2

3

*2 Das Zentrum der Altstadt markieren die beiden wuchtigen Türme und die prächtige Kuppel der Kathedrale am Zócalo, dem Hauptplatz Morelias.*

*3 Der schmiedeeiserne, vom Geschmack des europäischen Fin de siècle geprägte Musikpavillon am Rand des hier parkartig gestalteten Zócalo ist eine Errungenschaft des späten 19. Jahrhunderts.*

nen. Über 100 Jahre lang baute man an dem barocken Gotteshaus, das mit seinen beiden mehrfach abgestuften Türmen und der mit Azulejos, den berühmten blauweißen Kacheln, gedeckten Vierungskuppel den Blickfang der Altstadt bildet. Im neoklassizistisch umgestalteten Inneren beeindrucken u. a. eine Taufschale aus massivem Silber und die 1903 in Deutschland gebaute Orgel. Die Christusfigur in der Sakristei wurde im 16. Jahrhundert aus Zuckerrohrmasse gefertigt. Der spanische König Philipp II. (1527–1598) war der Stifter ihrer goldenen Krone.

## Vom Priester zum Revolutionär

Im 17. und 18. Jahrhundert war das in einem fruchtbaren Hochtal liegende Morelia zu einem wichtigen Handelsplatz für landwirtschaftliche Erzeugnisse geworden. Die reichen Haziendabesitzer der Umgebung ließen sich in der Altstadt repräsentative Wohnsitze erbauen. Auch die staatliche Macht residierte hier in vornehmem Stil: Der zwischen 1732 und 1770 errichtete, barocke Palacio de Gobierno (Regierungspalast) gegenüber der Kathedrale kann sich mit seinem schönen Patio wahrlich sehen lassen. Die monumentalen Wandgemälde mit Motiven aus der mexikanischen Geschichte schuf der einheimische Künstler Alfredo Zalce.

An den für die jüngere Geschichte des Landes bedeutenden Bürger, den Freiheitshelden und Geistlichen José Maria Morelos y Pavón (1765–1815), erinnern gleich zwei zu Museen umgebaute Wohnhäuser der Stadt: sein Geburtshaus an der Calle Corregidora und die 1758 erbaute Casa de Morelos in der gleichnamigen Avenida, 1801 von dem streitbaren Pfarrer erworben. Morelos schickte sich an, in die Fußstapfen seines 1811 hingerichteten Amtsbruders Miguel Hidalgo zu treten, scheiterte aber im Jahr 1813 mit dem Versuch, die Spanier aus seiner Heimatstadt zu vertreiben. Er flüchtete zunächst in die Berge Michoacáns, konnte aber seiner Hinrichtung im Jahr 1815 nicht entgehen. Nach dem Sieg der Revolution setzte man dem furchtlosen Gottesmann und Patrioten 1828 mit der Umbenennung Valladolids in Morelia ein bleibendes Denkmal.

# Historisches Zentrum von Mexiko und Xochimilco

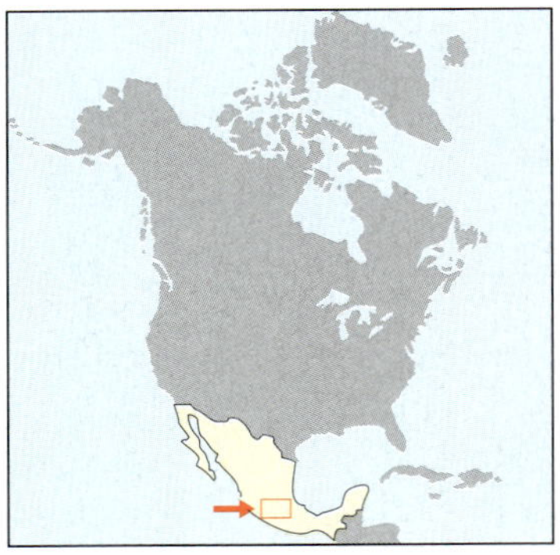

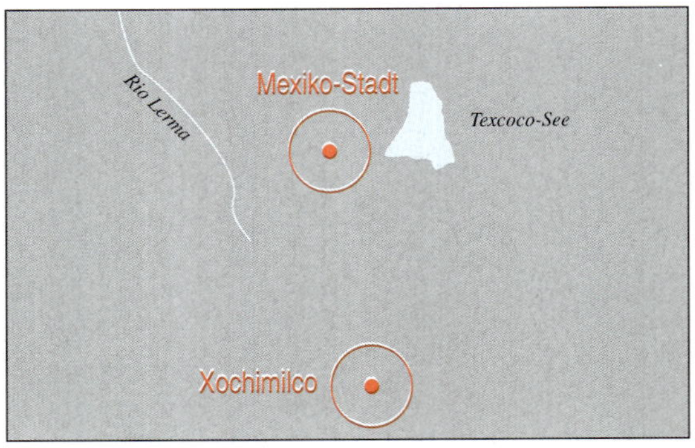


**Lage:** in einem Becken des zentralen mexikanischen Hochlandes

**Weltkulturerbe:** seit 1987

*Pulsierendes Herz Lateinamerikas oder buchstäblich atemberaubender Moloch? Die Meinungen zu Mexiko-Stadt gehen weit auseinander, aber diese 20-Millionen-Metropole hat zweifellos eine eigene Faszination. Wuchtige Regierungsgebäude, die eindrucksvolle Kathedrale, barocke Kirchen und repräsentative Stadtpaläste zeugen im historischen Zentrum von kolonialer Macht und Tradition. Und die freigelegten Ruinen des Templo Mayor sowie die »schwimmenden Gärten« von Xochimilco erinnern daran, daß an gleicher Stelle einst Tenochtitlán, die legendäre Hauptstadt des Aztekenreiches, ihren Glanz ausstrahlte.*

*Großstadt-Alltag: Mit Schirm und Einkaufstasche kniet eine Gläubige vor dem neoklassizistischen Hauptaltar der Dominikanerkirche Santo Domingo. Das prunkvolle Retabel ist ein Werk des Künstlers Manuel Tolsá.*

Wohl niemand hatte vermutet, daß die Baustelle im Zentrum von Mexiko-Stadt eine derartige archäologische Sensation zu Tage bringen würde. In einer Tiefe von gut zwei Metern stießen Arbeiter der Elektrizitätsgesellschaft 1978 auf einen riesigen Steinbrocken, der die weitere Ausschachtung behinderte. Da nach oberflächlicher Reinigung präkolumbische Reliefdarstellungen zum Vorschein kamen, zog man Archäologen hinzu, die den runden und mit einem Durchmesser von 3,25 Metern wahrhaft mächtigen Monolithen gründlich untersuchten. Der abgebildete, von Kopf und Gliedern getrennte Torso einer Kriegerin stellt Coyolxauhqui dar, die Mondgöttin und Schwester des aztekischen Kriegs- und Sonnengottes Huitzilopochtli, die dieser der Legende nach auf dem Berge Coatepec im Zweikampf getötet hatte. Damit stand fest, daß man den Templo Mayor, das oberste Heiligtum Tenochtitláns, der sagenumwobenen Hauptstadt der Atzteken, gefunden hatte. In der Folgezeit legte man auf dem Areal nordöstlich der Kathedrale Teile des Tempelbezirks frei und fand dabei Skulpturen und Kunstschätze von unermeßlichem Wert; sie sind jetzt in einem modernen Museumsbau ausgestellt.

1

*1 Die Kathedrale von Mexiko-Stadt ist die älteste und größte Kirche Amerikas. Zusammen mit dem rechts anschließenden Sakramentshaus beherrscht der mächtige Komplex die Nordseite des Zócalo.*

*2 Das Stahlgerüst im Inneren der Kathedrale wurde zur Abstützung notwendig, weil der Untergrund unter der Kirche immer weiter absinkt.*

## Ein Adler und schwimmende Gärten

Wann genau die aus dem Norden kommenden Azteken, die sich selbst Mexica nannten, in dem über 2200 Meter hoch gelegenen Tal zu siedeln begannen, bleibt umstritten. Einer indianischen Chronik zufolge wurde die Stadt 1325 n. Chr. gegründet, neuere Forschungen setzen dieses Ereignis um das Jahr 1370 an. Nach einem Mythos sollten die nomadisierenden Mexica unter der Führung des Gott-Königs Huitzilopochtli an jenem Ort seßhaft werden, wo sie einen Adler finden würden, der auf einem Kaktus sitzt und eine Schlange verschlingt – was sich dann offenbar ausgerechnet auf einer der unwirtlichen Inseln mitten im (heute ausgetrockneten) Texcoco-See ereignete. Nach einer prosaischeren Theorie war für die Azteken in dem schon damals dicht besiedelten Gebiet einfach kein anderer Standort mehr frei. Wie auch immer: Das der Náhuatl-Glyphe für Tenochtitlán entnommene Adler-Motiv ziert heute das mexikanische Staatswappen.
Die auf sumpfigem Grund errichtete Stadt war von zahlreichen Kanälen durchzogen, Brücken und ein Aquädukt mußten gebaut, für wichtige Straßen Dämme aufgeschüttet

2

1

werden. Die erfindungsreichen präkolumbischen Landwirte entwickelten im südlich der Stadt gelegenen Xochimilco ein weltweit einzigartiges Anbausystem: die »schwimmenden Gärten«, wie Alexander von Humboldt diese agrartechnische Meisterleistung im 19. Jahrhundert taufte. Flöße aus Korb- und Wurzelgeflecht wurden mit Schlamm bedeckt und bepflanzt; die Wurzeln der Nutzpflanzen fanden im flachen Wasser des Sees rasch einen geeigneten Nährboden. Die offenbar reichen Erträge dieser fruchtbaren, Chinampas genannten Felder – Mais, Bohnen, Chili, Kartoffeln, Avocados, Kakao u. a. – konnten von hier aus mit Lastbooten problemlos nach Tenochtitlán gebracht werden. Ein Teil der Anlage ist bis heute erhalten geblieben und wird auch gegenwärtig noch für die Blumenzucht genutzt, was der ursprünglichen Bedeutung des Náhuatl-Wortes Xochimilco (»Ort der Blumenfelder«) entspricht. Der Anbau von Gemüse verbietet sich inzwischen aufgrund der starken Wasserverschmutzung. So sind die schwimmenden Gärten von Xochimilco heute vor allem ein beliebtes Ausflugsziel.

**Schöner als Granada**

So rasch, wie sich die Azteken gegen die rivalisierenden Stämme der Region durchzusetzen begannen, wuchs auch Tenochtitlán zu einer blühenden Metropole heran. Mittelpunkt des von einer »Schlangenmauer« (Coatepantli) umgebenen heiligen Bezirks war eine riesige Pyramide mit den Tempeln des Sonnen- und Kriegsgottes Huitzilopochtli und des Regengottes Tlalóc. Um dieses Zentrum gruppierten sich weitere Tempel, Kult- und Opferstätten, Ballspielplätze, Paläste, Wohnbezirke und Marktplätze: Das Ganze bildete ein prosperierendes Gemeinwesen, in dem zu Beginn des 16. Jahrhunderts möglicherweise an die 300 000 Menschen lebten.
Den Spaniern, die 1519 die Stadt erstmals zu Gesicht bekamen, verschlug es ob solcher Pracht fast die Sprache. Der Eroberer Hernán Cortés schwärmte in seinem Bericht an Kaiser Karl V. von der schier unbeschreiblichen Schönheit der Stadt, die sogar jene Granadas noch übertreffe. Das hinderte die gold- und machtgierigen Kon-

*1 Der prächtige Palacio de Bellas Artes beeindruckt mit einer Innenausstattung im reinsten Art-déco-Stil. Die Foyers und Wandelgänge zieren Wandgemälde der berühmtesten mexikanischen Künstler.*

*2*

*2 Ruhepause zu Füßen der Musen: Die Fassade des Palasts der Schönen Künste ist mit feinstem Marmor aus Carrara verkleidet.*

quistadoren jedoch nicht daran, Tenochtitlán nach der endgültigen Eroberung 1521 dem Erdboden gleichzumachen.

## Eine Hauptstadt für die Neue Welt

Als Zeichen des Triumphes der Eroberer sollte die Hauptstadt Neuspaniens auf den Trümmern der unterworfenen Heidenkultur entstehen. Unverzüglich wurde mit dem Wiederaufbau begonnen. Das Schachbrettmuster mit dem großen, von Verwaltungsgebäuden und der Hauptkirche gesäumten Aufmarschplatz im Zentrum sollte zum Prototyp der Kolonialstädte in der Neuen Welt werden. Der quadratische Hauptplatz, heute offiziell Plaza de la Constitución genannt, gehört mit einer Seitenlänge von jeweils 240 Metern mit zu den größten Stadtplätzen der Welt. Die Bezeichnung Zócalo (»Sockel«), die sich im 19. Jahrhundert allgemein für die zentralen Plätze zahlreicher alter Kolonialstädte in Mexiko eingebürgert hat, beruht auf einem nicht realisierten Plan, auf dem Platz in Mexiko-Stadt ein monumentales Denkmal für die Unabhängigkeit von Spanien zu errichten – mehr als der Sockel wurde aber nicht fertiggestellt.

Der Aufstieg der neuen Hauptstadt ging rasant voran: Bereits 1528 wurde sie Bischofssitz, 1535 Sitz des Vizekönigs von Neuspanien und 1546 Erzbistum. Ebenfalls im Jahr 1535 wurde mit dem Colegio de Santa Cruz die erste Schule und 1551 die erste Universität gegründet. Um diese Zeit war die Bevölkerung vermutlich schon wieder auf rund 100 000 angewachsen.

Noch Hernán Cortés persönlich ließ 1523 an jener Stelle, wo der Neue Palast des Aztekenherrschers Moctezuma II. gestanden hatte, den Grundstein für den Nationalpalast (Palacio Nacional) legen, der mit seiner mächtigen, über 200 Meter langen, mit Markisen und schmiedeeisernen Gittern geschmückten Fassade noch heute die Ostseite des Zócalo beherrscht. Der aus rötlich schimmerndem Vulkangestein errichtete Palast wurde in der Folgezeit mehrfach um- und ausgebaut und mußte 1692 nach ei-

*Die Kirche San Francisco gehörte früher zu einem 1524 von Franziskanern gegründeten Kloster, das nicht mehr erhalten ist.*

2

*Das Sakramentshaus mit seiner schlanken, im Stil des Churriguerismus geschmückten Fassade wurde im 18. Jahrhundert an die Ostseite der Kathedrale angebaut.*

*Seit fast 500 Jahren die Machtzentrale – erst des Vizekönigreichs Neuspanien, dann der Republik Mexiko: Der monumentale Nationalpalast nimmt die gesamte Ostseite des Zócalo ein.*

nem Brand wiederaufgebaut werden. Das dritte Stockwerk wurde erst in den zwanziger Jahren unseres Jahrhunderts im neokolonialen Stil aufgesetzt. Kein anderes Gebäude ganz Mexikos ist so eng mit der Geschichte der Nation verwoben: Hier residierten erst die spanischen Vizekönige, dann die Präsidenten der Republik; 1872 starb hier der Reformer Benito Juárez, und 1914 ließen sich die Revolutionäre Pancho Villa und Emiliano Zapata in diesem Palast feiern. Eindrucksvoll festgehalten sind Szenen aus der bewegten Historie des Landes auf großflächigen Wandbildern Diego Riveras (1886–1957) im Treppenhaus, das vom Haupthof in die erste Etage führt.

### Trutzburg des Christentums

Ein schönes Sinnbild für die in der Geschichte Mexikos stets so wichtige Beziehung zwischen Staat und Kirche ist die un-

mittelbare Nachbarschaft von Palacio Nacional und Kathedrale, dem ältesten und größten Gotteshaus Amerikas. Eine bereits 1525 an dieser Stelle begonnene Kirche wurde ab 1576 durch einen Neubau ersetzt. Beinahe 250 Jahre lang wurde an der dreischiffigen und mit vierzehn Seitenaltären ausgestatteten Kathedrale gebaut – der Gesamteindruck ist angesichts dieser Baugeschichte überraschend harmonisch. Die mit drei Portalen versehene Barockfassade wird von zwei neoklassizistischen Türmen flankiert; das Portal des östlich anschließenden, 1768 geweihten Sakramentshauses ist ein wunderschönes Beispiel für den mexikanischen Churriguerismus, der im historischen Stadtzentrum noch vielfach anzutreffen ist. Von Jerónimo Balbás, der diese reich ornamentierende Stilrichtung des Spätbarock in die Neue Welt importierte, stammen die Retabel auf dem Gnadenaltar und dem berühmten Altar der Könige (1718–39) im Inneren der Kathedrale.

**Neureicher Besitzerstolz**

Mit der Ausbeutung der Minen und dem Handel mit Edelmetallen und sonstigen Kolonialgütern gelangten die Stadt und einige ihrer (spanischen) Bürger im 17. und 18. Jahrhundert zu Reichtum, der im verschwenderischen Ausbau vieler Kirchen und in prächtigen Patrizierhäusern seinen Ausdruck fand. Besonders schöne Beispiele für letztere sind die Casa de Azulejos und der Palacio de Iturbide. Die bereits im 16. Jahrhundert im spanisch-maurischen Mudéjar-Stil errichtete Casa de Azulejos (»Haus der Kacheln«) ließ der Conde del Valle de Orizaba 1747 zum Zeichen seines

*Nicht zu Unrecht heißt er »Platz der drei Kulturen«: Auf den Ruinen des aztekischen Marktzentrums von Tlatelolco erhebt sich die Franziskanerkirche Santiago de Tlatelolco, umgeben von modernen Bauten aus dem 20. Jahrhundert.*

Wohlstandes an allen drei Außenseiten mit kostbaren blauen und weißen Talavera-Kacheln aus Puebla fliesen. Das Iturbide-Palast genannte herrliche barocke Stadtpalais, wo der selbsternannte mexikanische Kaiser Augustín de Iturbide (1783–1824) zwei Jahre lang lebte, entstand zwischen 1779 und 1785 als Hochzeitsgabe eines steinreichen Grafen an seine Tochter. Ein mächtiges, zwei Stockwerke hohes Portal, Balkone und schmiedeeiserne Gitter zieren die reich ornamentierte Fassade.

Als spektakulärstes Bauwerk der Phase des wirtschaftlichen Aufschwungs unter der Diktatur von Porfirio Díaz (1876–1911) zeugt der Palast der Schönen Künste (Palacio de Bellas Artes) von der Prunksucht um die Jahrhundertwende. Aufgrund der revolutionären Wirren konnte der monumentale, für die große Oper konzipierte Theaterbau erst 1937 eingeweiht werden. Die Fassade ist mit weißem Marmor aus Carrara verkleidet, das Innere im Art-déco-Stil ausgestattet. Den einmaligen Glasmosaik-Vorhang der großen Bühne ließ man bei Tiffany in New York herstellen.

*Die schwimmenden Gärten von Xochimilco, die einst die Hauptstadt der Azteken mit Gemüse versorgten, werden noch heute für die Blumenzucht genutzt und als Touristenattraktion gepflegt.*

**Moloch Großstadt**

Im 20. Jahrhundert sorgten Industrialisierung und Landflucht für ein rasches Anwachsen der Metropole. Vermutlich über 20 Millionen Menschen leben heute in dem längst über seine Grenzen hinausgewachsenen Verwaltungsbezirk (Distrito Federal); täglich kommen an die 2000 mittellose Ankömmlinge vom Lande hinzu. Die durch veraltete Industrieanlagen und einen seit langem ausufernden Autoverkehr verursachte Luftverschmutzung blieb auch für die historische Bausubstanz nicht ohne Folgen. Ein weiteres Problem stellt der instabile Untergrund des ausgetrockneten Texcoco-Sees dar: Schon heute ist mit bloßem Auge zu erkennen, wie weit etwa die Kathedrale und der Palast der Schönen Künste bereits abgesackt sind – und das in einer ohnehin stark erdbebengefährdeten Region, wie der letzte verheerende Erdstoß im Jahr 1985 gezeigt hat. Die Schönheit und Einmaligkeit der Stadt, die vor und nach der Conquista eine so bedeutende Rolle innehatte, sollten Anreiz genug sein, alles zu ihrer Rettung zu unternehmen.

# Teotihuacán

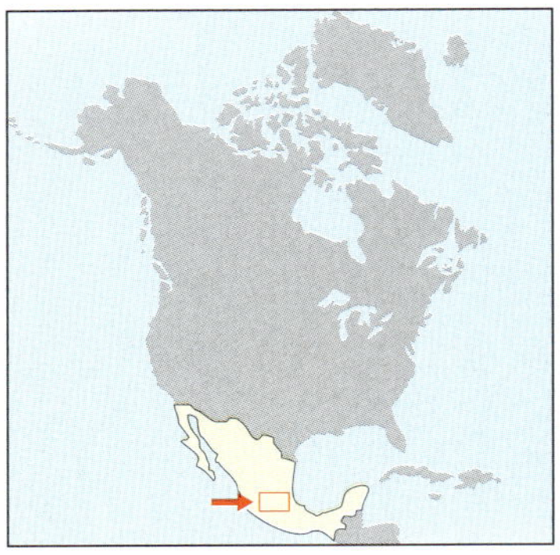

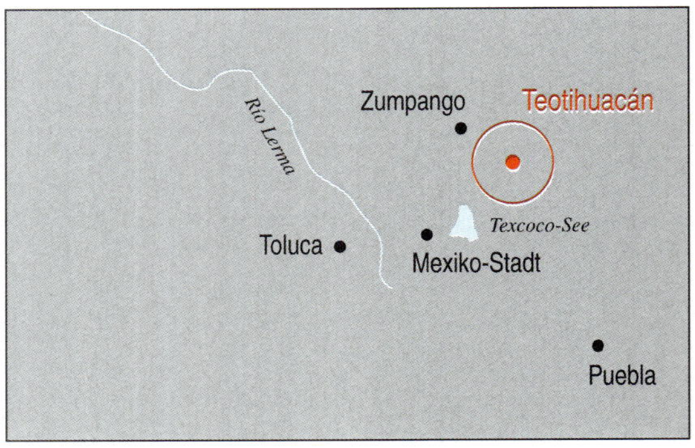


**Lage:** im Bundesstaat Mexiko, etwa 50 Kilometer nordöstlich von Mexiko-Stadt

**Weltkulturerbe:** seit 1987

*Sie gilt als die größte und bedeutendste archäologische Stätte Mexikos, die geheimnisvolle Ruinenstadt von Teotihuacán – und das, obwohl man bisher erst ein Zehntel ihrer ursprünglichen Grundfläche freigelegt hat. Sie war einst die mächtigste Metropole Mittelamerikas; dennoch weiß man bis heute so gut wie nichts über die Menschen, die hier lebten. Unklar ist auch, warum deren Kultur im 8. Jahrhundert unterging. Schriftliche Zeugnisse sind nicht überliefert. Rätselhafte Skulpturen, Fresken und Bauwerke gaben Anlaß zu Spekulationen. Die Azteken, die im 14. Jahrhundert die Ruinen entdeckten, betrachteten den Ort als heilig.*

*Quetzalcóatl, die »gefiederte Schlange«, der man in der Mythologie fast aller mittelamerikanischen Kulturvölker begegnet, wurde in Teotihuacán als eine der bedeutendsten Gottheiten verehrt.*

1

Teotihuacán, »Ort, wo Götter erschaffen wurden«, nannten die Azteken die Begräbnisstätte ihrer Könige in der Überzeugung, daß ein König nach seinem Tod zum Gott (Teotl) wird. Wie die sagenhafte Stadt ursprünglich hieß, wer sie erbaut und bewohnt hat, weiß man bis heute nicht. Man wird es wohl auch nie erfahren, denn als die Azteken im 14. Jahrhundert den Ort entdeckten und ihn zur Kultstätte erhoben, lag die einst riesige Ansiedlung vermutlich schon seit 700 Jahren in Schutt und Asche. Die ersten Spanier stapften im 16. Jahrhundert ahnungslos an den mittlerweile ver-

*1 Das markanteste Bauwerk im Tempelbezirk ist die mächtige Sonnenpyramide an der Calzada de los Muertos, die nach dem Lauf der Sonne ausgerichtet wurde.*

2

*2 Eine optisch sehr reizvoll aufgeteilte Treppenanlage führt auf die 63 Meter hohe Spitze der Sonnenpyramide, der zweithöchsten Mexikos.*

*Der von Mauern und Wällen umgebene Bereich der Ciudadela (»Zitadelle«) verdankt seinen Namen einer Mißdeutung der Spanier, die ihn für eine Verteidigungsanlage hielten.*

schütteten Bauwerken vorbei, und es gingen noch einmal 300 Jahre ins Land, ehe man den Ruinen von Teotihuacán wieder auf die Spur kam.
Der Archäologe Ramón Almaraz nahm 1864 erste Untersuchungen vor, und 1884 begannen Désiré Charnay und Leopoldo Batres mit den Ausgrabungen. Letzterer machte sich zwar um die Erforschung der zentralen Kultstätte verdient, richtete aber – zumindest nach heutigen wissenschaftlichen Gesichtspunkten – durch willkürliche Rekonstruktionsarbeiten auch erhebliche Schäden an. Erst seit das Nationale Institut für Anthropologie und Geschichte 1962 die Aufsicht übernahm, wird systematisch geforscht und gegraben. Man nimmt an, daß das bis heute freigelegte Gelände entlang der »Straße der Toten« (Calzada de los Muertos) nur gut ein Zehntel des auf insgesamt 36 Quadratkilometer geschätzten einstigen Stadtgebiets ausmacht.

**Ein Stadtstaat entsteht**

Aus ersten dörflichen Ansiedlungen im zentralmexikanischen Hochland begann sich vermutlich seit etwa 200 v. Chr. ein stadtähnliches Gemeinwesen zu entwikkeln. Bereits in jener ersten Phase entstanden die Kernbereiche der bis heute erhaltenen Hauptbauten, ebenso die zentrale Nord-Süd-Achse. In der zweiten Phase, die vom Beginn unserer Zeitrechnung bis etwa 350 n. Chr. währte, wurden die großen Pyramiden sowie der Quetzalcóatl-Tempel fertiggestellt und der sogenannte Talud-Tablero-Baustil, die Kombination aus Schräg- und Steilwandbauten, entwickelt. Aus der ursprünglichen Kultstätte war inzwischen eine »richtige« Stadt mit umliegenden Dörfern geworden, die in der folgenden dritten Phase (350–650 n. Chr.) ihre Blütezeit erlebte. Wirtschaftliche Bedeutung erlangte Teotihuacán durch die Verarbeitung von

Obsidian, einem glasartigen, grau-grünen Vulkangestein, das als Material für Werkzeug begehrt war.
Von der Fläche her war die altindianische Metropole jetzt etwa so groß wie das damalige Rom, die Einwohnerzahl von geschätzten 150 000 Menschen entsprach der des antiken Athen in seiner Blütezeit. Die größte Stadt des amerikanischen Kontinents stand in ihrem Zenit; sie beeinflußte nicht nur alle nachfolgenden Kulturen, sondern schuf auch die Grundlage für die bis heute andauernde politisch-wirtschaftliche Vormachtstellung des zentralen mexikanischen Hochlandes.
Um so mysteriöser ist der plötzliche Niedergang dieses mächtigen theokratischen Stadtstaates um die Mitte des 8. Jahrhunderts. Die dicke Ascheschicht, die man gefunden hat, legt die Vermutung nahe, daß ein verheerender Brand gewütet hat. Ob jedoch für die gewaltsame Zerstörung fremde Eindringlinge, Aufständische oder vielleicht die Priester selbst verantwortlich waren, ist bis heute ungeklärt.

**Sonnen- und Mondpyramide**

Die zentrale Achse des bis heute ausgegrabenen Zeremonialbereichs ist eine zwei Kilometer lange und 40 Meter breite Promenade, die von den Azteken Miccaotli (»Straße der Toten«, spanisch Calzada de los Muertos) genannt wurde, weil sie die angrenzenden Bauwerke irrtümlich für Grabanlagen hielten. Den mächtigen Komplex der sogenannten Ciudadela am Südende hat man als Wohn- und Kultstätte der herrschenden Priester identifiziert, die auch den Palast des Quetzalcóatl birgt. Der Tempel des von den Azteken als »gefiederte Schlange« bezeichneten Gottes zeigt einen reichen und für Teotihuacán ungewöhnlichen Figurenschmuck. Die Figuren wie auch das Mauerwerk anderer Gebäude waren ursprünglich mit Stuck und farbigen Fresken verziert, wie man anhand von Farbresten herausgefunden hat.
Die Anlage des größten Einzelbauwerks, der Sonnenpyramide (Pirámide del Sol), orientiert sich am Lauf der Sonne: Am Tag der Sommersonnenwende geht die Sonne genau gegenüber der Frontseite unter. Die Straße der Toten kreuzt diese gedachte Linie exakt im rechten Winkel. Diese zweitgrößte Pyramide Mexikos (nach der von Cholula) mißt an der Basis 222 x 225 Meter, was einer Fläche von fünf Hektar oder sieben Fußballfeldern entspricht. Im Sockel der mehrfach abgestuften, 63 Meter (mit dem ehemaligen Tempel sogar 74 Meter) hohen Pyramide wurde 1971 durch Zufall ein Höhlensystem mit vier Kammern entdeckt, dessen Funktion man bisher noch nicht bestimmen konnte.
Nach Norden läuft die Straße der Toten auf die etwas kleinere, aus vier Stockwerken errichtete Mondpyramide zu, die nur 46 Meter hoch ist, durch den erhöht liegenden Standort mit ihrer Spitze aber die gleiche Höhe erreicht wie die Sonnenpyramide. Den vorgelagerten Platz der Mondpyramide säumen verschiedene kleinere Tempel, wie der Tempel der Mythologischen Tiere, der Tempel des Ackerbaus und der Jaguarpalast, die ihre Namen nach den auf Fres-

ken gefundenen figürlichen Darstellungen erhalten haben.
Behutsam restauriert wurde der in der Südwestecke des Platzes der Mondpyramide gelegene, wunderschöne Palacio de Quetzalpapálotl (Palast des Quetzal-Schmetterlings). Durch eine mit Fresken geschmückte Vorhalle gelangt man in einen von Kammern umgebenen Arkadenhof mit rechteckigen Säulen. Die Säulenschäfte tragen als Schmuck Flachreliefs. Sie zeigen Themen aus der aztekischen Mythologie wie den Quetzal-Schmetterling, Vögel und verschiedene Symbole für Wasser. Die ursprüngliche farbliche Fassung ist heute nachgewiesen, deutlich erkennbar sind dagegen die Einlegearbeiten mit dem glasähnlichen Obsidian. Man nimmt an, daß in dem Palast die Hohenpriester der Stadt ihren standesgemäßen Wohnsitz hatten.

*Vermutlich einen Jaguar soll diese mehrfarbige Wandmalerei darstellen, die an einer Mauer an der Calzada de los Muertos gefunden wurde.*

### *Die Götterwelt der Azteken*

*Nanauatzin und Tecciztecatl hießen die beiden Götter, die sich der aztekischen Mythologie zufolge in Teotihuacán nach dem Untergang der vierten Sonne opferten, um als Sonne und Mond wieder zu erscheinen und so den Fortbestand der Welt zu sichern – jetzt in der fünften Sonne, dem Zeitalter der Azteken. Dieses Denken in Zyklen war charakteristisch für die aztekische Religion. Ihrem Kalender nach ging alle 52 Jahre ein »Jahrhundert« zu Ende, wobei jeweils auch das Ende der Welt drohte. Diese Einteilung hatten die Azteken von den Maya übernommen. Deren beide Kalender – ein Ritualjahr mit 260 Tagen und ein Sonnenjahr mit 365 Tagen – endeten alle 52 Jahre einmal am selben Tag. Zu diesem Datum wurden überall die Feuer gelöscht, die Häuser und Tempel gereinigt und, in Anlehnung an das mythische Götteropfer, Menschenopfer dargebracht. Eine zweifellos grausame Praxis, die den Spaniern als Rechtfertigung für ihre gewaltsamen Unterwerfungs- und Christianisierungsbemühungen gelegen kam. Erst wenn am nächsten Morgen die Sonne wieder aufging, wußten die Aztekenpriester, daß die Welt vorläufig gerettet war. Dementsprechend genoß auch Huitzilopochtli (»Kolibri des Südens«), der Sonnen- und Kriegsgott, der jeden Abend stirbt und jeden Morgen wieder aufersteht, die Vorrangstellung im aztekischen Pantheon. Als zweitmächtigste der über 100 Gottheiten galt Tláloc, der Gott des Regens und der Fruchtbarkeit. Eine ganz besondere Rolle spielte die »gefiederte Schlange«, der vieldeutige Quetzalcóatl, den die Azteken von den Tolteken übernommen hatten. Er wurde als Gründer der Nahua-Kulturen verehrt, der größten Sprachgruppe Mesoamerikas, zu der auch die Azteken und Tolteken gehörten. Quetzalcóatl, dem in Teotihuacán ein prächtiger Tempel gewidmet war, soll einst ein weiser und tugendhafter König gewesen sein. Doch Neider und Intriganten gaben ihm Alkohol zu trinken, worauf sich der König im Rausch an seiner Schwester verging. Am nächsten Morgen überwältigte ihn die Scham, und er stürzte sich ins Feuer. Aus seinem Herzen entstand der Planet Venus. Einer anderen Überlieferung zufolge fuhr der bärtige und hellhäutige König mit einem Floß gen Osten über das Wasser davon – eine Legende, die möglicherweise den fatalen Irrtum der Azteken heraufbeschworen hat, den vom Meer gekommenen Eroberer Hernán Cortés für den zurückgekehrten Quetzalcóatl zu halten.*

*Von der Spitze der Sonnenpyramide hat man den besten Überblick über den streng geometrisch angelegten Tempelbezirk der geheimnisvollen Stadt.*

# Frühe Klöster des 16. Jahrhunderts am Popocatépetl

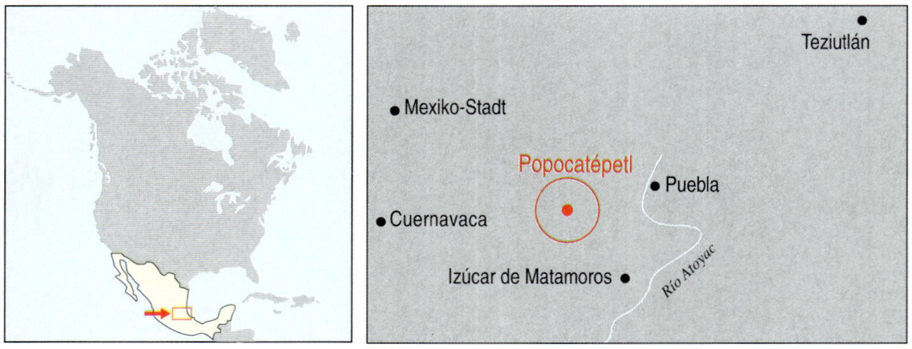


**Lage:** in den Bundesstaaten Morelos und Puebla am südlichen Rand des mexikanischen Hochlands
**Weltkulturerbe:** seit 1994

*Unmittelbar im Gefolge der spanischen Eroberung im 16. Jahrhundert begann die christliche Missionierung Mexikos. Verschiedene Orden ließen festungsartige Klosteranlagen mit ummauerten Vorplätzen und geräumigen Offenen Kapellen errichten – zunächst im dichtbesiedelten, weiteren Einzugsbereich der alten und neuen Hauptstadt des Landes. An den Ausläufern des Popocatépetl schufen sie eine Form der Klosterarchitektur, die zum Modell für die folgenden mittelamerikanischen Missionsstationen wurde und sich in wenigen Jahrzehnten im ganzen Land verbreitete.*

*Zwischen 1570 und 1600 erbauten Augustiner das Kloster und die Kirche in Atlatlahuacán. Links neben der schmucklosen Kirchenfassade ist eine Offene Kapelle zu erkennen.*

Im zentralmexikanischen Hochland vor den Toren der einstigen Azteken-Hauptstadt Tenochtitlán, dem heutigen Mexiko-Stadt, stand die Wiege des lateinamerikanischen Christentums. An den weiten Ausläufern des vom Vulkan Popocatépetl beherrschten Bergmassivs gründeten Mönche in den zwanziger und dreißiger Jahren des 16. Jahrhunderts die ersten Klöster und begannen ihr Bekehrungswerk. Von hier zogen die Glaubensbrüder aus, um immer neue Missionsstationen zu errichten.

*1 Ein Seitenflügel des Franziskanerklosters in Cuernavaca. An das 1525 gegründete Stammhaus des Ordens schloß sich ab 1533 der Bau der Kathedrale an.*

Auch in architektonischer Hinsicht haben diese frühen Klöster Maßstäbe für ganz Mexiko gesetzt. Zum einen waren die Niederlassungen mit den Sakralbauten als Kernpunkte für neue Ansiedlungen gedacht, zum anderen sollte ihre bauliche Anlage die religiösen Grundwerte des christlichen Glaubens repräsentieren und zugleich der möglichst raschen Bekehrung einer großen Zahl von Heiden dienen. Letzteres führte zu der für viele mexikanische Klöster typischen Kombination aus geschlossenen und offenen Räumen, die auch der Tatsache Rechnung trug, daß die indianische Bevölkerung an Kulthandlungen unter freiem Himmel gewöhnt war. Aus diesem Gedanken heraus entstanden die charakteristischen, Atrium genannten ummauerten Vorplätze mit kleinen überkuppelten Eckkapellen (Posas) sowie große Offene Kapellen, wie jene der Kathedrale von Cuernavaca mit ihrem herrlichen Muschelgewölbe.

## Missionseifer der Glaubensbrüder

Im Gefolge der Konquistadoren kamen auch die Männer der Kirche in die Neue Welt. Die spanischen Eroberer taten sich zumeist nicht schwer, die Interessen von Schwert und Kreuz miteinander zu verbinden, ließ sich doch der Widerstand der »verstockten Heiden« bei der Verbreitung der Lehre Gottes als Vorwand für die gewaltsame Unterwerfung mißbrauchen. Nur wenige Priester setzten sich so für die Belange der indianischen Bevölkerung ein wie der spanische Dominikanermissionar Bartolomé de las Casas (1474–1566), der spätere Bischof von Chiapas, der noch heute in ganz Mittelamerika verehrt wird.
Bereits 1523, nur zwei Jahre nach der blutigen Eroberung der Azteken-Hauptstadt Tenochtitlán durch Hernán Cortés, trafen die ersten zwölf Franziskaner in Mexiko ein. Drei Jahre später folgten Dominikaner, 1533 die ersten Augustiner. Von Mexiko-

*2 Wie eine Trutzburg wirkt das in seiner kompletten Anlage erhaltene Dominikanerkloster Nuestra Señora de la Natividad vor den steilen Felswänden der Schlucht von Tepoztlán.*

2

*1 Südöstlich von Mexiko-Stadt liegt das mächtige Massiv des 5452 Meter hohen Vulkans Popocatépetl, an dessen Hängen im 16. Jahrhundert zahlreiche Klöster entstanden.*

*2 Das Hauptportal der Klosterkirche von Tochimilco – in dem 50 Kilometer südwestlich von Puebla gelegenen Ort gründeten die Franziskaner ihr viertes Kloster am Popocatépetl.*

Stadt aus wählte man mit Bedacht die dicht von Indios besiedelten Gebiete südlich der Hauptstadt für die ersten Niederlassungen aus. Die Franziskaner ließen sich von Francisco Becerra 1525 in Cuernavaca ihr Stammkloster errichten. In Huejotzingo kam es 1529 zur ersten Gründung am Osthang des Popocatépetl, bald darauf gefolgt von Calpan und Tochimilco am Südhang. Die Dominikaner erbauten ihr erstes Kloster mit einer angeschlossenen Krankenstation 1528 in Oaxtepec. Da die geplante Niederlassung in Tepoztlan zunächst auf heftigen Widerstand dort ansässiger Stämme stieß und erst 1560 verwirklicht werden konnte, weiteten die Dominikaner ihr Einzugsgebiet in der Zwischenzeit mit Gründungen in Tetela del Volcán und Hueyapan nach Südosten Richtung Oaxaca aus. Vom 1534 erbauten Stammkonvent der Augustiner in Ocuituco entstanden in rascher Folge Nebenklöster in Totolapan und Yecapixtla im Westen und auch in Atlatlahuacán, Zacualpan sowie Tlayacapan im Süden. Zwischen 1525 und 1570 wurden in der ganzen Region über 100 Klöster gegründet, bis zum Ende des Jahrhunderts waren es dann schon über 300. Mit dem 1563 beendeten Trienter Konzil mußten die Missionsorden erhebliche Beschränkungen ihrer Freiheiten hinnehmen; zahlreiche Klosterkirchen gingen in der Folge in Gemeindebesitz über und wurden zu Pfarrkirchen umgewandelt. Ein ganz schwerer Schlag folgte 1859, als unter der Regierung von Benito Juárez die Abschaffung der Orden

*1*

verfügt wurde. Die Klostergebäude gehörten von jener Zeit an dem Staat und wurden häufig in Schulen oder Krankenhäuser umgewandelt.

**Baupläne nach Norm**

Die Anlage der Klöster erfolgte nicht nur nach dem gleichen architektonischen Grundplan, sondern auch in der Chronologie der Bauten immer nach demselben Schema: Man begann mit dem Atrium und seinen Eckkapellen, den Posas, dann folgte – falls vorgesehen – die Offene Kapelle als Provisorium, ehe das Kirchenschiff und die Wohn- und Nebengebäude in Angriff genommen wurden. Türmchen, Seitenkapellen, eventuell ein zweiter Hof und Aufstockungen der Wohntrakte blieben der abschließenden Bauphase vorbehalten.
Das Atrium, 50 bis 80 Meter breit und 80 bis 120 Meter lang, wurde ebenerdig, abgesenkt oder auf einem erhöhten Plateau angelegt. Ringsum wurde es von einer hohen Mauer umschlossen; in allen vier Ecken dienten Posas zum Deponieren der Utensilien für die Spendung der Sakramente. Entlang der Mauern führten Prozessionswege von Kapelle zu Kapelle.
In den geräumigen Offenen Kapellen, die meist an die Seitenwände der geplanten Kirche anschlossen, konnte sehr rasch mit Gottesdiensten unter freiem Himmel begonnen werden. Die Hauptkirchen selbst folgten in der Regel einfachen Grundplänen – einschiffig, mit Rippen- oder Tonnengewölbe –, erreichten aber mitunter imposante Ausmaße. Meist südlich der Kirche, sozusagen in deren Windschatten, entstanden die eigentlichen Klostergebäude. Sie gruppierten sich um einen kleinen, quadratischen Patio, eine Innenhofanlage mit zweigeschossigem Kreuzgang.
Stellvertretend für die Vielzahl der frühen Klöster Mexikos hat die UNESCO 14 herausragende Klosteranlagen ausgewählt, die ihrem Aufbau nach typisch für die Missionsstationen des 16. Jahrhunderts sind: Atlatlahuacán, Cuernavaca, Hueyapan, Tetela del Volcán, Yautepec, Ocuituco, Tepoztlan, Tlayacapan, Totolapan, Yecapixtla und Zacualpan de Amilpas im Bundesstaat Morelos sowie Calpan, Huejotzingo und Tochimilco im Bundesstaat Puebla.

*2*

# Historisches Zentrum von Puebla

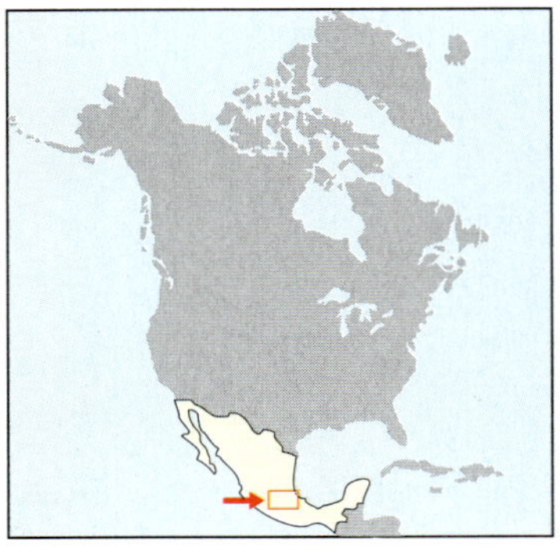

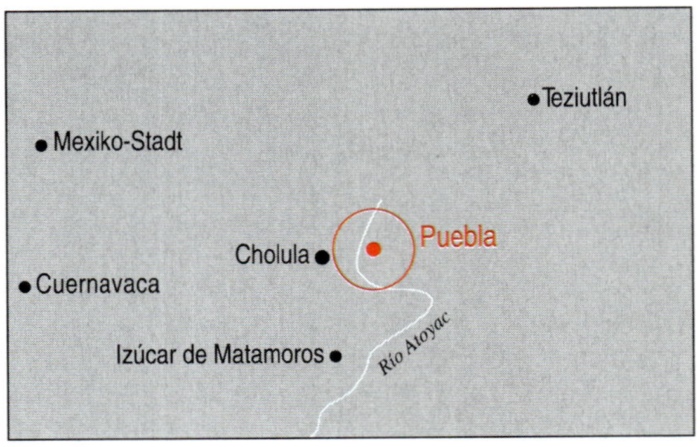


**Lage:** im Bundesstaat Puebla, südöstlich von Mexiko-Stadt am Río Atoyac

**Weltkulturerbe:** seit 1987

*Den wohlhabenden Poblanos, wie die Einwohner von Puebla genannt werden, sagte man in den vergangenen Jahrhunderten einen Hang zu überschwenglichem Luxus nach. In ihrer reizvollen, bunten Stadt manifestiert sich kolonialer Wohlstand an vielen schmucken Gebäuden mit reicher Kachel- und Stuckornamentik sowie an zahlreichen prächtigen Kirchen. Gewissermaßen symbolhaft für den Wandel der Kulturen versank das benachbarte Cholula, einst eine Hochburg der Azteken, nach dem von Hernán Cortés befohlenen Massaker 1519 rasch in der Bedeutungslosigkeit, während das europäisch geprägte Puebla mehr und mehr erblühte.*

*Verspielter Prunk im Zuckerbäckerstil: In der einst als Privatpalais errichteten Casa de Alfeñique ist heute das Regionalmuseum des Bundesstaates Puebla untergebracht.*

*Bei der Innenausstattung der Kathedrale von Puebla wurde an nichts gespart: Marmor, Onyx und Goldschnitt fanden im Überfluß Verwendung. Die herrlichen Gewölbe wurden erst nachträglich in das Gotteshaus eingezogen.*

Engel sollen es gewesen sein, die mit gespannten Seilen vom Himmel herab die schnurgeraden Straßen der Stadt gezogen haben, was in ihrem ursprünglichen Namen Ciudad de los Ángeles (Stadt der Engel) anklingt. Auch wenn der Legende zum Trotz wohl doch die spanischen Kolonialherren das Straßennetz Pueblas im Schachbrettmuster angelegt haben, hat sich der Beiname »de los Ángeles« bis weit ins 19. Jahrhundert hinein gehalten. Heute heißt die Stadt offiziell Puebla de Zaragoza, zu Ehren des mexikanischen Generals Ignacio Zaragoza, der 1862 die französischen Truppen zumindest vorübergehend aus Puebla vertrieb.

Die reiche und farbenprächtige Kolonialstadt auf dem Weg von Veracruz nach Mexiko-Stadt liegt auf 2161 Meter Höhe in einem fruchtbaren Hochlandtal, direkt am Vulkangürtel Sierra Volcánica Transversal, der hier von der Pazifikküste bis zum Golf von Mexiko das Land durchzieht. Die erloschenen Vulkane Popocatépetl (5452 Meter) und Itzaccíhuatl (5286 Meter) im Westen von Puebla, La Malinche (4461 Meter) im Nordosten und der Citlaltépetl (oder spanisch Pico de Orizaba, 5747 Meter), der höchste Berg Mexikos, im Osten bilden eine eindrucksvolle natürliche Kulisse. Trotz aller städtebaulichen Pracht gründet die kulturhistorische Bedeutung Pueblas auf der Wechselbeziehung mit dem benachbarten Cholula, einer bedeutenden Kultstätte der Azteken und der mit rund 2500 Jahren ältesten Stadt Mittelamerikas. Als Hernán Cortés 1519 von Veracruz aus nach Cholula vordrang, verehrten die Tolteken und Chichimeken dort den Quetzalcóatl, eine der mächtigsten aztekischen Gottheiten. Möglicherweise aufgrund eines Mißverständnisses befahl Cortés den Angriff und ließ die Stadt innerhalb weniger Stunden vernichten. An Cholulas einstige Bedeutung erinnert vor allem noch die große Hauptpyramide, die mit einer Grundfläche von fast 17 Hektar dem Volumen nach größer ist als die Cheops-Pyramide in Ägypten. Mit dem Bau der Kirche Nuestra Señora de los Remedios auf der Pyramide setzten die Spanier ein deutliches Zeichen für eine neue Ära und gründeten 1531 in der Nachbarschaft eine neue Stadt: das heutige Puebla.

## Eine neue Ära – eine neue Stadt

Julián Garcés, der Bischof von Tlaxcala, ließ zwölf Kilometer östlich von Cholula die Ciudad de los Ángeles anlegen. Wenige Jahre später wurde der Ort zum Bischofssitz ernannt und hieß fortan Puebla de los Ángeles. Verkehrsgünstig am Weg nach Mexiko-Stadt gelegen, entwickelte sich Puebla

*Im katholischen Mexiko bestimmen die kirchlichen Feste den Jahresablauf: Eine Prozession vor der Iglesia de San Francisco, der 1551 erbauten Klosterkirche der Franziskaner.*

*Vom Innenhof der barocken Dominikanerkirche Santo Domingo blickt man auf die Kuppel der Capilla del Rosario, die mit ihrer prachtvollen Ausstattung zu den Schmuckstücken Pueblas zählt.*

rasch zu einem Handelszentrum für das umliegende Agrarland. Die Produktion der begehrten Talavera-Kacheln, handbemalter Schmuckfliesen nach andalusisch-maurischer Tradition, brachte der Stadt zusätzlichen Reichtum.

Die Vorliebe der reichen Poblanos für Talavera-Kacheln hat in der Vergangenheit dafür gesorgt, daß die Altstadt Pueblas bunt und heiter wirkt. Beispiele für den verspielten Prunk zahlreicher Privathäuser sind die Casa de Alfeñique (Mandelkuchenhaus) und die Casa de las Muñecas (Haus der Puppen), die beide Ende des 18. Jahrhunderts erbaut wurden und deren Fassaden reich mit Stuck verziert sind.

Einer der ältesten erhaltenen Profanbauten europäischer Architektur in ganz Amerika ist die Casa del Dean von 1580 mit ihrem herrlichen Renaissance-Portal. Im alten Erzbischöflichen Palais ist eine der traditionsreichsten und kostbarsten Bibliotheken Lateinamerikas untergebracht. Auf rund 50 000 Bände ist die 1646 von Bischof Juan de Palafox begründete Bibiloteca Palafoxiana im Laufe der Zeit angewachsen.

Eine der berühmtesten Kirchen und die nach jener von Mexiko-Stadt zweitgrößte Kathedrale des Landes steht an der Plaza de la Constitución. Der beeindruckende Renaissancebau konnte nach über 70 Jahren Bautätigkeit erst 1649 geweiht werden.

Mitte des 19. Jahrhunderts wurde Puebla im Krieg zwischen Mexiko und den USA (1847) und während der mexikanischen Revolution (1910–20) von heftigen Kämpfen erschüttert. Doch nach wie vor ist es eine bezaubernde, fast spanisch anmutende Stadt und wird nicht zu Unrecht mit der Festungsstadt Toledo verglichen.

Augustín de Ovando Cáceres Ledesma Núñez de Villavicencio lautete der klangvolle Name des Bauherrn der Casa de las Muñecas, und entsprechend repräsentativ ließ der einflußreiche Richter und Ratsherr sein Haus verzieren.

## Hernán Cortés

*Er zählte zu den erfolgreichsten wie grausamsten spanischen Konquistadoren (Eroberern) der Neuen Welt: Hernán Cortés, 1485 in Medellín geboren. 1511 zog der junge Mann von niederem Adel unter Diego de Velázquez zur Eroberung Kubas aus. Im Jahr 1519 durfte er auf Weisung von Velázquez eine Expedition ins Reich der Azteken leiten, allerdings ohne Vollmacht, diese Kultur zu vernichten. Mit elf Karavellen und rund 500 Soldaten landete Cortés im April 1519 an der mexikanischen Golfküste, wo er die erste spanische Stadt der Neuen Welt gründete: La Villa Rica de la Vera Cruz, das heutige Veracruz. Die Indios nahmen die Fremden freundlich auf, hielten sie womöglich für die zurückgekehrten Götter und machten dem Anführer die Prinzessin Malintzin (spanisch Malinche) zum Geschenk, die Cortés fortan als Geliebte und Dolmetscherin diente.*

*Auf dem Weg zur sagenhaften Hauptstadt Tenochtitlán (heute Mexiko-Stadt) richtete Cortés im aztekischen Kultzentrum Cholula ein entsetzliches Blutbad an. Cortés zog am 8. November 1519 in Tenochtitlán ein und nahm den friedlichen Moctezuma gefangen. Bald darauf sah er sich gezwungen, an der Küste eine spanische Heerschar zurückzuschlagen, die Velázquez ausgesandt hatte, um den unbotmäßigen Konquistadoren zur Raison zu rufen. Kaum zurück in Tenochtitlán, wurde Cortés nach dem mysteriösen Tod Moctezumas in spanischer Gefangenschaft 1520 von der aufgebrachten Bevölkerung aus der Stadt vertrieben. Über dieses Ereignis, das als »traurige Nacht« (noche triste) Eingang in die spanischen Geschichtsbücher fand, geht das Gerücht, daß viele von Cortés' Männern auf der Flucht kaum vorwärts kamen, weil das Gold in ihren Taschen sie zu Boden zog. 1522 gelang Cortés mit der Hilfe verbündeter Tlaxaltecen die Rückeroberung der Hauptstadt. Im selben Jahr noch wurde er zum Generalkapitän und Statthalter von Neuspanien ernannt, was er bis 1528 blieb. 1540 kehrte er nach Spanien zurück, wo er 1547 starb.*

# Präkolumbische Stadt El Tajín

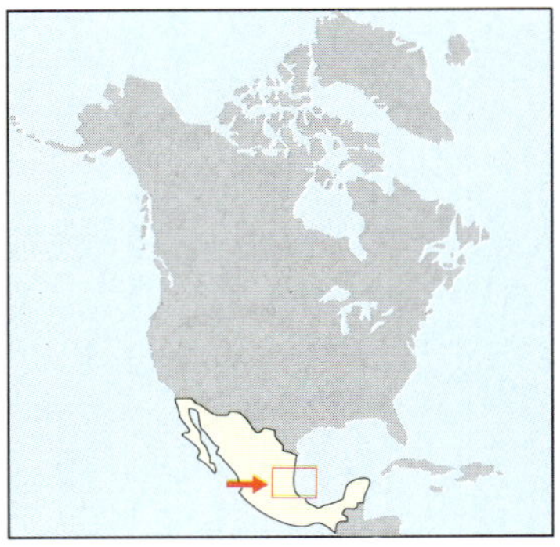

**Lage:** im Bundesstaat Veracruz, etwa 200 Kilometer nordöstlich von Mexiko-Stadt bei Poza Rica

**Weltkulturerbe:** seit 1992

*Über 500 Jahre hielt der Dschungel die geheimnisvolle Stadt verborgen, und weitere anderthalb Jahrhunderte verstrichen nach ihrer Entdeckung, ehe 1934 mit der systematischen Freilegung begonnen wurde. Heute zählen die Ruinen von El Tajín unweit der Küste des Golfs von Mexiko zu den besterhaltenen Kultstätten der Totonaken oder Huasteken aus präkolumbischer Zeit. Die mit aufschlußreichen Reliefdarstellungen geschmückten Ballspielplätze, auf denen das rituelle Pelota-Spiel auf Leben und Tod ausgetragen wurde, und die einzigartige Nischenpyramide sind die Prunkstücke der dem Gott der Blitze und Wirbelstürme geweihten Stätte.*

*Den tödlichen Ernst des rituellen Pelota-Spiels bezeugt ein Flachrelief am südlichen Ballspielplatz von El Tajín: Es zeigt die Opferung eines Spielers durch einen Priester.*

Eine Szene wie aus einem Abenteuerfilm muß es gewesen sein, als der Spanier Diego Ruiz 1785 im dichten Dschungel der Küstenzone des Golfs von Mexiko durch Zufall auf die überwucherten Tempelanlagen von El Tajín stieß. Er betrat eine Geisterstadt, die nach über 500jährigem Schlaf auf ihre Wiederentdeckung wartete. Doch üppige tropische Vegetation, giftige Schlangen und Myriaden von Insekten machten den Wissenschaftlern die Erkundung des Ortes nicht eben leicht.

1

*1 Insgesamt 17 Ballspielplätze in der Stadt lassen die einstige Bedeutung des Pelota-Spiels erahnen und deuten darauf hin, daß El Tajín ein Zentrum dieser rituellen Spiele gewesen sein muß.*

1810 besuchte der deutsche Gelehrte und Naturforscher Alexander von Humboldt die Dschungelstadt, aber erst über 100 Jahre später, ab 1934, wurde mit ihrer systematischen Freilegung begonnen. Diesem relativ späten Zeitpunkt ist es zu verdanken, daß die Archäologen hier bei ihrer Arbeit bereits sehr viel sorgfältiger und nach neueren wissenschaftlichen Methoden zu Werke gingen als beispielsweise in Teotihuacán, wo bei den Grabungen – die mit den besten Absichten begonnen wurden – viel zerstört wurde.
Da man bis heute nur den Zeremonialbereich, etwa ein Zehntel der gesamten Fläche, freigelegt hat und die Arbeiten noch in vollem Gange sind, gelangen die Experten ständig zu neuen Erkenntnissen. Zunächst

2

*2 Einzigartig in ihrer Bauweise und vollkommen in der Ausführung – die dem Regen- und Windgott geweihte Nischenpyramide, das Wahrzeichen der Ruinenstätte von El Tajín.*

*Nördlich der Nischenpyramide erstreckt sich auf einer künstlich angelegten Terrasse El Tajín Chico, die Oberstadt: Im Vordergrund links sieht man das Gebäude C mit reliefartig angedeuteten »falschen« Nischen.*

war man davon ausgegangen, daß die noch zu Beginn der spanischen Eroberung in dieser Region ansässigen Totonaken die Stadt erbaut hatten, inzwischen schreibt man diese Leistung jedoch den mit den Maya entfernt verwandten Huasteken zu. Auch über die Entstehungszeit glaubt man jetzt besser Bescheid zu wissen: Wurde die Gründung der Stadt ursprünglich auf die Zeit um 200 n. Chr. datiert, so nimmt man jetzt an, daß die Anlage wohl doch erst irgendwann zwischen 800 und 1200 n. Chr. erbaut worden ist. Damit würde die Blüte El Tajíns genau jene zeitliche Lücke zwischen dem Niedergang Teotihuacáns und dem Erblühen der Azteken-Hauptstadt Tenochtitlán füllen. Um 1200 wurde die Stadt, in der sich zuletzt auch toltekische Einflüsse bemerkbar machten, jedenfalls zerstört und verlassen.

## Götter und heilige Ballspiele

Die Kultstätte El Tajín, deren Name auf totonakisch soviel wie »Blitz« oder »Wirbelsturm« bedeutet, war dem Gott geweiht, den man für diese Naturereignisse verantwortlich machte. Er selbst wurde Tajín oder Huracán genannt, worauf unser heute gebräuchliches Wort Hurrikan zurückzuführen ist. Wenn während der Regenzeit im Sommer die Gewitterstürme über die Ruinen hinwegfegen, wird schnell verständlich, warum man gerade diesen Platz für den Gott der Blitze auserwählt hat. Das Ruinengelände umfaßt drei Bezirke: die Unterstadt, die Oberstadt, die auf einer sieben Meter höheren, künstlich aufgeschütteten Terrasse gelegen ist und Klein-Tajín (El Tajín Chico) genannt wird, sowie den daran angrenzenden Komplex des Gebäudes der Säulen (Edificio de las Columnas).

Ein besonderes Merkmal der Unterstadt sind die zahlreichen Ballspielplätze, von denen man in El Tajín bisher 17 entdeckt hat. Die Stadt muß offenbar ein Zentrum des damals weit verbreiteten heiligen Ballspiels Pelota gewesen sein. Wie man frühen spanischen Berichten und den Darstellungen der Steinreliefs entnehmen kann, spielten sich die mit Knie- und Beinschonern geschützten Kontrahenten – einzeln oder in Mannschaften – einen kleinen Kautschukball auf dem langgestreckten Spielfeld ge-

genseitig zu. Der Ball, der nur mit dem Gesäß, der Hüfte oder den Knien »geschlagen« werden durfte, mußte ständig in Bewegung gehalten und durch halbhoch angebrachte Steinringe getrieben werden. Auf keinen Fall durfte der die Sonne symbolisierende Ball den Boden berühren. Die Flachreliefs an den Seitenmauern des größten und schönsten bisher freigelegten, sogenannten südlichen Ballspielplatzes (Juego de Pelota Sur) zieren Szenen rund um das Pelota-Spiel, darunter auch die rituelle Opferung eines offenbar unterlegenen Spielers durch einen Priester. Mittlerweile ist man sich allerdings nicht mehr ganz so sicher, ob der damaligen Logik entsprechend nicht vielleicht doch die Sieger geopfert wurden – schließlich brachte man den Göttern ja nur das Beste vom Besten dar.

### Ein Kalender aus Nischen

Das auffälligste und bedeutendste Bauwerk der Ruinenstadt ist die dem Regen- und dem Windgott geweihte 18 Meter hohe Nischenpyramide (Pirámide de los Nichos) auf einem Grundriß von 36 x 36 Metern. Die sieben jeweils durch umlaufende Simse getrennten Stockwerke bestehen aus aneinandergereihten quadratischen Nischen; an der Ostseite führt eine steile Treppe bis auf das oberste Niveau hinauf. Da man rekonstruiert hat, daß die Pyramide im Originalzustand genau 365 Nischen besaß, nimmt man an, daß sie eine Art Kalenderfunktion gehabt haben muß. Ursprünglich waren sämtliche Nischen – eine für jeden Tag des Sonnenjahres – mit leuchtend roter und blauer Farbe ausgemalt, und die ganze Pyramide war von außen mit Stuckornamenten versehen.

Überragt wird die gesamte Anlage von dem bereits toltekisch beeinflußten Gebäude der Säulen, das ebenfalls mit Nischen dekoriert ist. Auch die massiven Treppen dienten nur der Verzierung; um in die oberen Räume zu gelangen, wurden vermutlich Leitern benutzt. Seinen Namen verdankt das 45 Meter hohe Bauwerk den mächtigen Säulentrommeln mit einem Durchmesser von 1,10 Metern, die an der Vorderseite eine Galerie bildeten. Die Flachreliefs an den Säulen geben Zeugnis vom Kultleben der altindianischen Bewohner von El Tajín.

*Bananentransport an heiliger Stätte: Die beeindruckenden Ruinen von El Tajín liegen etwas abseits der touristischen Hauptrouten Mexikos und sind deshalb noch nicht überlaufen.*

# Altstadt von Oaxaca und Ruinen von Monte Albán

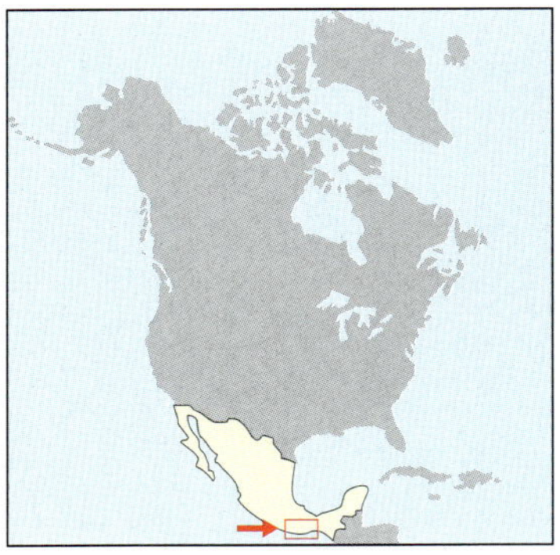

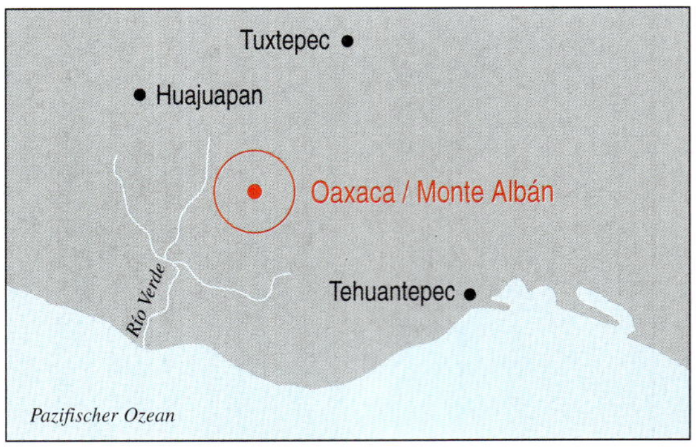


**LAGE:** im Bundesstaat Oaxaca, etwa 550 Kilometer südöstlich von Mexiko-Stadt

**WELTKULTURERBE:** seit 1987

*Ein freundliches Klima, die mediterran anmutende Gelassenheit der Bewohner und das hübsche, koloniale Stadtbild kennzeichnen Oaxaca im Süden Mexikos. Als die Spanier Anfang des 16. Jahrhunderts das fruchtbare Hochtal für die Neugründung einer Stadt wählten, waren sie nicht die ersten, die sich die Vorzüge dieser Gegend nutzbar machten. Mehr als zwei Jahrtausende zuvor war auf und um den nahen Monte Albán eine Siedlung entstanden, an der im Laufe der Jahrhunderte Olmeken, Zapoteken und Mixteken weitergebaut hatten. In dieser riesigen Ruinenstätte wurde 1932 der Schatz der Mixteken gefunden.*

*Die Schutzheilige Oaxacas, die Virgen de la Soledad, ist im Portal der gegen Ende des 17. Jahrhunderts erbauten Basilika Nuestra Señora de la Soledad plastisch dargestellt.*

*Santo Domingo mit einer schönen Barockfassade gilt als die bedeutendste Kirche der Stadt. Sie ist Teil des festungsartig ausgebauten Klosters der Dominikaner.*

Der Zócalo, der Hauptplatz Oaxacas, gehört zu den anmutigsten Mexikos; das wird jeder bezeugen können, der einen Abend in einem der alten Arkadencafés verbracht hat oder einmal im Schatten der Lorbeerbäume den Blick auf den verspielt-filigranen Musikpavillon und das bunte Treiben der Händler und Schuhputzer, Passanten und Müßiggänger genossen hat. Die ganze Stadt hat sich übrigens ihr beschauliches, koloniales Flair bis heute erhalten. Das angenehme Klima in dem subtropischen, von den hohen Bergen der südlichen Sierra Madre gesäumten Tal trägt das Seine dazu bei, daß man sich hier einfach wohl fühlt.
Keine Frage, daß auch die Neuankömmlinge aus der Alten Welt bereits im 16. Jahrhundert einen Blick für dieses schöne Fleckchen Erde hatten. Sie eroberten das aztekische Fort Huaxyáca, was auf Náhuatl

»am Akazienhain« bedeutet, und gründeten an dessen Stelle eine eigene Siedlung.

## Präkolumbische Metropole

In unmittelbarer Nachbarschaft – ca. 10 Kilometer südwestlich von Oaxaca – existierte bereits ein einstmals blühendes Gemeinwesen mit bewegter Vergangenheit: Monte Albán (»weißer Berg«) nannten die Spanier die Stätte nach den zur Regenzeit hier überall weiß blühenden Sträuchern. Besiedelt war das Tal von Oaxaca schon mehrere tausend Jahre vor unserer Zeitrechnung, doch erst im 7. Jahrhundert v. Chr. begannen vermutlich Olmeken mit dem Bau einer stadtähnlichen Siedlung. Als Standort für den zentralen Zeremonialbezirk wählten sie einen Berg, der das Tal von Oaxaca einige hundert Meter überragte und dessen Kuppe zu einem Plateau von 610 x 245 Metern abgeflacht wurde.
Während der zweiten, von der Maya-Kultur beeinflußten Phase (200 v. Chr.–100 n. Chr.) entstanden die ersten monumentalen Bauten; die dritte Phase (bis etwa 800) unter der Herrschaft der Zapoteken gilt als die Blütephase der Siedlung. In dieser Zeit lebten hier bis zu 50 000 Menschen, wurden die bedeutendsten der schräg- und steilwandigen Bauten errichtet und die reichbestückten Grabkammern angelegt. Warum dann in der sogenannten vierten Phase (800 bis 1200) der Niedergang einsetzte und die Zapoteken ihre Bautätigkeit auf andere Städte wie Mitla, Yagul und Zaachila konzentrierten, weiß man bis heute nicht genau. Vielleicht fühlten sie sich bereits von den aus den Bergen herabziehenden Mixteken bedroht, den »Leuten aus dem Wolkenland«, die schließlich die Anlage tatsächlich übernahmen (fünfte Phase), um sie in erster Linie als Grabstätte zu nutzen. Die Azteken schließlich, die gegen Ende des 15. Jahrhunderts, nur wenige Jahrzehnte vor der Kolonisierung der Spanier, das Tal von Oaxaca eroberten, hatten auf das heutige Erscheinungsbild von Monte Albán keinen Einfluß mehr.

## Tempel, Gräber und tödliche Spiele

Das Zentrum der insgesamt rund 42 Quadratkilometer umfassenden Siedlung ist die Kultstätte auf der abgeflachten Kuppe des Monte Albán, eine 300 Meter lange Esplanade mit erhöhten Plattformen an beiden Enden, mit riesigen Freitreppen und einer großen Zahl von im Laufe der Zeit mehrfach überbauten Pyramiden, Grabkammern und Steinreliefs. Einige Felsblöcke, die man nicht aus dem Weg räumen konnte, wurden in die Gebäude einfach mit einbezogen. Im Grab Nr. 7 (Tumba 7) entdeckte der

1

1 *Wie die Wände sind auch die Deckengewölbe des prunkvollen Innenraums der Kirche Santo Domingo vollständig mit vergoldeten Stukkaturen und Gemälden überzogen.*

2 *Der Blick durch das Mittelschiff auf den Hauptaltar zeigt die herrliche barocke Innenausstattung von Santo Domingo.*

Archäologe Alfonso Caso 1932 den sagenhaften Mixtekenschatz: rund 500 kunstvoll aus Gold, Silber, Türkis, Jade und Alabaster gefertigte Grabbeigaben für die hier zur Ruhe gebetteten Mixtekenfürsten. Die Phantasie der Altertumsforscher beflügelt und die unterschiedlichsten Deutungen erfahren haben vor allem die figürlichen Darstellungen und Glyphen – so werden die einzelnen Zeichen der in Stein gehauenen präkolumbischen Bilderschrift genannt – am »Tempel der Tänzer« (Palacio de los Danzantes). Auf dem mit Zuschauertribünen ausgestatteten Ballspielplatz kämpften die Teilnehmer des Sonnenspiels Pelota einst um ihr Leben: Der Unterlegene (möglicherweise aber auch der »wertvollere« Sieger) wurde dem Totengott geopfert.

## Die Spanier kommen

Den 1521 eroberten Aztekenstützpunkt Huáxyaca nannten die Spanier zunächst Antequera de Oaxaca, ehe 1529 mit dem Neubau der Siedlung begonnen wurde, die Karl V. per Dekret unter dem Namen Oaxaca zur Stadt erhob. Bei der Anlage des Straßensystems folgte Baumeister Alonso Garcia Bravo dem Vorbild von Mexiko-Stadt. Die Häuserblocks wurden im Schachbrettmuster mit Kantenlängen von je 84 Metern angelegt. Auf halber Strecke zwischen den Flüssen Atoyac und Jalatlaco bildet der Zócalo (Plaza de Armas) den Mittelpunkt der auf 1545 Meter Höhe gelegenen Stadt.
Am Zócalo steht auch die Kathedrale, mit deren Bau die Dominikaner neun Jahre nach der 1535 erfolgten Ernennung Oaxacas zum Bischofssitz begannen. Ihr heutiges Aussehen mit Barockfassade und verkürzten Ecktürmen erhielt die Kathedrale durch den Wiederaufbau nach einem verheerenden Erdbeben im Jahr 1714. Als schönste Kirche der Stadt gilt jedoch die Iglesia de Santo Domingo, das 1666 fertiggestellte Gotteshaus eines Dominikanerklosters. Zwei wuchtige, 35 Meter hohe Türme flankieren die schmale Barockfassade. Atemberaubend prunkvoll ist der barocke, mit vergoldeten und farbig bemalten Verzierungen reich geschmückte Innenraum. In den Räumen des angeschlossenen Klosters mit seinem herrlichen, zweigeschossigen Kreuzgang zeigt das Regionalmuseum als Glanzpunkt seiner Sammlungen den wertvollen Mixtekenschatz aus Grab Nr. 7 vom Monte Albán.
Zu den bemerkenswertesten Bürgerhäusern der Stadt zählt die barocke Casa de Cortés, das einstige Wohnhaus des spanischen Eroberers Hernán Cortés. Im Stadtpalais des Museo Tamayo ist die Sammlung präkolumbischer Kunst des 1991 verstorbenen Malers Rufino Tamayo zu sehen. Und in der Casa Juárez hat der größte Sohn der Provinz, der Reformer und spätere mexikanische Präsident Benito Juárez, zu dessen Ehre sich die Stadt seit 1872 stolz »Oaxaca de Juárez« nennt, zehn Jahre lang gelebt. Das schmucke, 1901 eröffnete Teatro Macedonio de Alcalá im verspielt-verschnörkelten Stil des Fin de siècle paßt sich mit seinem hübschen, überkuppelten Portal-

2

1

1 *Einst der religiöse Mittelpunkt eines blühenden Gemeinwesens: die Ruinen der olmekisch-zapotekischen Kultstätte auf dem künstlich abgeflachten Monte Albán bei Oaxaca.*

2

2 *Aus dem in Grab Nr. 7 gefundenen Mixtekenschatz, der heute zum Teil im Regionalmuseum von Oaxaca ausgestellt ist, stammt dieses silberne Schmuckstück in Form einer kleinen Maske.*

türmchen und den postkolonialen Fassaden nahtlos an seine bauliche Umgebung an. Allerdings verweist das verträumte koloniale Stadtbild Oaxacas auch auf ein zentrales Problem: Es ist zum großen Teil der Tatsache zu verdanken, daß die Stadt und die Region die industrielle Entwicklung mehr oder weniger verschlafen haben. Zudem hat die Überweidung und die Abholzung der Wälder dazu beigetragen, den Bundesstaat Oaxaca, der mit hoher Arbeitslosigkeit zu kämpfen hat, zu einem der ärmsten in ganz Mexiko werden zu lassen.

### *Benito Juárez*

*Aus der Provinz Oaxaca stammt der vielleicht bedeutendste politische Reformer Mexikos im 19. Jahrhundert: der am 21. März 1806 in San Pablo Guelatao geborene Zapotekenindianer Benito Juárez Garcia. Seine Jugendjahre verbrachte er in Oaxaca, wo er erst im Alter von 13 Jahren Lesen und Schreiben lernte. Juárez studierte später Jura, wurde Rechtsanwalt und war von 1847 bis 1852 Gouverneur von Oaxaca. Als Justizminister des Präsidenten Ignacio Comonfort arbeitete er eine neue, liberale Verfassung aus, in der die Trennung von Kirche und Staat, Verstaatlichung des Kirchenvermögens, Religionsfreiheit, die Zivilehe, Menschenrechtsgarantien und eine Landreform verankert wurden.*

*1858 übernahm Juárez die Regierung. Da sich jedoch die Konservativen und Klerikalen seinen Reformen mit allen Mitteln widersetzten, kam es schon bald zum Bürgerkrieg. Juárez mußte mit seiner Regierung zuerst nach Guadalajara und dann nach Veracruz flüchten. Kaum war ihm 1861 mit dem Einmarsch in Mexiko-Stadt der Sieg gelungen, landeten spanische, britische und französische Truppen in Mexiko, um die Rückzahlung der eingefrorenen Auslandsschulden zu erzwingen. Die Franzosen zogen in Mexiko-Stadt ein, und Napoleon III. setzte 1863 den österreichischen Erzherzog Maximilian von Habsburg als Kaiser von Mexiko ein. Dieser verlor jedoch bald die Unterstützung der Konservativen, weil er die Reformen nicht rückgängig machte, sondern weiter vorantrieb. Nach dem Ende des nordamerikanischen Bürgerkriegs forderten die Vereinigten Staaten den Abzug der französischen Truppen, und Maximilian I. wurde von den liberalen Truppen bedrängt. Juárez, der im Norden des Landes auf seine Stunde gewartet hatte, übernahm 1867 erneut die Regierung und ließ Maximilian I. in Querétaro hinrichten. 1871 wurde Benito Juárez als Präsident wiedergewählt, starb aber nur ein Jahr danach, am 18. Juli 1872, in Mexiko-Stadt – eines natürlichen Todes.*

*3*

*3 Zu den interessantesten Funden von Monte Albán zählen die »Danzantes«, eine Reihe von Flachreliefs, die merkwürdig verrenkte Figuren zeigen. Deren Bedeutung ist noch ungeklärt; möglicherweise handelt es sich nicht um Tänzer, sondern um die Darstellung getöteter Feinde.*

# Ruinen und Nationalpark von Palenque

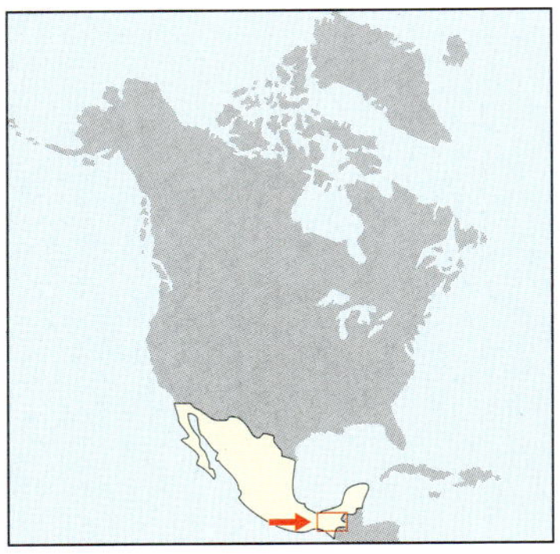
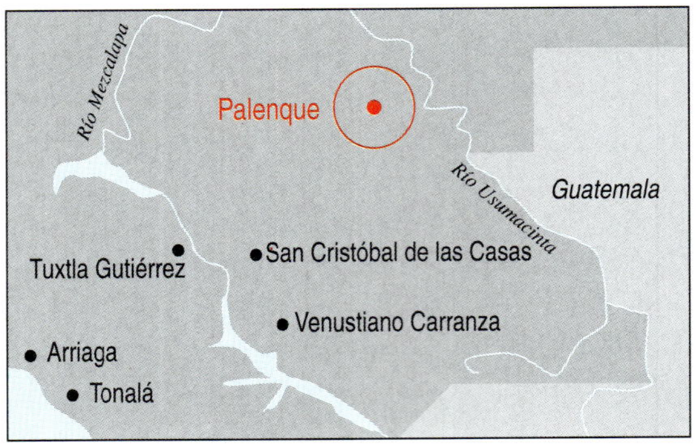


**Lage:** an einem Nebenfluß des Río Usumacinta im Nordosten des Bundesstaates Chiapas

**Weltkulturerbe:** seit 1987

*Fast 800 Jahre lang hielt der tropische Regenwald von Chiapas die Ruinen von Palenque unter einer dichten, grünen Decke verborgen, bis ihre Entdeckung im späten 18. Jahrhundert das Interesse an der präkolumbischen Hochkultur der Maya weckte. Die Entschlüsselung vieler in Stein gehauener Schriftzeichen erlaubte faszinierende Einblicke in die altindianische Geschichte und Kultur. Eine Palastanlage mit Observatorium und der Tempel der Inschriften mit der erst 1952 entdeckten Grabkammer und dem Sarkophag des sagenhaften Herrschers Pacal sind die Prunkstücke der geheimnisumwitterten Kultstätte.*

*Der verschachtelte Palastkomplex mit dem für die Maya-Architektur ungewöhnlichen Turm bildet das Zentrum der berühmten Ruinenstätte von Palenque im Südosten Mexikos.*

*An verschiedenen Stellen des Palasts wurden Flach- oder Stuckreliefs gefunden, die den Maya-Forschern viele Aufschlüsse über die Geschichte von Palenque liefern konnten.*

Kaum eine der zahlreichen altindianischen Ruinenstädte Mexikos hat die Phantasie von Wissenschaftlern, Abenteurern und Amateurforschern im 19. Jahrhundert so beflügelt wie die herrliche Tempelanlage von Palenque. Sicher hat die unvergleichliche und – zumindest für Europäer – exotische Lage der Maya-Kultstätte im üppigen Regenwald des nordöstlichen Chiapas ihren Teil dazu beigetragen. Palenque befindet sich in einem Tal, das heute mitten im 17,7 Quadratkilometer großen Nationalpark liegt, der gleichfalls zum Welterbe der Menschheit erklärt worden ist. Harmonisch schmiegen sich die Bauwerke der von einem Nebenfluß des Usumacinta durchflossenen Stadt auf künstlichen Terrassen an die Hänge einer dichtbewachsenen Hügelkette. Besonders beeindruckend ist die Architektur selbst, die trotz ihrer beachtlichen Ausmaße nicht wuchtig und erdrückend, sondern offen und freundlich wirkt.

## Romantische Begeisterung

Kein Wunder also, daß abenteuerlustige Schwärmer wie der österreichische Adlige und Hobby-Archäologe Jean Frédéric de Waldeck an diesem Ort ihr romantisches Ideal der Einheit von Natur und Kunst verwirklicht fanden. Zwei Jahre lang, von 1832 bis 1834, campierte Waldeck mit seiner Lebensgefährtin in Palenque auf einer kleinen Tempelpyramide, die seither »Tempel des Grafen« (Templo del Conde) genannt wird. Eine wahre Welle der Maya-Begeisterung löste dann der 1841 erschienene, mit Zeichnungen des Malers Frederick Catherwood illustrierte Reisebericht des Amerikaners John Lloyd Stephens aus. »Hier war die Hinterlassenschaft eines kultivierten, hochentwickelten Volkes, das alle Stufen vom Aufstieg bis zum Niedergang durchlaufen hatte. Ohne daß die übrige Welt davon wußte, erklomm es die

*Manche Menschendarstellungen der Maya-Künstler zeichnen sich durch erstaunlich naturalistische Gesichtszüge aus: Detail eines Steinreliefs aus dem Palast.*

Höhe seines goldenen Zeitalters und fand seinen Untergang«, schrieb Stephens. Erst 1784 war die überwucherte Tempelstadt von Ordónez y Aguilar, José A. Calderon und Antonio Bernanconi entdeckt worden. Durch leichtsinnige Brandrodungen wurden in der Folgezeit große Teile der damals noch erhaltenen farbigen Stuckschichten schwer beschädigt. Mit systematischen Ausgrabungen, die noch immer in vollem Gange sind, begann man erst im 20. Jahrhundert. Bis heute ist von der gesamten Stadt, die eine Ausdehnung von rund acht Quadratkilometern oder 800 Hektar besaß, nur der etwa 300 x 500 Meter (= 15 Hektar) große Zeremonialbezirk freigelegt worden.

*Diese mächtige, mit Glyphen und einem Relief verzierte Steinplatte bedeckte das Grab des sagenhaften Herrschers Pacal in der Krypta unter dem Tempel der Inschriften.*

**Blühende Stadt im Reich der Maya**

Obwohl man inzwischen davon ausgeht, daß die Region im nördlichen Chiapas schon zu Beginn unserer Zeitrechnung besiedelt war, setzt man den Anfang der Entwicklung von Palenque, was auf spanisch soviel bedeutet wie »umzäunter Bereich« oder »befestigte Häuser«, etwa auf die Zeit um 300 n. Chr. an.

Seine Blütezeit, in der es zu den größten Städten des sogenannten Zentralgebiets der Maya gehörte, erlebte Palenque vom 6. bis 8. Jahrhundert. Das riesige Reich der Maya erstreckte sich zu jener Zeit von der Halbinsel Yucatán im Norden bis ins Hochland des heutigen Guatemala. Dank der zahlreichen und inzwischen zu etwa 80 Prozent entzifferten Hieroglyphen, die man in Palenque gefunden hat, haben die Maya-Forscher über diese klassische Epoche, über die Kultur und die Herrscher Palenques mittlerweile erstaunlich viel in Erfahrung bringen können. Vermutlich gegen Ende des 10. Jahrhunderts muß es dann zu einer Invasion von Völkern aus dem Gebiet des Golfs von Mexiko gekommen sein. In der Folge wurde Palenque verlassen, verfiel und wurde im Lauf der Zeit vom Urwald

*Vor dem Hintergrund des dichten Regenwaldes erhebt sich eines der schönsten Bauwerke der Maya-Kultur: die prächtige Pyramide mit dem Tempel der Inschriften.*

1

*1 Charakteristisch für den zierlichen Sonnentempel, der auf einem Pyramidensokkel thront, ist der erstaunlich gut erhaltene Dachkamm.*

*2 Der Tempel des Blattkreuzes, der seinen Namen dem hier gefundenen Bildmotiv einer Maispflanze verdankt, stammt einer Inschrift zufolge aus dem Jahr 692 n. Chr.*

überwuchert. So blieben die Ruinen jahrhundertelang vor neugierigen Blicken verborgen, bis sie 800 Jahre später wiederentdeckt wurden.

## Regierungssitz und Königsgrab

Die beiden bekanntesten Sehenswürdigkeiten der Maya-Stadt sind der weitläufige Komplex des sogenannten Palasts (Palacio) und der außergewöhnlich gut erhaltene Tempel der Inschriften (Templo de las Inscripciones), der vielleicht meistfotografierte Tempel Mexikos.

Der in verschiedenen Bauphasen zwischen 650 und 770 n. Chr. errichtete Palast, vermutlich das Verwaltungszentrum des Gemeinwesens, erhebt sich auf einer künstlich aufgeschütteten, zehn Meter hohen und in der Grundfläche 100 x 80 Meter messenden Plattform. Die verschiedenen, ineinander verschachtelten Gebäudeteile gruppieren sich um vier Innenhöfe und sind durch Säulengänge und unterirdische Passagen miteinander verbunden. Einzigartig in der präkolumbischen Architektur Mesoamerikas ist der in der Mitte des Palasts aufragende, etwa 15 Meter hohe viergeschossige Turm. Der Tisch im Obergeschoß dürfte als Altar, der Turm selbst möglicherweise für astronomische Beobachtungen gedient haben, weshalb er häufig auch als Observatorium bezeichnet wird. Die Gänge des wahrscheinlich ältesten Palastgebäudes E weisen die für die Maya-Architektur typischen Kraggewölbe auf. So nennt man jene Deckenkonstruktion, bei der die beiden Seitenmauern durch von Lage zu Lage weiter vorkragende Steinreihen schließlich in der Mitte zusammengeführt werden. Auf einem Relief im Gebäude E ist den Inschriften zufolge die Inthronisierung des Herrschers Pacal durch seine Mutter im Jahr 615 n. Chr. dargestellt. Pacal sitzt auf einem Thron mit einem doppelköpfigen Jaguar und nimmt aus den Händen der Herrscherin Zac-kuk einen Kopfschmuck entgegen. Weitere Motive und Szenen aus dem Leben Pacals zeigen die Reliefs im Osthof, dem größten Patio des Palasts.

Die Tempelgruppe am Westufer des kleinen Flusses Otulum mit dem Sonnentempel (Templo del Sol) sowie den Tempeln des Kreuzes (Templo de la Cruz) und des Blattkreuzes (Templo de la Cruz Foliada) stammen aus der Zeit des Herrschers Chan-Bahlum, der als Sohn Pacals 18 Jahre in Palenque regierte. Chan-Bahlum war offenbar bestrebt, durch die Erhebung seines verstorbenen Vaters zur Gottheit seinen eigenen Herrschaftsanspruch zu untermauern. Pacal selbst ist in der Krypta des wohl berühmtesten Maya-Tempels Mexikos, des Tempels der Inschriften, begraben. Die neunstufige Pyramide, auf deren Spitze der Tempel thront, ist 21 Meter hoch (einschließlich Tempel) und an der Basis 65 Meter breit. Nach der behutsamen Restaurierung zeigt sich das 675 n. Chr. unter Pacal begonnene und 683 von seinem Sohn vollendete Maya-Heiligtum heute wieder in seiner vollen Schönheit. Eine Freitreppe führt an der Frontseite zu den fünf Türöffnungen des langgestreckten Tempels hinauf; die Türpfosten sind mit Stuckreliefs verziert, die möglicherweise Pacal bei der Vorführung seines Sohnes als Thronerben darstellen. Die mittlere der drei an die Vorhalle anschließenden Kammern birgt Wandinschriften mit insgesamt 620 Glyphen – so werden die Einzelzeichen der prähispanischen Bilderschrift genannt –, die dem Tempel zu seinem Namen verhalfen und zu den bedeutendsten schriftlichen Maya-Zeugnissen überhaupt zählen. Die Forschung hat entschlüsseln können, daß es sich dabei um eine Art Familienchronik der Regenten von Palenque handelt, die einen Zeitraum von etwa 200 Jahren umfaßt.

**Eine sensationelle Entdeckung**

Eine archäologische Sensation stellte die Entdeckung der Krypta im Inneren der Pyramide durch Alberto Ruz l'Huillier im Jahr 1952 dar, war damit doch zum erstenmal bewiesen, daß auch die mesoamerikanischen Pyramiden – ähnlich den ägyptischen – als Grabstätten genutzt wurden. Bereits 1949 war man im Boden des Tempels auf einen geheimen Gang gestoßen, doch dauerte es noch volle drei Jahre, bis man die mit Schutt und Gestein verschüttete Treppe zu der 27 Meter tiefer in der Pyramide gelegenen Krypta freigelegt hatte. Im Zentrum des etwa 30 Quadratmeter großen und sieben Meter hohen Raumes fand man eine fünf Tonnen schwere steinerne Platte, verziert mit Glyphen und mit einem Reliefbild: Es zeigt den Herrscher in Hockstellung auf der Maske des Erdgottes. Unter dieser Sarkophagplatte lag das ursprünglich mit einem roten Leichentuch bedeckte und reich mit Jadeschmuck behängte Skelett des Herrschers Pacal. Eine Mosaikmaske mit kleinen Jadesteinen und Augen aus Obsidian bedeckte sein Gesicht. Das Tonrohr in Form einer Schlange, das aus dem Sarkophag bis zum Eingang der Krypta reichte, sollte vermutlich der Seele des Verstorbenen den Kontakt zur Außenwelt erhalten. Der Grabschmuck des Maya-Herrschers ist heute im Anthropologischen Nationalmuseum von Mexiko-Stadt ausgestellt.

*2*

# Ruinen von Chichén Itzá

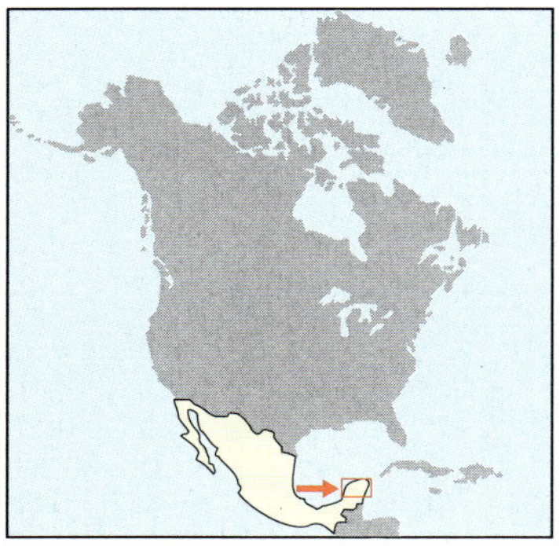

**Lage:** im Norden der Halbinsel Yucatán im gleichnamigen Bundesstaat, etwa 120 Kilometer südöstlich von Mérida

**Weltkulturerbe:** seit 1988

*An der präkolumbischen Kultstätte von Chichén Itzá auf der Halbinsel Yucatán treffen zwei Hochkulturen aufeinander: die Maya und die Tolteken. In den großartigen Werken der Kunst und Architektur, aber auch in Mythen, die von grausamen Kulten berichten, hat diese Begegnung einen Niederschlag gefunden. Mitten in der weiträumigen Ausgrabungsstätte findet sich ein riesiger natürlicher Wasserbrunnen, in den auch Kinder als Opfer zur Besänftigung der Götter geworfen wurden. Der rituelle Ballspielplatz, der Tempel des Gottes Kukulkán und der Tempel der Krieger gehören unbestritten zu den Meisterwerken vorkolumbischer Baukunst.*

*Über das flache Buschland Yucatáns erhebt sich der Tempel der Krieger, flankiert von der Gruppe der Tausend Säulen. Chichén Itzá zählt zu den bedeutendsten präkolumbischen Ruinenstätten ganz Mexikos.*

*Der für die präkolumbische Architektur sehr ungewöhnliche Rundturm diente einst vermutlich als eine Art Observatorium. Zu dem terrassierten Komplex gehört auch ein Tempel, was auf die enge Verbindung von Religion und Astronomie hinweist.*

Für eine lächerlich geringe Summe erwarb der seinerzeit in Mérida ansässige Konsul der USA, Edward Thompson, 1885 das Gelände der Maya-Ruinen von Chichén Itzá im Norden der Halbinsel Yucatán. Die überwucherten Tempelanlagen waren recht gut erhalten und bargen phantastische Schätze. Deshalb ließen der Hobby-Archäologe Thompson und andere zwischen 1904 und 1911 auch den heiligen Cenote, den Opferbrunnen, von Tauchern absuchen und die schönsten Fundstücke aus Gold, Keramik, Kupfer, Jade und Obsidian in die USA bringen.

### Mischkultur der Maya und Tolteken

Im Jahr 1923 übernahm das mexikanische Nationale Institut für Anthropologie und Geschichte die wissenschaftliche Aufsicht, aber erst nach dem Zweiten Weltkrieg ging die Ruinenstätte in den Besitz des mexikanischen Staates über. Die älteste in Chichén Itzá gefundene Datumsangabe entspricht in unserer Zeitrechnung dem Jahr 879 n. Chr. Man geht aber aufgrund anderer Quellen davon aus, daß das aus Guatemala eingewanderte Maya-Volk der Itzá die Stadt um 450 n. Chr. gegründet hat. Alten Chroniken zufolge sollen die Itzá den Ort Ende des 7. Jahrhunderts aufgegeben haben und 300 Jahre später unter der Führung des Gott-Königs Quetzalcoátl, der in der Maya-Sprache Kukulkán heißt, zurückgekehrt sein. Tatsächlich waren diese »Rückkehrer« aber wohl Tolteken, ein Volk aus dem zentralen Hochland Mexikos. Zwischen 1000 und 1200 begann die zweite Bauphase, die mit ihrer Verschmelzung von monumentaler toltekischer und verspielt-dekorativer Maya-Architektur charakteristisch für das Erscheinungsbild Chichén Itzás wurde. Danach setzte der Niedergang ein, und um 1250 wurde die Stadt verlassen. Die Bauwerke verfielen, aber die Stätte geriet nicht in Vergessenheit, sondern wurde anscheinend als eine Art »Wallfahrtsort« aufgesucht. Folglich blieben die Ruinen auch den Spaniern, die 1533 hierher vordrangen, nicht verborgen. Sie machten mit den Heiligtümern aus heutiger Sicht das Beste, was sie tun konnten – sie ließen sie einfach in Ruhe.

## Im Reich der Priester und Astronomen

Die fast 800 Hektar große archäologische Zone wird in das nördliche, toltekisch beeinflußte Neu-Chichén und das südliche Alt-Chichén unterteilt. Bedeutender und bis heute archäologisch besser erschlossen ist Neu-Chichén, das wiederum eine nördliche und eine südliche Gruppe von Gebäuden und Höfen aufweist.
Als wichtigstes Bauwerk von Alt-Chichén gilt das Observatorium. Auf einer zweistufigen Plattform erhebt sich der 12,5 Meter hohe Rundbau, dem die Spanier wegen seiner Wendeltreppe im Inneren den Namen Caracol (Schneckenhaus) gaben. Die Fensterschlitze im obersten Raum sind so konstruiert, daß die Strahlen der Sonne nur zweimal im Jahr für ganz kurze Zeit bis in die Mitte des Bauwerks eindringen können, was den Astronomen eine genaue Zeitmessung ermöglichte.
Die weitläufige Anlage von Neu-Chichén wird von der mächtigen Pyramide des Kukulkán beherrscht, die die Spanier »die Burg« (El Castillo) tauften. Die sorgfältig restaurierte, neunstufige Pyramide erreicht mit dem Tempelaufsatz eine Höhe von 30 Metern. Alle vier Seiten sind mit einer Treppenanlage von jeweils 91 Stufen versehen, was zusammen mit der Eingangsstufe zum Tempel die Zahl 365 ergibt und die Tage des Jahres symbolisiert. Daß die mit einem Neigungswinkel von 45 Grad enorm steilen Treppen – typisch auch für andere mesoamerikanische Pyramiden – eine freihändige Begehung nur im Zickzack zulassen, halten viele Archäologen für Absicht: Dadurch sollte vermutlich vermieden werden, daß die Priester beim Aufstieg dem Volk und beim Abstieg den Göttern den Rücken zuwendeten.
Zur Zeit des Frühlings- und Herbstanfangs werfen an der Nordwestseite der Pyramide kurz vor Sonnenuntergang am späten Nachmittag die Schatten der Terrassen eine gezackte Linie auf die Treppenbrüstung, die am Fuß der Pyramide in einem steinernen Schlangenkopf endet. So entsteht der Eindruck, als krieche eine Schlange von der Pyramide herab. Mit diesem Sinnbild für den herabsteigenden Kukulkán wurde der Beginn der Saatzeit bzw. das Ende der Regenzeit verkündet.

*Die Reliefköpfe, die als Fassadenschmuck das Gebäude der Nonnen im südlichen Alt-Chichén zieren, symbolisieren Chac, den Regengott der Maya.*

## Mit Totenschädeln geschmückt

Die Westseite des weiten Platzes vor der »Burg« flankiert einer der schönsten rituellen Ballspielplätze (Juego de Pelota) Mesoamerikas. Das etwa 145 Meter lange und 37 Meter breite Spielfeld wird an seinen beiden Längsseiten von 8,5 Meter hohen Mauern begrenzt. Vor dem Tempel der Jaguare (Templo de los Tigres) mit der schönen, als Altar dienenden Jaguar-Plastik im Eingang zeugt ein unscheinbar wirkendes Bauwerk von der Praxis der Tolteken, ihren Göttern Menschen zu opfern: Bei der 60 x 15 Meter großen, mit Totenschädeln ge-

*Das Gebäude der Nonnen (Edificio de las Monjas) erhielt seinen Namen, weil die Spanier es irrtümlich für das Wohnhaus der zum Opfer bestimmten Jungfrauen hielten.*

schmückten Plattform handelt es sich um eine Schädelmauer – das bedeutet der Name »Tzompantli« auf Náhuatl –, die als Unterbau für Palisaden diente, auf die man die Köpfe der Geopferten aufspießte. In der Mitte des Platzes liegt eine etwas kleinere Plattform, das Chac-Mool-Grab. Dort fand der französische Archäologe Auguste Le Plongeon 1875 eine Opferfigur, die er aus völlig unerfindlichen Gründen Chac Mool (»roter Jaguar«) nannte – ein Name, der sich gleichwohl eingebürgert hat.

**Tempel und Opferbrunnen**

Die Ostseite des Platzes dominiert der Tempel der Krieger (Templo de los Guerreros) mit der Gruppe der Tausend Säulen (Grupo de las Mil Columnas). Die 60 rechteckigen Pfeiler vor dem Tempel trugen vermutlich ursprünglich ein Holzdach und bildeten so eine breite Vorhalle. Die Flachreliefs auf den Pfeilern zeigen aufgeputzte Krieger, aber auch Gefangene, weshalb die Anlage als ein Ort militärischer Siegeszeremonien

gedient haben könnte. Der Tempel selbst, der offenkundig nach dem Vorbild des Tempels des Morgensterns in der Tolteken-Hauptstadt Tula errichtet wurde, thront auf einer vierstufigen Pyramide, sein Eingang wird von einer großen Chac-Mool-Figur bewacht. Welchem Zweck die angrenzenden Reihen der Tausend Säulen dienten, ist bis heute ungeklärt.
Ein gepflasterter Weg führt vom Platz nach Norden zum heiligen Cenote, dem aus einer Karstquelle gespeisten Opferbrunnen. Das kreisrunde, natürliche Wasserloch mit einem Durchmesser von 60 Metern hat – wie der Name Chichén Itzá (»bei der Quelle der Itzá«) vermuten läßt – die Maya wohl dazu veranlaßt, ihre Kultstätte an diesem Ort zu errichten. Die in einer Tiefe von bis zu 80 Metern gefundenen Skelette, Opfermesser und Schmuckgaben lassen keinen Zweifel an der Nutzung dieses dem Regengott Chac geweihten Naturbrunnens, in den bei kultischen Ritualen auch Kinder als lebende Opfer geworfen wurden.

*Das Loch zwischen den Händen der kleinen Figur, die mit ihrem Pendant auf der anderen Seite die Treppe zum Tempel der Krieger flankiert, diente wahrscheinlich als Halterung für eine Art Standarte.*

1

2

## *Die Welt der Maya*

*Woher das Volk der Maya kam, von wem es abstammt und ob es möglicherweise mit den frühen Olmeken verwandt war, ist ungeklärt. Erste Zeugnisse ihrer Kultur datieren aus einer Epoche weit vor Beginn unserer Zeitrechnung. Die größte Ausdehnung ihres Siedlungsgebiets wird zwischen 250 und 900 n. Chr. angenommen, als sich ihr Reich von der Halbinsel Yucatán bis ins guatemaltekische Hochland erstreckte – eine Fläche etwa von der Größe Frankreichs.*

*Die Maya wurden im Gegensatz zu den Azteken nicht zentralistisch regiert, sondern gehörten autonomen Kleinstaaten an. Über die Gründe für den plötzlichen Niedergang der blühenden Kultur, der um 900 einsetzte, lassen sich nur Vermutungen anstellen. Heute gelten in Mittelamerika noch rund 4 Millionen Menschen als Nachfahren der Maya. Sie zählen in ihren Ländern meist zu den ärmsten Bevölkerungsgruppen.*

*Die Maya bauten systematisch Nutzpflanzen wie Mais, Bohnen und Tomaten, Kakao, Tabak und Baumwolle an. Der Mais als wichtigstes Nahrungsmittel wurde von ihnen als heilige Pflanze verehrt und häufig auch als Gottheit abgebildet. Die Bauern lebten in der näheren Umgebung der befestigten Städte, in deren zentralen Tempelbezirken die Herrscher-Priester regierten, Wissenschaft betrieben und ihren Göttern huldigten. Keramik, Schmuck, Werke der Bildhauerei und die Bauten der Maya zeugen von der imponierenden Kunstfertigkeit der Handwerker, die weder das Rad kannten noch über Metallwerkzeuge verfügten. Die hochentwickelte Schrift und die erstaunlichen Kenntnisse in der Mathematik und in der Astronomie haben auch in der Architektur und in einer exakten Zeitmessung ihren Niederschlag gefunden.*

*Eine bemerkenswerte Leistung ist der Maya-Kalender, an dem sich auch die anderen Hochkulturen Mittelamerikas orientierten. Nebeneinander existierten der Kalender des Ritualjahres (tzolkin) mit 260 Tagen (13 Monate zu je 20 Tagen) und der Sonnenkalender (haab) mit 365 Tagen, in 18 Monate zu je 20 Tagen eingeteilt. Die fehlenden 5 Tage wurden am Ende eines Jahres angefügt, galten als unheilvoll und waren besonders gefürchtet. Alle Tage des Jahres konnten durch eine Kombination aus Monats- und Tagesglyphen genau bezeichnet werden.*

*Als besonderes Datum galt der Tag, an dem das Ende von Sonnen- und Ritualjahr auf ein und denselben Tag fielen, was alle 52 Jahre eintraf. Man befürchtete für diesen Tag das Ende der Welt. Hatte man ihn jedoch unbeschadet überstanden, feierte man das Ausbleiben der Katastrophe mit einer Aufstockung der Heiligtümer. So erklärt man sich heute die vielfachen Überbauungen der vorgefundenen Tempelanlagen.*

1 Die in den Stein gemeißelten Totenschädel deuten an, wofür die rechteckige, »Tzompantli« genannte Plattform bestimmt war – hier wurden die Köpfe der Geopferten zur Schau gestellt.

2 Der Ballspielplatz nimmt etwa die Fläche eines halbierten Fußballfeldes ein. Rechts und links an den Wänden sind die beiden Steinringe zu erkennen, durch die der Ball getrieben werden mußte.

3

3 »Chac Mool« werden die toltekischen Opfersteine in Form einer halb liegenden, halb sitzenden Figur genannt. Der Chac Mool vor dem Eingang des Tempels der Krieger zählt zu den bekanntesten Figuren dieser Art.

# Biosphärenreservat Sian Ka'an

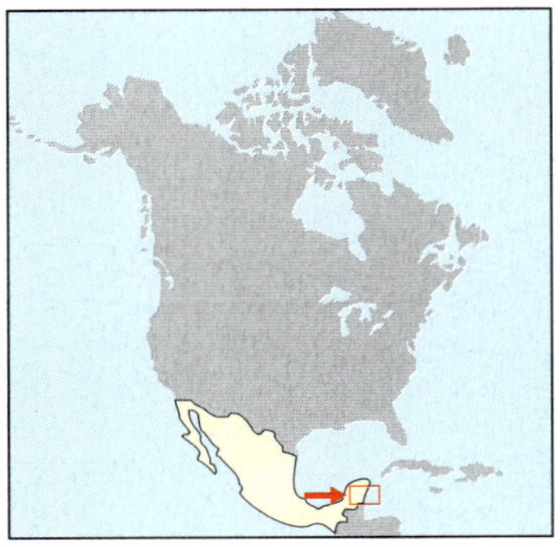

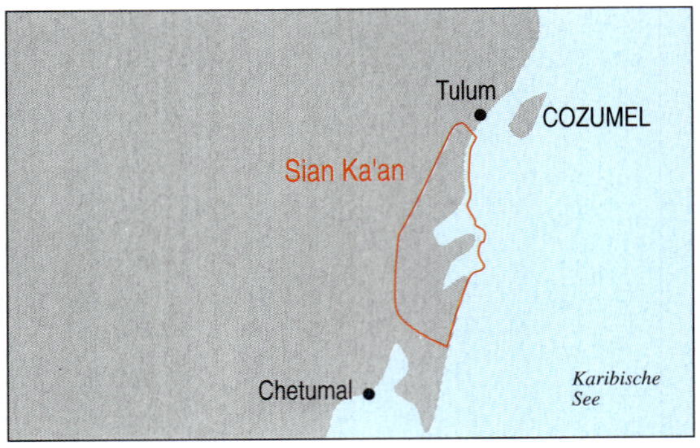


**LAGE:** im Bundesstaat Quintana Roo an der Ostküste der Halbinsel Yucatán

**WELTNATURERBE:** seit 1987

**FLÄCHE:** 5280 Quadratkilometer

---

*Als im 1. Jahrtausend n. Chr. die Maya die Halbinsel Yucatán bevölkerten, war die Küstenregion am Karibischen Meer wohl noch vergleichsweise dicht besiedelt. Vermutlich waren es die zahlreichen Opferbrunnen, von unterirdischen Quellen gespeiste natürliche Wasserlöcher, in deren Nähe sich das mythengläubige Volk gern ansiedelte. Heute ist das zum Biosphärenreservat erklärte Gebiet von Sian Ka'an fast menschenleer. Um so wohler fühlen sich die Tiere, denen hier vom Tropenwald bis zum Schwemmland, vom Mangrovensumpf bis zum Korallenriff die unterschiedlichsten, ökologisch noch intakten Biotope als Lebensraum zur Verfügung stehen.*

*Die zahllosen kleinen Baum- und Strauchinseln im Überschwemmungsgebiet des Biosphärenreservats dienen der artenreichen Vogelwelt als willkommene Rast- und Nistplätze.*

Das Gebiet des Naturreservats Sian Ka'an an der Ostküste der Halbinsel Yucatán ist fast doppelt so groß wie das Saarland, und doch leben hier nicht mehr als 800 Menschen. Die meisten von ihnen sind Nachkommen der Maya, die ganz Yucatán im nachchristlichen 1. Jahrtausend besiedelt hatten. Sie verdienen ihren Lebensunterhalt mit Hummer- und Fischfang und mit ein wenig Landwirtschaft. Der Boden auf dem Kalkstein-Plateau ist allerdings nicht gerade fruchtbar. Während der häufigen Wirbelstürme in der Regenzeit von Mai bis Oktober stehen rund Dreiviertel des nur wenige Meter über dem Meeresspiegel gelegenen Landes unter Wasser.

*Bei den Weißen Sichlern herrscht Arbeitsteilung: Die Männchen fliegen aus und suchen das Material, aus dem die Weibchen die Nester bauen – vorzugsweise in Kolonien auf Mangroveninseln oder in Baumkronen.*

Der Grundwasserspiegel liegt hier nirgendwo tiefer als acht Meter unter der Oberfläche. Deshalb konnten auch zahlreiche Dolinen entstehen: Durch Lösungsprozesse vergrößern sich Hohlräume im Kalkstein bis zum Einsturz der Decke und bilden so trichterförmige, mit Grundwasser gefüllte Kessel. Den Maya, die sie einst als Opferbrunnen nutzten, galten die Dolinen als heilig. Dank der Härte der unterirdischen Kalksteinschichten ist das Wasser im Bereich des Biosphärenreservats außergewöhnlich klar und sauber.

**Vielfalt auf engem Raum**

Kaum jemand interessierte sich in den vergangenen Jahrhunderten für dieses zauberhafte Fleckchen Erde, in dem es zwar 23 präkolumbische Maya-Stätten, aber nur zwei von Menschen bewohnte Ansiedlungen und wenige Straßen gibt. Das war zweifellos ein Glücksfall für die Natur, denn nur so konnte Sian Ka'an – in der Maya-Sprache heißt das »Anfang des Himmels« – als größtes zusammenhängendes Naturreservat Mexikos und als das intakteste Schwemmlandgebiet ganz Mittelamerikas erhalten werden.

Einzigartig ist die Vielfalt der hier auf relativ engem Raum vertretenen Ökosysteme: Biologen unterscheiden 17 verschiedene Vegetationskomplexe. Die wichtigsten davon sind der immergrüne Wald, der Mischwald, das Schwemmland, die Formationen der Palmensavanne, Süß- und Meerwasser-Marschland, Mangrovenwälder, Dünenzonen und die flachen Inseln. Vor der Küste erstreckt sich ein 110 Kilometer langes Korallenriff, ein sogenanntes Saum- oder Plattenriff, das einen Ausläufer des großen karibischen Riffs darstellt.

Seichte Küstengewässer mit zwei riesigen Buchten, der Bahía de la Ascensión und der Bahía del Espíritu Santo, mit Lagunen und Mangrovensümpfen schließen sich an. Palmenhaine und Schwemmlandzonen mit »petenes« genannten Vegetationsinseln (ähnlich den Hammocks in den Everglades von Florida), deren Größe von wenigen Metern bis zu einem Kilometer im Durchmesser variieren kann, gehen schließlich in Tropen- und Laubwälder über. Die Anzahl der hier vorkommenden Pflanzenarten ist kaum überschaubar.

**Tummelplatz für Exoten**

Der Meeresanteil an der ausgewiesenen Naturparkfläche beträgt fast 25 Prozent. Zwischen Riff und Lagunenküste wimmelt es von exotischen Fischen, von Hummern und Langusten. Hier leben vier der sechs überhaupt an Mexikos Küsten vorkommenden Arten von Wasserschildkröten sowie die karibische Seekuh Manati, die bis zu 400 Kilogramm auf die Waage bringen kann. Das wegen seines wohlschmecken-

den Fleisches einst sehr geschätzte und erbarmungslos gejagte Säugetier ist heute weltweit nur noch im Golf von Mexiko, im Karibischen Meer und im Indischen Ozean zu finden.
Allein 16 verschiedene Greifvögel ziehen über den Wassern ihre Kreise, ebenso Kormorane, Pelikane und die wegen ihrer Fluggeschicklichkeit berühmten Fregattvögel, die eine Flügelspannweite von über zwei Metern erreichen können. Vom Tierreichtum in den Sümpfen und Lagunen ernähren sich Krokodile und Flamingos, der seltene Rosalöffler und der Jabiru, ein südamerikanischer Vetter des Marabu.
Auch die Tierwelt auf dem Festland kann sich sehen lassen: Der scheue Bairds Tapir, das größte Säugetier Südamerikas, der großohrige Weißwedelhirsch und das in Rudeln lebende Wildschwein Pekari streifen durch die tropischen Wälder, die fast ein Drittel der Reservatsfläche bedecken. Hier sind auch Brüll- und Klammeraffen sowie fünf verschiedene Raubkatzen heimisch: neben den Großkatzen Jaguar und Puma auch der Ozelot, der mardergroße Jaguarundi und die Zwergtigerkatze (oder Margay), die Insekten und Frösche als Teil der Nahrung nicht verschmähen.

## Ein Paradies braucht Schutz

Ein Problem, das allerdings nicht unlösbar erscheint, stellt die drohende Wasserverschmutzung durch den weiter nördlich gelegenen Ferienort Cancún dar, in dessen Nähe die vielbesuchten Maya-Ruinen von Tulum liegen. Strenge Vorschriften reglementieren in dem 1986 zum Biosphärenreservat erklärten Gebiet Jagd und Fischfang und sollen das unkontrollierte Abholzen des Waldes verhindern. Dies erschien nötig, da hier in der Vergangenheit trotz der nur dünnen Besiedlung ein beträchtlicher Raubbau an der Natur getrieben wurde. So wurde etwa eine Fläche von rund 140 Quadratkilometern durch Brandrodung für landwirtschaftliche Zwecke vorbereitet; tatsächlich genutzt wurden davon aber nur ganze 20 Quadratkilometer. Wegen ihres begehrten Holzes gefährdete Baumarten sind Mahagoni sowie Weiße und Rote Zeder. Als besondere Meeresdelikatesse wird der Stachelhummer gefangen.

*Was auf den ersten Blick wie ein großer See wirkt, entpuppt sich bei näherem Hinsehen als ein von nur wenigen Zentimetern Wasser überflutetes Schwemmland – einer der zahlreichen Vegetationskomplexe des Gebiets von Sian Ka'an.*

Erheblich gefährdet ist die Natur auch durch die Ölförderung, zumal es auf den Bohrplattformen des öfteren schon zu Havarien gekommen ist. Zum Schutzkonzept gehört auch die Strategie, möglichst viele Einheimische im Rahmen von Tier- und Artenschutzprojekten in den Dienst des Reservats zu stellen.
Die riesigen Ausmaße des fast menschenleeren Naturparadieses zwischen Tulum im Norden, Felipe Carillo Puerto im Westen und Punta Herrero im Süden bieten aber trotz allem die besten Voraussetzungen dafür, daß dieser vielgestaltige Lebensraum zahlreicher seltener und bedrohter Tier- und Pflanzenarten jetzt und auch in Zukunft erhalten werden kann.

*Nächste Doppelseite: Die seichten und warmen Gewässer zwischen der Küste und dem vorgelagerten, mehr als 100 Kilometer langen Korallenriff beherbergen eine vielfältige, exotischbunte Unterwasserwelt.*

# Auszug aus der Konvention zum Schutz des Kultur- und Naturerbes der Menschheit

Die Generalkonferenz der Organisation der Vereinten Nationen für Erziehung, Wissenschaft und Kultur, die in der Zeit vom 17. Oktober bis 21. November 1972 in Paris zu ihrer 17. Tagung zusammengetreten ist, beschließt am 16. November 1972 dieses Übereinkommen

- im Hinblick darauf, daß das Kulturerbe und das Naturerbe zunehmend von Zerstörung bedroht sind, nicht nur durch die herkömmlichen Verfallsursachen, sondern auch durch den Wandel der sozialen und wirtschaftlichen Verhältnisse, der durch noch verhängnisvollere Formen der Beschädigung oder Zerstörung die Lage verschlimmert;
- in der Erwägung, daß der Verfall oder der Untergang jedes einzelnen Bestandteils des Kultur- oder des Naturerbes eine beklagenswerte Schmälerung des Erbes aller Völker der Welt darstellt; (...)
- in der Erwägung, daß es angesichts der Größe und Schwere der drohenden neuen Gefahren Aufgabe der internationalen Gemeinschaft als Gesamtheit ist, sich am Schutz des Kultur- und Naturerbes von außergewöhnlichem universellem Wert zu beteiligen, indem sie eine gemeinschaftliche Unterstützung gewährt, welche die Maßnahmen des betreffenden Staates zwar nicht ersetzt, jedoch wirksam ergänzt; (...)

**Bestimmung der Begriffe Kulturerbe und Naturerbe**

Im Sinne dieses Übereinkommens gelten als »**Kulturerbe**«

Denkmäler: Werke der Architektur, Großplastik und Monumentalmalerei, Objekte oder Überreste archäologischer Art, Inschriften, Höhlen und Verbindungen solcher Erscheinungsformen, die aus geschichtlichen, künstlerischen oder wissenschaftlichen Gründen von außergewöhnlichem universellen Wert sind;
Ensembles: Gruppen einzelner oder miteinander verbundener Gebäude, die wegen ihrer Architektur, ihrer Geschlossenheit oder ihrer Stellung in der Landschaft aus geschichtlichen, künstlerischen oder wissenschaftlichen Gründen von außergewöhnlichem universellen Wert sind;
Stätten: Werke von Menschenhand oder gemeinsame Werke von Natur und Mensch sowie Gebiete einschließlich archäologischer Stätten, die aus geschichtlichen, ästhetischen, ethnologischen oder anthropologischen Gründen von außergewöhnlichem universellen Wert sind.

Im Sinne dieses Übereinkommens gelten als »**Naturerbe**«

Naturgebilde, die aus physikalischen und biologischen Erscheinungsformen oder -gruppen bestehen, welche aus ästhetischen oder wissenschaftlichen Gründen von außergewöhnlichem universellen Wert sind;
geologische und physiographische Erscheinungsformen und genau abgegrenzte Gebiete, die den Lebensraum für bedrohte Pflanzen- und Tierarten bilden, welche aus wissenschaftlichen Gründen oder ihrer Erhaltung wegen von außergewöhnlichem universellen Wert sind;
Naturstätten oder genau abgegrenzte Naturgebiete, die aus wissenschaftlichen Gründen oder ihrer Erhaltung oder natürlichen Schönheit wegen von außergewöhnlichem universellen Wert sind.

## Register

**Fettgedruckte** Stichworte und Seitenzahlen weisen auf Haupteinträge hin, *kursiv* gedruckte Seitenzahlen auf Abbildungen.

## Bildnachweis

Für die Bildagentur Archivo Iconografico, S.A., Barcelona, wurde die Abkürzung AISA verwendet.

**Titelfoto** (Grand Canyon, USA): Mauritius; **Vorsatz vorne und Vorsatz hinten** (Präkolumbische Stadt El Tajín, Mexiko): AISA; **Seite 1** (Nationalpark Yellowstone, USA): AISA; **Seite 4** (Ruinen von Chichén Itzá, Mexiko): AISA; **Umschlagrückseite: l. o.** (Nationalparks Kluane und Wrangell-Saint Elias, Kanada/USA): AISA; **l. u.** (Ruinen und Nationalpark von Palenque, Mexiko): AISA; **r. o.** (Freiheitsstatue, USA): AISA; **r. u.** (Nationalpark Yellowstone, USA): AISA.

Abbildungen im Inhaltsverzeichnis: aus dem Inhalt.

**5:** UNESCO/Alexis Duclos; **12/13:** AISA/G. Osborne; **14, 15:** AISA; **16/17:** AISA/G. Osborne; **18:** AISA; **19 l., 19 r., 20:** AISA; **21:** AISA/G. Osborne; **22/23:** AISA/D. J. Catt-Earthly Images; **24, 25, 26, 27, 28/29, 29 r. o., 29 u.:** AISA; **30, 31, 32:** AISA/W. Kvaternik-Naturpress; **33:** AISA/R. Oliva-Naturpress; **34 l.:** AISA/Nat. Park Service Yellowstone; **34 r., 35:** AISA; **36/37:** AISA/G. Osborne; **38, 39:** AISA/G. Lynch; **40, 41, 42 l.:** AISA; **42/43, 44, 45, 46, 47:** AISA/W. Lynch; **48, 49, 50, 51:** J.F. Bergeron-Enviro Foto; **52, 53:** J. Steeves-Atlantic Stock Images; **54, 55:** AISA; **56, 56/57, 58, 59:** J. F. Bergeron-Enviro Foto; **60:** AISA, **61:** J. F. Bergeron-Enviro Foto; **62, 63, 64 l.:** AISA; **64 r.:** J. F. Bergeron-Enviro Foto; **65, 66/67, 68:** AISA; **69:** AISA/Nat. Park Service Yellowstone; **70/71:** AISA/W. Lynch; **72, 73 l., 73 r., 74 o.:** AISA/Earth Images Foundation; **74/75, 75 o.:** AISA/W. Lynch; **76/77:** AISA/D. J. Catt-Earthly Images; **78, 79:** B. Wilson-Delta Foto; **80/81:** AISA; **82/83:** J. F. Bergeron-Enviro Foto; **83:** AISA; **84, 84/85, 86/87:** J. F. Bergeron-Enviro Foto; **88/89:** J. Steeves-Atlantic Stock Images; **90, 91, 92, 93:** K. Vaughan-Atlantic Stock Images; **94/95, 96, 97, 98/99:** AISA; **100/101, 102/103:** L. Ulrich; **103:** AISA; **104 l.:** L. Ulrich; **104 r. o.:** AISA; **104/105:** L. Ulrich; **105 r. o.:** AISA; **106, 107:** L. Ulrich; **108/109:** AISA; **110:** AISA/Nat. Park Service Yellowstone; **111, 112, 113:** AISA; **114:** AISA/ T. Camara; **115, 116 o.:** AISA; **116 u.:** AISA/L. Rue J. R.-B. Coleman; **117 o.:** AISA/J. Shaw-B. Coleman; **117 u., 118:** AISA; **119:** AISA/G. Osborne; **120/121, 122, 123 o., 123 u., 124/125:** AISA; **126:** Photographers International; **127:** AISA; **128 l.:** AISA/F. Ortega-Naturpress; **128 r., 129 l. o., 129 r. o.:** AISA; **129 u.:** AISA/Zardoya; **130/131:** AISA/D. Merkel-Ernoult; **132/133, 133 r., 134 l. o.:** AISA; **134 l. u.:** AISA/T. Camara; **134/135:** AISA; **136:** AISA/D. Merkel-Ernoult; **136/137:** AISA; **138, 139:** AISA; **140/141:** AISA/L. Domingo; **142:** W. M. Smithey-Planet Earth Pictures; **143, 144 l., 144 r. o., 144 r. u., 145, 146/147, 148, 149:** AISA; **150/151:** AISA/R. Calvete-Naturpress; **152/153, 154, 155, 156/157:** AISA; **158 l. o., 158 l. u., 158 r. o., 158 r. u., 159:** AISA/National Park Service Mesa Verde; **160/161, 162, 163, 164/165:** AISA/F. Ortega-Naturpress; **166/167:** AISA; **168:** J. De Vergara-Marco Polo; **169:** AISA; **170/171:** J. De Vergara-Marco Polo; **172/173:** C. Howes FRPS; **174/175:** AISA; **175, 176:** C. Howes FRPS; **177, 178:** AISA; **179 o. l., 179 o. r., 179 u.:** C. Howes FRPS; **180/181, 182:** C. J. Brown-Profiles West; **183 o.:** AISA/Cahokia Mounds-Museum Society-Art Grossman, **183 u.:** AISA/Cahokia Mounds State Historic Site; **184/185, 186:** R. Jureit-Planeth Earth Pictures; **187:** AISA; **188, 189:** R. Jureit-Planeth Earth Pictures; **190/191:** K. Vinyard-Profiles West; **192/193:** J. Hoehn-Profiles West; **193:** C. J. Brown-Profiles West; **194:** J. Hoehn-Profiles West; **195 l. o.:** AISA/B. Coleman; **195 r. o.:** AISA/W. Lankinen-B. Coleman; **195 l. u., 195 r. u., 196/197, 198, 199:** AISA; **200/201:** AISA/F. Ortega-Naturpress; **202:** AISA; **203:** AISA/F. Ortega-Naturpress; **204/205, 206:** H. Longest-Slaughter-Nature Images; **207 o., 207 u.:** AISA/F. Ortega-Naturpress; **208 l., 208 r., 209 o.:** H. Longest-slaughter-Nature Images; **209 u.:** AISA; **210/211:** G. Brad Lewis-Photo Resource Hawaii; **212 l.:** AISA/F. Ortega-Naturpress; **212/213:** S. Ball-Black Star; **213 r.:** AISA/G. Cozzi-B. Coleman; **214/215, 216, 217:** AISA; **218:** AISA/F. Ortega-Naturpress; **219:** AISA; **220/221, 222:** AISA/F. Gohier-Jacana; **223 l. o., 223 r. o.:** AISA; **223 u.:** AISA/N. Wu-Jacana; **224/225, 226/227, 226 u., 227r., 228/229, 230, 231, 232, 233, 234/235, 236 l.:** AISA; **236 r.:** I. Loaso-Firo Foto; **237, 238, 239, 240/241, 242, 243, 244, 245, 246/247, 248, 249, 250, 251, 252, 253, 254/255, 255 r., 256/257, 258/259, 260/261, 261 r., 262/263, 264, 265, 266/267, 268, 269, 270, 271, 272/273, 274, 275, 276, 277, 278/279, 280 l., 280/281, 282, 283, 284/285, 286/287, 288, 289, 290/291, 290 u., 291 u., 292/293, 294, 295, 296, 297, 298, 299, 300/301, 302, 303, 304/305, 306 o., 306 u., 307, 308/309, 310, 311:** AISA; **312/313:** AISA/X. Safont.

## Impressum

Dieses Buch entstand in Zusammenarbeit zwischen dem ADAC Verlag, München, Plaza & Janés Editores, S. A., Barcelona, Verlagshaus Stuttgart und der UNESCO, Paris



Autoren: Jürgen Lotz, Jochen Schürmann

Projektleitung: Michael Dultz, Wolfgang Kellner, Joan Tarrida

Redaktionsleitung: Walter Liedke, Dr. Sabine Werner-Birkenbach

Redaktion: Hermann J. Benning, Sacha Goldman, Dr. Susanne von der Heide, Dr. Wolfgang Hensel, Peter Kensok, Dr. Bruno P. Kremer, Reinhard Strüber

Bildbeschaffung, Layout, Kartographie und Repro: Creación y Edición Multimedia, S. A., Barcelona

Herstellung: Hans-Joachim Preußer, Andreas Schweiger, Max Widmaier

Titelgestaltung: Klaus Dempel, Stuttgart, Graupner & Partner, München

Satz: Bechtle-Druck, Esslingen

Druck- und Bindearbeiten: Mohndruck Graphische Betriebe GmbH, Gütersloh

ISBN 3-87003-712-1